Die fantastische Welt der Technik

Thomas Ditzinger

Die fantastische Welt der Technik

Physik zum Staunen und Experimentieren

Bassermann

Inhalt

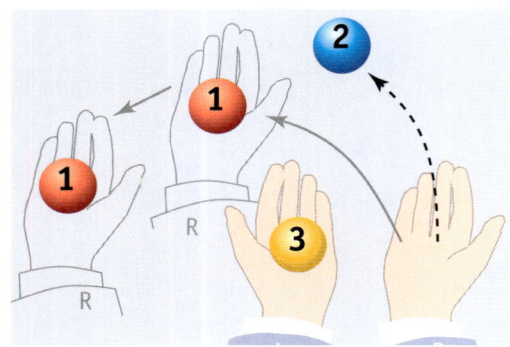

Dass und wie viel die Kunst des Jonglierens mit der »strengen« Naturwissenschaft zu tun hat, kann man ab Seite 12 nachlesen.

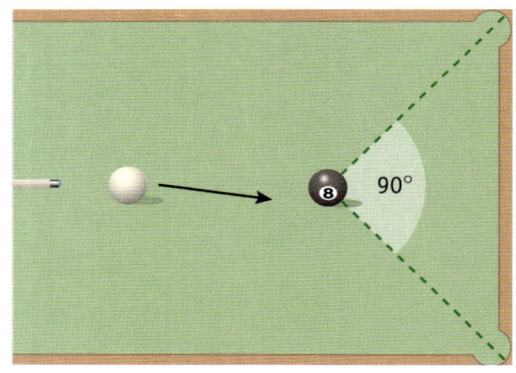

Wie man Gegenstände anheben und in Bewegung setzen kann, ohne sie zu berühren, erfährt man u. A. auf den Seiten 67 bis 69.

Den wundersamen Weg des Wassers verfolgen wir in Theorie und Experiment auf den Seiten 84 bis 87.

Mit Eiern kann man auch zaubern – sogar unter Wasser. Wie das funktioniert steht auf Seite 89.

Die Faszination des Elektromagnetismus

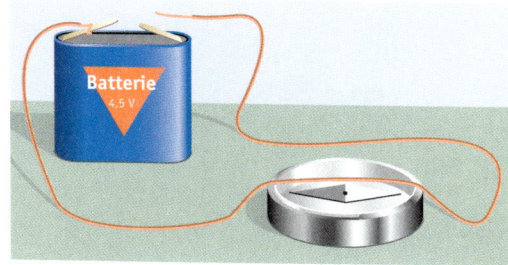

Der phantastische Glanz des Lichts

Alles Trick? Hier lernt man die verblüffendsten optische Täuschungen kennen und wirkungsvoll vorführen. Mehr ab Seite 139.

Vorwort

Wieso fällt ein Apfel nach unten, und wieso schwebt ein Ballon? Weshalb dreht sich eine Kompassnadel in Richtung Nordpol, ein Eiskunstläufer in der Luft und die Erde um sich selbst?

Die Physik stellt jede Menge Fragen: Warum ist der Himmel blau? Wieso haben Flüsse Kurven? Weshalb regnet es an einem Tag und an einem anderen nicht – und weshalb ist das eigentlich so schwer vorhersagbar? Und überhaupt: Wie funktioniert unsere Welt – und wieso gibt es sie eigentlich?

Ohne Fragen keine Antworten. In diesem Vorwort kann allerdings nur die Antwort auf eine Frage gegeben werden. Und zwar: Warum sollen Sie ein Buch über Technik und die Wunder der Natur lesen? Vielleicht stehen Sie gerade im Buchladen und stellen sich diese Frage!

Alle anderen Antworten und Fragen bleiben den folgenden Kapiteln und der Physik vorbehalten.

Die Natur erklären

Die Physik hat das Ziel, die Erscheinungen und Gesetzmäßigkeiten von Natur und Technik mit Hilfe der Logik so einfach und verständlich wie möglich zu erklären. Innerhalb des letzten Jahrhunderts hat die Physik der Philosophie in einer rasanten Entwicklung nahezu im Handstreich die Rolle als Mutter und »Marktführerin« der Wissenschaften abgenommen.

Die Physik ist ein wunderbares, in sich schlüssiges Gedankengebäude, das auf sehr wenigen fundamentalen Grundsäulen ruht. Diese Säulen sind von einer ganz besonderen Beschaffenheit. Von den so genannten Grundaxiomen wird nämlich angenommen, dass sie einfach nur existieren und auch durch die physikalische Methode nicht weiter erklärt werden können. Dazu gehören die Schwerkraft, die elektromagnetische Kraft sowie die Wechselwirkungen zwischen den Kernbausteinen. Diese fundamentalen Grundgesetze der Physik sind der Schlüssel zum Verständnis der meisten Fragen unserer Zeit.

In markanten Experimenten und Zaubereien zum Selbstbasteln und kreativen Erleben werden die wichtigsten physikalischen Phänomene vorgestellt. Dazu gehören die unterschiedlichsten Effekte aus den Bereichen der Mechanik, des Fliegens, des Schwimmens und des Schwebens, des Lichts und der Elektrizität.

Faszinierende Versuche

Damit soll bei Lesern aller Altersklassen das Bewusstsein für die naturwissenschaftliche Denkweise geweckt werden. Anhand vieler faszinierender und leicht selbst nachvollziehbarer Versuche wird die überragende Rolle der Physik in Technik und Natur beleuchtet. Der Leser wird dadurch immer wieder zum Staunen über die großen und kleinen Dinge unserer Umgebung angeregt.

Gehen Sie zusammen mit dem kleinen Jan, seinem Großvater und ihren Freunden, die Sie im Lauf des Buches kennen lernen werden, auf eine Abenteuerreise durch die vielfältigen Wunder der Physik. Im ersten Kapitel besuchen Sie den wunderbaren Zirkus der Mechanik. Sie erleben einen mit Bällen und der Schwerkraft jonglierenden Clown und den großen Sir Isaac Newton, der, unter einem Apfelbaum liegend, plötzlich einen Geistesblitz hat. Sie begegnen einem Seiltänzer, tanzenden Elefanten, den Gesetzen der Bewegung und den Hintergründen von Billardstößen und der Drehung einer Frisbeescheibe. Und Sie erfahren, warum fallende Katzen immer auf ihren Füßen landen.

Naturgesetze erleben

Im zweiten Kapitel nimmt Sie Jan mit zu seinem Traum vom Fliegen. Sie erfahren, warum schwach aufgeblasene Luftballone weiter fliegen als prall aufgeblasene – und warum Ikarus mit seinem selbst gebastelten Fluggerät ins Meer stürzte. Sie entdecken die Hintergründe des Fliegens und Schwebens – und erfahren ganz nebenbei, was der Garten von Effie Goddard mit der Mondlandung zu tun hat. Sie lernen, warum Luft so wichtig ist und aus was sie besteht. Sie lesen von den Geheimnissen der Vögel – und warum der legendäre Schneider von Ulm abstürzen musste. Sie kommen in einen kräftigen Wind, der sich in einen Hurrikan verwandelt. Sie lernen die Entdeckungen von Bernoulli kennen – und entdecken spielerisch seine Bedeutung für das Fliegen.

Physikalische Wunder

Der Traum führt Sie weiter ins dritte Kapitel – und mit Jan und dem Großvater auf die wunderbaren Inseln von Hawaii. Zusammen mit dem Zirkusdirektor und dessen Katze erleben Sie dort die Wunder des Wassers und der Physik der Flüssigkeiten.

Ein Surfer erklärt am Strand das Zustandekommen der Riesenwellen, für die Hawaii so bekannt ist. Sie erfahren, wie Wasserfälle entstehen und wieso Schiffe schwimmen; und warum seinerzeit ein alter Grieche namens Archimedes nackt durch Syrakus rannte. Sie werden sehen, dass ein Morgen mit ein paar physikalischen Tricks schon beim Zähneputzen und Händewaschen zu etwas Besonderem werden kann. Sie lesen, warum Wasser so wichtig ist, warum Wasser nie allein ist, wieso Wasser Balken hat und dass manche Lebewesen sogar auf ihm laufen können.

Ein Radio selbst bauen

Die wilde Fahrt über die ganze Insel endet im Haus des Direktors – und im vierten Kapitel. Dort zeigt er uns die ganze Faszination des Elektromagnetismus. Sie erfahren, wie man ein Radio selbst bauen kann, das ganz ohne Batterien funktioniert – und wie man ein Telefon abhören kann. Sie lesen, warum Vögel gefahrlos auf einer Hochspannungsleitung sitzen können, wie man eine Büroklammer zum Schweben bringen kann, wie man seine Haare zu Berge stehen lassen kann und Funken und Blitze erzeugt – und auf welche wunderbare Weise Magnetismus und Elektrizität zusammenhängen. Aus diesem Zusammenhang lässt sich schließlich die Existenz elektromagnetischer Wellen wie das Licht ableiten.

Um das Licht und die Optik geht es im letzten Kapitel. Besuchen Sie mit Jan und seinen Freunden eine phantastische Zaubervorstellung: Darin wird vom Zauberer »Mister Magillusion« die Schönheit der Optik präsentiert. Seine einzigen Helfer sind die Gesetze der Physik. Er lässt Münzen verschwinden und verbiegt das Licht.

Die bekanntesten Zaubertricks

Im Verlauf der Show werden ein Marsmensch, die Unendlichkeit und eine Lasagne herbeigezaubert. Sie erfahren das Geheimnis des bekanntesten Zaubertricks der Welt, der schwebenden Jungfrau. Es werden aber auch die Farben der Natur und des Auges erklärt. Wussten Sie beispielsweise, warum die Sonne tagsüber gelb und abends rot ist – und wann sie den rätselhaften grünen Strahl aussendet? Erleben Sie die wundersame Beweglichkeit verschiedener Farben auf einem festen Blatt Papier! Außerdem wird der schiefe Turm von Pisa begradigt und ein Bleistift zu Gummi verwandelt. Und alles, was dann noch als fest erscheint, wird zu guter Letzt durch die mehrdeutigen Bilder in sein Gegenteil verwandelt: Aus hinten wird vorne und aus einer Vase ein Gesicht. Und aus dem Anfang dieses Buchs das Ende. Jan und der Großvater sind inzwischen startklar und rätseln gerade, wie lange der liebe Gott zum Erschaffen des Universums gebraucht hat.

Jan fragt mit Blick in den Himmel: »Stimmt es, lieber Gott, dass die ganzen Jahrmilliarden der Schöpfung für dich wie eine einzige Sekunde waren?«

»STIMMT!«, ruft tatsächlich eine sanfte Stimme von oben.

»Lieber Gott, stimmt es dann auch, dass für dich Milliarden von Mark wie ein Pfennig sind?«, fragt der Großvater.

»STIMMT!«, sagt die gleiche Stimme von oben noch einmal.

»Kannst du uns dann bitte einen solchen Pfennig geben?«, fragt Jan.

»GEBT MIR EINE SEKUNDE!«

Falls Sie gerade im Buchladen stehen, dieses Vorwort lesen und sich immer noch fragen: »Warum soll ich ein Buch über Physik kaufen?«, sollten Sie jetzt an die Kasse gehen und das Buch bezahlen. Denn die Antwort auf manche Fragen erhält man (zum Glück) manchmal erst dann, wenn man sich eine Weile mit den Dingen beschäftigt hat. Mehr als eine Menschensekunde ...

Die Schwerkraft
und andere Wunder

EXPERIMENTE,

GESETZE,

ATTRAKTIONEN.

EIN BESUCH

IM ZIRKUS

MECHANICUS

Der Clown und die Schwerkraft

»Guten Abend, meine Damen und Herren, seien Sie ganz herzlich willkommen in unserem Wunderzirkus der Mechanik! Ein herzliches Willkommen auch im Namen aller unserer Künstler und Akrobaten aus den verschiedensten Teilen der Welt und der Zeit! Alle haben dabei auf irgendeine Art mit der Mechanik der festen Körper zu tun!«
Mit einem kräftigen Tusch unterbricht die Musikkapelle die Begrüßungsrede des Zirkusdirektors, und ein quirliger Clown vertreibt ihn von der Bühne, bevor er uns noch mehr über die Besonderheiten seines Zirkus erzählen kann, in dem wir soeben im Geiste Platz genommen haben.
Wir sitzen in der ersten Reihe direkt neben Jan und seinem Großvater, der ihn heute an seinem ersten Ferientag in diesen außergewöhnlichen Zirkus mitgenommen hat. Das Außergewöhnliche an diesem Zirkus ist unter anderem, dass man fast alle Tricks und Vorführungen auch zu Hause nachmachen kann – und dass es für alle seiner Darbietungen eine manchmal einfache und manchmal auch komplizierte physikalische Erklärung gibt. Außergewöhnlich ist an diesem Zirkus auch, dass die Artisten und Vorführungen und Wunder nicht nur – wie sonst immer – direkt aus Las Vegas oder Australien kommen. Vielmehr kommen sie aus ganz anderen ungewöhnlichen Orten wie aus Pisa, aus den Gedanken von großen Physikern oder einem Garten mit Apfelbäumen.

Unter einem Apfelbaum

Der Clown hat sich inzwischen unter einen Apfelbaum in der Mitte des Zirkuszelts gelegt und scheint zu schlafen. Der Direktor sagt: »Versetzen Sie sich bitte in Gedanken in das Jahr 1666. Damals war das Leben noch ungefährlich und unkompliziert: keine Autos, keine Flugzeuge, keine Kreditkarten und keine lästigen Versicherungsvertreter. Trotzdem waren die Zeiten um 1666 gefährliche Jahre für London. Die schwarze Pest und ein Großfeuer hatten die Bevölkerung der Stadt in dieser Zeit um fast die Hälfte dezimiert. Und es war eine gefährliche Zeit für den Erfinder Sir Isaac Newton: Er wurde ganz in der Nähe Londons in einem Garten beinahe von einem herabfallenden Apfel erschlagen. Viele große Physiker sind oft wie kleine Kinder: Sie können sich über die kleinen Dinge wundern und darüber stundenlang viele unwichtige und ab und zu dann auch eine wichtige Frage stellen. Und das Entscheidende ist oft nur, sich zum richtigen Zeitpunkt die richtige Frage zu stellen.
Auf genau so eine Frage kam Sir Isaac, als er den Apfel neben sich liegen sah: Warum fällt dieser Apfel überhaupt irgendwohin und bleibt nicht, wo er ist? Und warum nach unten und nicht nach oben oder zur Seite? Irgendetwas muss ihn bewegt haben. Dieses Irgendetwas bezeichnete er als Schwerkraft oder auch Gravitation (von lateinisch »gravis« = schwer). Die Erde zieht den Apfel aufgrund dieser Kraft an, und der Apfel fällt auf die Erdoberfläche. Das funktioniert natürlich nicht nur bei Äpfeln, sondern genauso gut bei allen anderen Stoffen wie Meteoriten, Fallschirmspringern oder Marmeladenbroten und so weiter. Und weil die Erde selbst ebenfalls aus allen möglichen anderen Stoffen besteht, muss folgerichtig umgekehrt auch der Apfel die Erde anziehen. Das waren die Gedanken Newtons, als er in seinem Garten lag. Er folgerte daraus, dass alle Massen vom kleinen Sandkorn bis zu Planeten und ganzen Galaxien des Universums sich gegenseitig anziehen. Und je größer die Masse eines Gegenstandes ist, umso stärker zieht er alle anderen Gegenstände an. Da der Apfel eine viel geringere Masse als die ganze Erde besitzt, beeinflusst er die Erde nur sehr wenig durch seine Schwerkraft und bringt sie so gut wie nicht aus der Ruhe. Dagegen wird der Apfel sehr stark durch die Erde beeinflusst, bis er schließlich auf sie herunterfällt.«

Was ist Mills Mess?

Wie die ganze Erde, so ist bisher auch der Clown durch die Schwerkraft der Erde nicht aus der Ruhe gebracht worden. Er liegt weiterhin unter dem Baum und spielt Newton.

Fundament der Physik

Im Jahre 1687 erschien Newtons Hauptwerk »Philosophiae naturalis principia mathematica«. In diesem Buch leitete er das Gesetz der Schwerkraft wissenschaftlich her und bildete damit das Fundament der klassischen theoretischen Physik.

Newton (1643–1727) entwickelte die Theorie der Schwerkraft, als ihm ein Apfel beinahe auf den Kopf fiel. Auch heutzutage gibt es unzählige Geschichten und Begebenheiten über Physikprofessoren, die mit dem Fahrrad auf dem Autodach gedankenverloren in ihre Garage fahren wollen oder in falsche Züge und Flugzeuge einsteigen. Und das Besondere an diesen Geschichten ist, dass sie oft gerade dabei ihre besten Ideen hatten.

Das Jonglieren mit drei Bällen erfordert bereits einiges an Übung. Fange mit zwei Bällen an, und steigere dich. Lasse dich nicht entmutigen, wenn es anfangs nicht so gut klappen will – Zirkusartisten, die mit vier, fünf oder gar sechs Bällen jonglieren, müssen täglich mehrere Stunden üben, um in Form zu bleiben. Noch schwieriger wird das Ganze, wenn man während des Jonglierens beispielsweise einen Apfel isst.

Koordination der Hände

Der besondere Reiz des Jonglierens besteht in dem ausgewogenen Wechselspiel zwischen Schwerkraft und Koordination der beiden Hände. Das führt schließlich für jeden Trick zu einem eigenen stabilen Rhythmus. Wenn man den Trick gut beherrscht, dann bewegen sich die Hände wie von selbst. Es herrscht dann ein ständiger fast automatischer Austausch zwischen Bewusstsein und Unterbewusstsein.

Plötzlich fallen um ihn herum drei Äpfel zu Boden. Inzwischen sind alle Zirkusscheinwerfer auf ihn gerichtet. Da er ein richtiger Clown ist, beginnt er mit ihnen zu jonglieren. Denn ein guter Clown muss einfach jonglieren, Newton hin oder her.

»Meine Damen und Herren, sehen Sie jetzt unseren berühmten Clown Sunny beim Jonglieren mit drei Äpfeln!«, setzt der Direktor seine Ansage fort. »Dieses wunderbare Spiel mit der Schwerkraft hat die Menschen schon vor Jahrtausenden fasziniert.«

Der Clown zeigt den einfachsten aller Jongliertricks mit drei Bällen: die so genannte Kaskade. Bei diesem berühmten Jongliermuster werden die Bälle in der Form einer liegenden Acht zwischen den beiden Händen hin- und herbewegt. Der Trick ist so einfach, dass er schon in wenigen Minuten erlernt werden kann – es kann aber auch Tage und Wochen dauern. Der Clown präsentiert ein Rezept in vier Schritten, nach dem die Kaskade am leichtesten gelernt werden kann.

Bitte nicht aufgeben, das Durchhalten lohnt sich auf jeden Fall! Irgendwann klappt es, mit einem Schlag macht es »klack« – und die Hände wissen plötzlich wie von selbst, wie es geht. Man schaut sich staunend selbst zu. Das Gefühl beim ersten Mal ist mit dem beim ersten Schwimmversuch zu vergleichen. Die Bälle und Hände bewegen sich schließlich wie auf unsichtbaren Schienen. Diesem einfachen Gesamtmuster scheinen sich im Lauf der Zeit sogar die Gedanken anzupassen – das ist die ideale Entspannungsmethode.

Jonglieren mit drei Bällen: die Kaskade

Die Angaben sind für Rechtshänder entworfen, Linkshänder müssen einfach nur jedes Mal links und rechts vertauschen. Jonglieren in dieser beschriebenen einfachsten Form lässt sich in kürzester Zeit erlernen, ich habe sogar schon Menschen erlebt, die mit der folgenden Methode in vier Schritten das Jonglieren innerhalb von zehn Minuten erlernt haben.

1. Schritt

Nimm einen Ball, und wirf ihn von deiner rechten Hand in die linke – und umgekehrt. Wirf ihn aus Hüfthöhe bis etwa in Kopfhöhe!

2. Schritt

Halte einen Ball in jeder Hand. Wirf den Ball aus der rechten Hand in einem Bogen in Richtung der linken Hand. Sobald der Ball

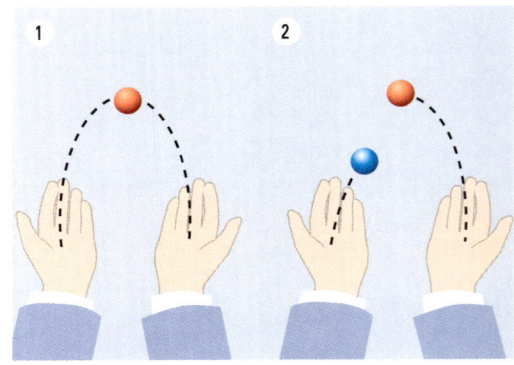

seinen Höhepunkt erreicht hat, wirf den zweiten Ball in einem Bogen unterhalb des ersten in Richtung der rechten Hand. Fange dabei den ersten Ball mit der linken Hand und den zweiten mit der rechten.

3. Schritt

Halte zwei Bälle in der rechten Hand und einen in der linken. Wirf einen Ball aus der rechten Hand in Richtung der linken Hand. Sobald er seine größte Höhe erreicht hat, wirf den Ball aus der linken Hand nach rechts ab. Sobald dieser zweite Ball seinen Umkehrpunkt erreicht, wirf den zweiten Ball aus der rechten Hand. Fange keinen der Bälle auf, sondern wirf sie immer wieder neu.

4. Schritt

Dasselbe wie zuvor, aber fange jetzt die Bälle, und wirf sie wieder ab, sobald der vorher geworfene Ball umkehrt. Mach immer weiter, und du jonglierst.

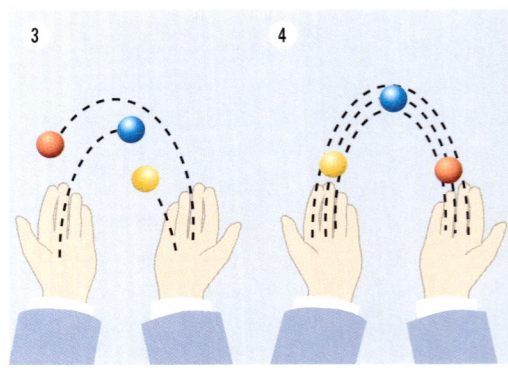

Jonglieren mit vier Bällen

Anstatt im Grundmuster der Kaskade wird beim Jonglieren mit vier Bällen in so genannten Säulen jongliert. Die Bälle bleiben in ein und derselben Hand, mit jeweils zwei Bällen pro Hand.

Das Erlernen des Jonglierens mit vier Bällen führt daher über das Jonglieren von zwei Bällen in einer Hand. Sobald man dieses beherrscht, muss lediglich noch der Abwurfzeitpunkt der linken und der rechten Hand aufeinander abgestimmt werden.

Jonglieren mit mehr als vier Bällen

Eine ungerade Anzahl von Bällen wird jeweils am einfachsten in der Kaskade jongliert – nur schneller. Eine gerade Anzahl von Bällen wird dagegen am einfachsten in Säulen jongliert. Der Clown hat deutlich sichtbar mehr als zehn Minuten und auch mehr als ein paar Tage trainiert. Er führt gerade die verschiedensten Tricks mit drei Bällen vor. Darunter ist auch der wohl berühmteste und eindrucksvollste Trick der Jongleure namens Mills Mess. Dabei ist ein einziger Wirbel von Händen und Bällen zu sehen – das Publikum ist begeistert und applaudiert auf offener Szene.

Jonglieren für Fortgeschrittene

Mills Mess mit drei Bällen: Namensgeber sind Steve Mills, der diesen beeindruckenden Trick erfunden und bekannt gemacht hat, und das englische Wort »mess« – es bedeutet so viel wie Wirrwarr oder Durcheinander.

Dass dieser Trick den Namen »Mess« zu Recht trägt, verrät schon der erste Blick beim Zuschauen: Das Ganze sieht aus wie ein einziges Durcheinander aus verknoteten Armen und Bällen. Seine Beliebtheit unter den Jongleuren erlangte dieser Trick zum einen gerade durch dieses für den Zuschauer vollkommen undurchschaubare Wirrwarr gegenläufiger Bewegungen und zum anderen durch die im Vergleich dazu relativ einfache Erlernbarkeit des Tricks. Probieren wir es aus – hier ist eine Anleitung in sechs Schritten für Rechtshänder (Linkshänder müssen wieder links und rechts vertauschen oder die Abbildungen in einem Spiegel betrachten).

Startposition

Halte einen Ball (Nummer 2 in der Abbildung) in der rechten Hand und zwei (Nummer 1 und 3) in der linken. Die rechte Hand ist gerade ausgestreckt, und die linke liegt über Kreuz auf der rechten.

1. Schritt (linke Hand)

Die linke Hand wirft Ball 1 halbhoch nach links, so dass er zwischen den beiden Füßen landen würde. Die Hand aber bis zum nächsten Wurf auf der rechten Seite lassen!

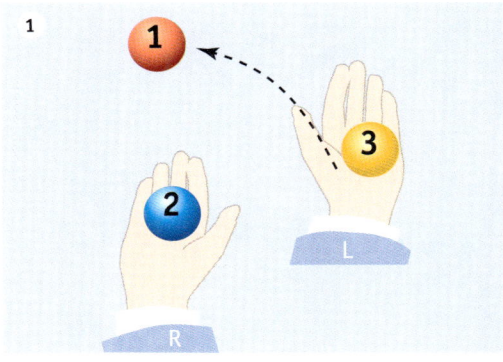

Ausgangsstellung zum Jonglieren.

2. Schritt (rechte Hand)

Wirf zunächst Ball 2 ähnlich wie Ball 1 halbweit nach links, allerdings etwas höher! Nun wird es etwas schwieriger: Die rechte Hand bewegt sich nach links über die momentan stabile linke Hand hinweg – genau rechtzeitig, um Ball 1 an seinem Wendepunkt zu fangen und ihn dann weiter nach links außen zu transportieren. Die rechte Hand liegt jetzt über Kreuz zur linken Hand.

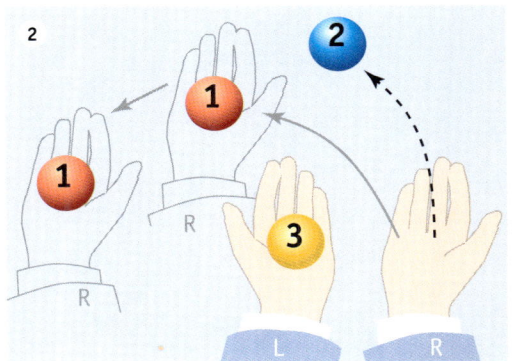

Die rechte Hand liegt jetzt über Kreuz zur linken Hand.

3. Schritt (linke Hand)

Die linke Hand befindet sich jetzt unterhalb des rechten Arms. Wirf Ball 3 von dort senk-

Weltrekord

Den Weltrekord im Jonglieren von Bällen hält Bruce Sarafian seit 1996 mit der unglaublichen Zahl von zwölf Bällen gleichzeitig. Für einen gültigen Weltrekord muss jeder der Bälle mindestens einmal in jeder Hand gewesen sein. Mit Ringen wurde dieser Rekord sogar schon 1993 von Anthony Gatto aufgestellt (Quelle: JIS Juggling Information Service: www.juggling.org).

Der Grund dafür, dass es mit Ringen leichter geht, ist, dass die Ringe schmaler als die Bälle sind und deshalb nicht so oft zusammenstoßen.

13

recht hoch. Bewege nun die linke Hand nach links, und fange Ball 2 rechtzeitig irgendwo in der Mitte, bevor er zu Boden fällt.

Damit ist Halbzeit, denn die weiteren folgenden Schritte sind das genaue Spiegelbild der Schritte eins bis drei. Hauptarbeitsplatz der beiden Hände ist also nun die linke Seite.

Üben, üben, üben ...

Im Gegensatz zum Erlernen der Kaskade erfordert hier jeder Schritt zumeist etwas längeres Training. Jedes kleine Detail ist zum Erlernen wichtig und kann am Anfang große Schwierigkeiten machen. Erst nach und nach wird die Bewegung rund, bis man plötzlich weiß, wie es funktioniert – ein tolles Gefühl. Deshalb nicht aufgeben, es lohnt sich! Am besten nach dem Motto: Eigentlich kann das ja unmöglich gehen, aber ich versuche es einfach.

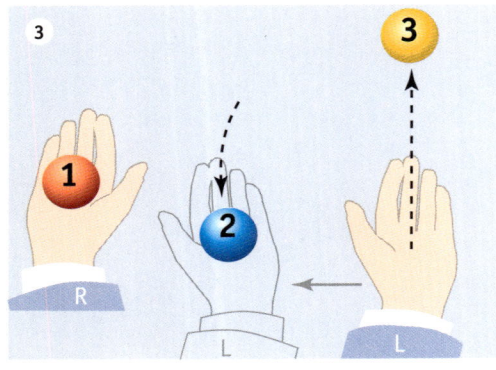

4. Schritt (rechte Hand)

Der rechte Arm befindet sich weiter links und oberhalb des linken Arms. Wirf Ball 1 mit der rechten Hand halbhoch nach rechts, so dass er zwischen den Füßen aufkommen würde. Die rechte Hand wird danach in einem Bogen ganz nach rechts bewegt. Sie kommt genau rechtzeitig, um Ball 3 ganz rechts außen aufzufangen, bevor er zu Boden fällt.

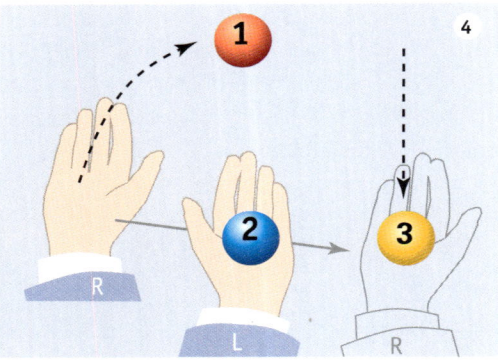

5. Schritt (linke Hand)

Wirf zunächst Ball 2 ähnlich wie Ball 1 nach rechts, allerdings etwas höher! Nun bewegt sich die linke Hand nach rechts und fängt auf halber Strecke Ball 1 – möglichst an seinem höchsten Punkt. Der gefangene Ball 1 wird ganz nach rechts außen transportiert, bis die linke Hand über Kreuz oberhalb der rechten Hand zur »Ruhe« kommt.

Das Jonglieren mit Gegenständen, die unterschiedlich schwer und verschieden geformt sind, erfordert besonders viel Übung, macht aber auch sehr viel Spaß.

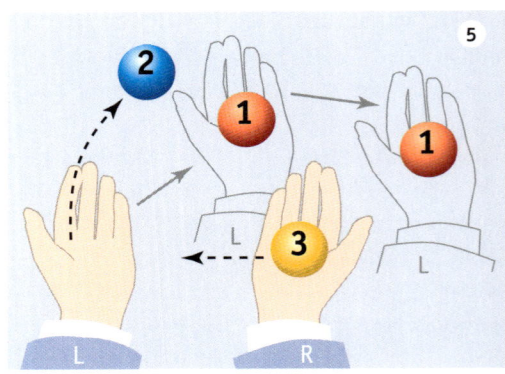

6. Schritt (rechte Hand)

Die rechte Hand befindet sich gerade auf der linken Seite unterhalb der linken Hand. Wirf Ball 3 senkrecht unter der linken Hand hoch. Dann wird der rechte Arm nach rechts bewegt, um den herunterfallenden Ball 2 zu fangen.

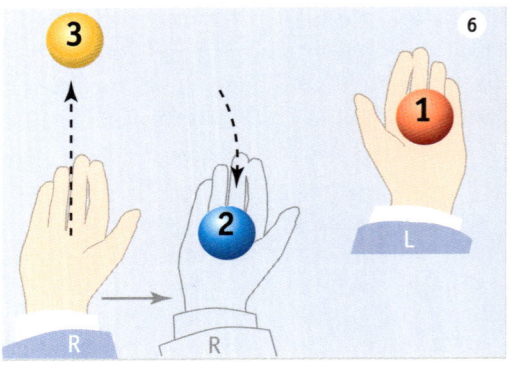

Nun geht es einfach immer so weiter. Auf einmal weiß man – oder besser der Körper –, wie der Trick funktioniert. Und im Laufe der Zeit wird dieses anfangs so kompliziert erscheinende Muster immer runder und einfacher. Alles Übungssache!

Kurz vor Schluss seines Auftritts führt der Clown seinen besten Trick vor: Er isst einen Apfel während des Jonglierens nach und nach auf! Der Trick klappt hervorragend, bis vom Apfel – außer vielleicht einem Wurm – nichts mehr übrig ist. Die Bewegungen sehen weiterhin rund und gleich schnell wie zuvor aus – ganz egal, wie schwer der Apfel ist.

Das ist auch bei der Zugabe des Clowns so. Diesmal jongliert er mit drei unterschiedlichen Gegenständen: einem Apfel, einem hart gekochten Ei und dem ausgeliehenen Hut des Zirkusdirektors. Auch hier stellt sich ein wunderbarer einheitlicher Rhythmus ganz unabhängig von unterschiedlichen fliegenden Gewichten ein.

Der Grund für dieses gute Gelingen ist eine Beobachtung des berühmten Galileo Galilei (1564–1642), die schon vier Jahrhunderte zurückliegt. Galilei entdeckte, dass verschieden schwere Körper genau gleich schnell zu Boden fallen – ganz egal, wie schwer sie sind. Er war der erste, der mathematische Methoden konsequent auf die Naturbeobachtung anwandte und gezielte Experimente durchführte. Er kann damit zweifellos als Vater der naturwissenschaftlichen Revolution bezeichnet werden, da sich zuvor die Auseinandersetzung mit der Natur auf rein philosophischer Ebene abspielte. Galilei erfand den Kompass, das Mikroskop und ein Gerät zur Temperaturmessung. Er beobachtete mit Hilfe eines selbst gebauten Teleskops als Erster die Monde des Jupiters, die Sonnenflecken und die Phasen der Venus.

Galileo Galilei, der schiefe Turm von Pisa und fallende Geldscheine

Galileis Beobachtung hinsichtlich fallender Körper ist natürlich nicht nur wichtig für das Jonglieren, sondern für alles Weitere, was mit dem freien Fall zu tun hat.
Und: Diese Beobachtung Galileis war der Ausgangspunkt für ein neues Zeitalter. Sie kann als Startschuss der Physik der Neuzeit angesehen werden und hat seinerzeit für sehr großes Aufsehen gesorgt.
Wie die Legende besagt, bewies er dies mit Hilfe eines öffentlichen Fallversuchs von dem auch damals schon schiefen Turm von Pisa. Galileo Galilei ließ leichte und schwere Körper gleichzeitig von der Spitze des Turms fallen und zeigte, dass sie gleichzeitig unten ankamen.
Das klingt zunächst sehr dubios, denn bestimmt kennt jeder ein Beispiel von zwei Gegenständen, die nicht gleich schnell fallen. Der Grund ist aber nur, dass diese Gegenstände durch ihre unterschiedliche Form und ihre dadurch entstehende unterschiedliche Luftreibung unterschiedlich gebremst werden. Ohne Reibung fallen aber alle Gegenstände

gleich schnell – zum Beispiel im luftleeren Raum, dem Vakuum.
Mit dieser zunächst etwas verwunderlich klingenden Erkenntnis lassen sich die beiden letzten Jongliertricks des Clowns erklären. Der Jonglierrhythmus von Gegenständen hängt entscheidend von der Zeit ab, in der sie in der Luft sind. Und die ist laut Galilei für alle Körper gleich. Lediglich die Zeit und Handhabung, während die Gegenstände in der Hand liegen, ist leicht unterschiedlich.

Der Großvater erinnert sich aus seiner Schulzeit noch gut an die Vorkommnisse aus der Zeit von Galilei. Er erzählt Jan die für die Geschichte und die gesamte Denkweise der Physik so wichtige Lebensgeschichte Galileis (siehe Randspalte Galileo Galilei).
Der Clown hat sich inzwischen artig für seinen rauschenden Beifall bedankt und ist sehr umständlich über eine Strickleiter bis unter das Zirkusdach geklettert. Dort ist ein Hochseil an eine Plattform gespannt. Von dieser Plattform lässt der Clown nun zum Beweis für die Beobachtungen von Galilei gleichzeitig den Apfel, das Ei und einen Ball fallen. Tatsächlich kommen sie zur selben Zeit unten an. Diese Fallversuche stoßen – außer in einem Zirkus, in dem man sich sowieso über nichts mehr wundert – auch heute noch oft auf Unglauben unter Zuschauern mit »gesundem Menschenverstand«. Was wäre zum Beispiel mit dem Hut passiert? Er wäre natürlich dank dem Luftwiderstand deutlich später unten angekommen – trotzdem noch zu schnell für den Direktor, denn er hat sich seinen Hut vorsichtshalber vorher zurückgeben lassen. Deshalb zeigt der Clown den Einfluss der Luftreibung anhand einer Eintrittskarte und mit Hilfe dieses Buches. Das Buch kommt natürlich deutlich schneller unten an als die Karte. Dieser bremsende Einfluss der Luft auf die Fallbewegung sorgt immer wieder für Verwirrung und Fehleinschätzungen.
Dass Gegenstände mit größerer Masse nicht schneller zu Boden fallen als leichte Gegenstände, lässt sich selbst mit so unterschiedlichen Gegenständen wie bei der Vorführung des Clowns beweisen. Führen wir dazu zunächst den Versuch des Clowns noch einmal zu Hause selbst durch.

Wer war Galilei?

Der italienische Physiker, Mathematiker und Astronom Galileo Galilei (1564–1642) war vermutlich der erste Naturwissenschaftler der Neuzeit. Durch seine Fallexperimente zeigte er, dass frei fallende Gegenstände gleichzeitig am Boden ankommen – egal, wie schwer sie sind. Er bemerkte außerdem, dass diese Gegenstände nicht nur gleichzeitig am Boden ankommen, sondern während ihrer ganzen Fallbewegung auf der gleichen Höhe sind. Daraus schloss er, dass die Gravitation alle frei fallenden Körper mit einer gleichen, konstanten Beschleunigung zu Boden zieht.

Der 1173 gebaute schiefe Turm von Pisa ist 55 m hoch und weist eine Neigung nach Südosten auf, die schon während der Bauzeit dadurch entstand, dass sich der Boden senkte.

Alle Körper fallen gleich schnell – der Beweis

Nimm dieses Buch und ein loses Blatt Papier, und lasse beide gleichzeitig aus derselben Höhe zu Boden fallen! Um das Buch nicht zu beschädigen, bitte das Blatt Papier nicht aus dem Buch herausreißen und nicht von zu hoch fallen lassen: 80 Zentimeter sind genug!

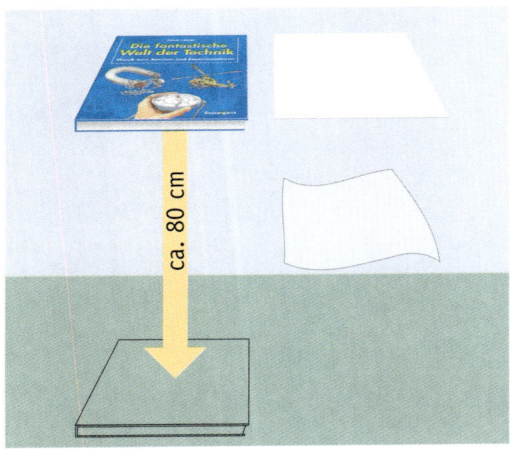

Das Ergebnis: Das Buch kommt deutlich vor dem Papier unten an! Der schwere Gegenstand fällt also schneller als der leichte!
Damit wäre das Fallgesetz von Galilei widerlegt, oder?
Aber das Fallgesetz gilt nur unter Ausschluss des Luftwiderstands. Diese Behauptung lässt sich mit einfachen Mitteln beweisen. Wir wollen mit zwei weiteren Fallversuchen zeigen, dass die beiden Gegenstände bei gleichem Luftwiderstand genau gleich schnell fallen.

Was passiert, wenn beide Gegenstände übereinander gelegt und losgelassen werden?

Die Antwort auf diese Frage ist sehr überraschend:
Lege zunächst das Blatt Papier unter das Buch, und lasse beide gleichzeitig fallen. Eigentlich müsste das langsam fallende Blatt Papier das schnellere Buch etwas abbremsen, wenn es unten liegt! Dass dies nicht der Fall ist, lässt sich leicht dadurch überprüfen, dass du ein zweites Buch ohne Blatt Papier darunter fallen lässt – am besten natürlich dasselbe Buch. Dazu müsste man natürlich dieses Buch noch einmal kaufen! Allerdings klappt es auch mit jedem anderen Buch, das gleich schwer ist.

Falsche These

Der griechische Naturphilosoph Aristoteles (384–322 v. Chr.) war der Überzeugung, dass Gegenstände mit größerer Masse schneller zu Boden fallen als leichte Gegenstände. Diese These ist falsch: Weder das Gewicht des Buches noch der gewichtige Inhalt sind schuld an der unterschiedlichen Fallzeit. Der Grund ist einzig und allein der unterschiedliche Luftwiderstand.

Überraschendes Ergebnis

Noch überraschender ist das Ergebnis des umgekehrten zweiten Teils des Versuchs:
Das Buch liegt jetzt unten, das Papier oben. Eigentlich sollte das schnellere Buch nun deutlich vor dem Papier unten ankommen. Was aber passiert wirklich?
Das Ergebnis ist eine echte Überraschung: Wieder kommen beide Gegenstände gleichzeitig unten an! Das heißt, das Papier ist ohne den Widerstand der Luft im Schutz des Buches genauso schnell wie das Buch – was das Fallgesetz von Galilei bestätigt.

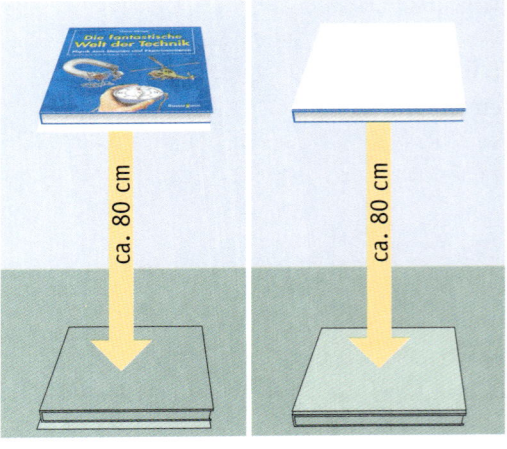

Zweifler könnten nun immer noch behaupten, dass das Blatt Papier durch Luftströmungen oberhalb des Buches fest auf das Buch gedrückt wird. Aber auch das lässt sich durch einen Zusatzversuch widerlegen:
Bringe dazu das Buch mit aufliegendem Blatt Papier noch einmal in die Startposition. Anstatt beide frei fallen zu lassen, soll das Buch nun stärker als im freien Fall beschleunigt werden. Halte dazu das Buch an den Enden fest, und wirf oder ziehe es fest nach unten. Das aufliegende Papier kann dieser Beschleunigung nicht mehr folgen und bleibt zurück. Das ist der Beweis, dass es nicht von auftretenden Luftströmungen an das Buch gepresst wird, sondern frei fällt – hier genauso wie im vorigen Versuch. Bei gleicher Beschleunigung fällt also das Buch genauso schnell wie das Papier. Wer hätte das gedacht?
Damit dürften auch die letzten Zweifel an der Gültigkeit des Fallgesetzes von Galilei widerlegt sein.

Der »schnelle« Geldschein

»Ich weiß auch einen guten Trick mit einem fallenden Papier«, sagt der Großvater zu Jan. Und zwar kann ich dir zeigen, dass ein Geldschein schneller zu Boden fällt, als du ihn fangen kannst! Ja, ich behaupte sogar, dass er durch deine ganze Hand fallen kann, bevor du ihn fangen kannst!«

Dazu holt er einen Zehneuroschein aus der Tasche und bietet Jan eine Wette an: »Der Schein gehört dir, wenn du ihn fängst, bevor er herunterfällt.«

Natürlich geht Jan darauf ein – das sieht nach leicht verdientem Geld aus. Zu seiner Verwunderung muss er nach mehreren Versuchen jedoch zugeben, dass er wohl tatsächlich zu langsam oder besser das Papier einfach zu schnell ist. Der Grund für dieses verblüffende Ergebnis der Wette ist die langsame Reaktionszeit des Menschen.

Die 10-Euro-Wette

Der Großvater hält den Geldschein über Jans geöffneter Hand. Irgendwann lässt der Großvater den Schein los. Wetten, dass Jan den Schein auf seinem Fallweg durch seine ganze Hand nicht rechtzeitig durch Schließen der Hand fangen kann? Falls er es doch schafft, bekommt er den Schein und muss ihn dazu noch nicht einmal vom Boden aufheben. Topp, die Wette gilt!

Es stellt sich unglaublicherweise heraus, dass weder Jan noch sonst irgendjemand in der Lage ist, den Schein rechtzeitig zu greifen! Die menschliche Reaktionszeit ist einfach zu langsam. Zunächst muss das Auge den Schein fallen sehen und diese Information an das Gehirn weiterleiten. Das Gehirn muss nun seinerseits die Hand zum Zupacken veranlassen. Das kostet natürlich alles jede Menge Zeit – genug Zeit für den Geldschein, um an der Hand vorbeizugelangen.

*Das ist also eine bombensichere Wette – außer, es ist Schummelei mit im Spiel: Um die lange Reaktionszeit irgendwie zu verkürzen, muss man schon vorher wissen, wann der Geldschein losgelassen wird! Das ist zum Beispiel der Fall, wenn man die Wette mit sich selbst macht. Lasse dazu den Schein testweise über deiner eigenen anderen Hand fallen! Nun ist es über-*haupt kein Problem mehr, ihn rechtzeitig zu greifen. Der Grund dafür ist, dass der Befehl zum Loslassen des Geldscheins und zum Zupacken gleichzeitig erfolgt und damit die ganze Reaktionszeit des Nachrichtenweges über Augen und Gehirn wegfällt!*

Inzwischen ist der Clown auf dem Hochseil bereit für einen neuen Trick. Helfer haben ihm das eine Ende eines stabilen breiten Bretts hochgereicht. Das andere Ende steht fest auf dem Boden. Auf dem Brett ist in halber Höhe ein bequemer Polstersessel fest verankert. Unter Trommelwirbel verkündet der Direktor eine Weltneuheit: »Meine Damen und Herren, ich habe die große Ehre, Ihnen als Welturaufführung einen neuen Trick mit der Schwerkraft anzukündigen! Wir werden Ihnen beweisen, dass sich Galileo Galilei doch irrte und keinesfalls alle Körper im Fall gleichförmig beschleunigt werden! Wie Sie gleich sehen werden, wird sich unser Clown mit verbundenen Augen an das äußere Ende des Bretts setzen, also ziemlich weit entfernt von dem Polstersessel.«

Genau das macht der Clown jetzt unter großem Trommelwirbel auch.

Der Zirkusdirektor fährt fort: »Nun werden wir das Brett nach unten fallen lassen. Und unten angekommen, wird der Clown – wie von Geisterhand bewegt – genau in dem Sessel sitzen! Schauen Sie nun bitte genau zu, wir lösen jetzt die Halterung des Brettes!«

Der Trommelwirbel wird immer leiser – und alle Zuschauer im Zirkus schauen gespannt noch oben.

Der Clown sitzt mit verbundenen Augen auf dem Brett und kann sich nur noch auf die Gesetze der Physik verlassen – und natürlich auf die gute Polsterung aus Heu am Boden. Mit einem kurzen Ruck beginnt das Brett zu fallen, in kürzester Zeit landet es am Boden. Und der Clown sitzt tatsächlich im Sofa. Er hat es sich mit einer blitzschnell hervorgezauberten Packung Kartoffelchips gemütlich gemacht! Unglaublich! Wie ist das möglich?

Da der Versuch jedoch viel zu gefährlich ist, um ihn öfter nachzuvollziehen, hat der Direktor eine Miniaturversion des Versuches dabei, die man auch zu Hause leicht nachspielen kann: die Geistermünze.

Kaum zu glauben: Es ist so gut wie unmöglich, einen fallen gelassenen Geldschein wieder aufzufangen – der Grund dafür ist die Trägheit des Gehirns, das die Hand zum Zupacken veranlassen muss. Das jedoch kostet zu viel Zeit, um den Geldschein zu erwischen.

Variante

Natürlich kann dieser Versuch mit vielen anderen Gegenständen durchgeführt werden. Anstatt des Lineals ist jede andere Holz-, Karton- oder Metallleiste möglich. Anstatt der Kronkorken sind Eierbecher oder Joghurtbecher denkbar – und anstatt der Münze Radiergummis, gekochte Eier oder Murmeln. Jedes Mal verändert der frei fallende kleine Gegenstand seine Position auf der Leiste. Er muss sich beim Fallen langsamer bewegt haben als die Leiste. Dadurch kommt er aus seiner Befestigung frei und fällt senkrecht nach unten. Dagegen vollführt die Leiste eine kreisförmige Bewegung um ihren Aufsetzpunkt mit dem Boden. Dabei handelt es sich nicht mehr um einen freien Fall, sondern um eine Rotation. Diese zusätzliche Drehung sorgt für die erforderliche höhere Beschleunigung.

Die Geistermünze, Teil 1

Mit diesem einfachen Versuch lässt sich ein Gegenstand wie von Geisterhand von einem Punkt zu einem anderen bewegen. Um den Versuch aufzubauen, benötigst du in der einfachsten Version folgendes Material: ein langes Lineal oder eine Holzleiste, zwei Kronkorken und eine Münze.

1. Schritt

Befestige die beiden Kronkorken im Abstand von fünf bis zehn Zentimetern mit Knetmasse, Kaugummi oder Klebstoff auf dem Lineal in der Nähe des Linealendes mit der Öffnung nach oben.

2. Schritt

Lege anschließend eine Münze in den äußeren Kronkorken, und halte das Lineal schräg! Das untere Ende des Lineals muss durch ein Buch oder einen anderen Gegenstand vor dem Wegrutschen gesichert werden.

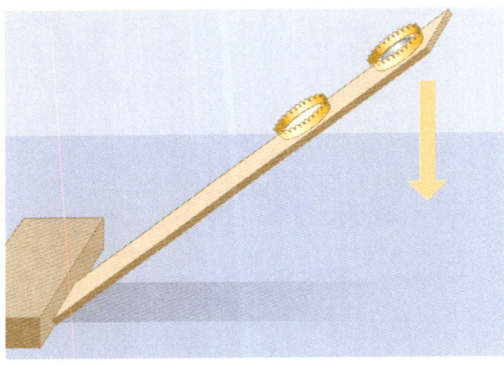

Stelle an das Lineal unten einen Gegenstand, damit es nicht wegrutschen kann.

Was passiert, wenn du das Lineal fallen lässt? Wenn das Lineal aus der richtigen Starthöhe gefallen ist, befindet sich die Münze urplötzlich tatsächlich im anderen Behälter!

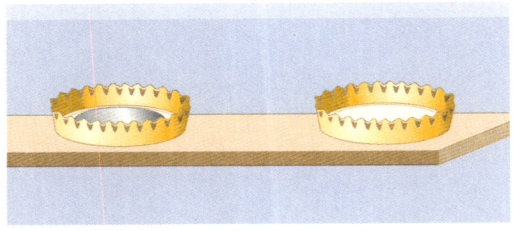

Wird das Lineal fallen gelassen, fällt die Münze in den anderen Behälter.

Aus der Abbildung wird klar, dass der frei fallende Gegenstand zwangsläufig in das weiter innen liegende Behältnis fällt, sobald der

Startpunkt auf der schrägen Leiste genau senkrecht über dem späteren Zielpunkt liegt. Genauso lässt sich natürlich auch der spektakuläre Trick des Clowns erklären.

Die Fallversuche des Clowns haben uns sowohl Erstaunen als auch Kopfzerbrechen bereitet. Ist Galileis schönes Weltbild der Physik damit noch zu retten?

Zweifellos waren die Entdeckungen Galileis richtig, aber eben nur unter bestimmten Voraussetzungen. Das Gesetz des freien Falls ist offensichtlich nicht vollständig. Es ist nur unter Ausschluss der Luftreibung wie zum Beispiel im Vakuum gültig.

Außerdem gilt es – wie wir gesehen haben – nur für frei fallende Massenpunkte. Dabei können die verschiedensten Gegenstände als fallende Massenpunkte angesehen werden, wenn man die Bewegung ihres so genannten Schwerpunkts betrachtet. Der Schwerpunkt eines Gegenstands ist im freien Fall, solange der Körper an keiner Stelle Kontakt zum Boden hat.

Damit befindet sich auch der Sofatrick des Clowns wieder im Einklang mit den physikalischen Gesetzen: Das Brett liegt ja auf einer Seite auf dem Erdboden auf! Deshalb fällt sein Schwerpunkt nicht frei zur Erde, sondern dreht sich vielmehr um diesen Auflagepunkt. Die Verhältnisse sind vollkommen anders, wenn das Brett frei fällt. Das kann man einfach anhand einer Erweiterung des erfolgreichen Fallversuches nachvollziehen.

Die Geistermünze, Teil 2

Zunächst wird der gleiche Aufbau wie für die Geistermünze 1 auf eine feste Unterlage gestellt. Das kann ein fester Karton sein – oder aber dieses inzwischen schon durch die vorigen Fallversuche recht mitgenommene Buch. Wieder muss der Auflagepunkt des Lineals durch eine Kante zum Beispiel aus Karton fixiert sein, damit das Lineal nicht seitlich wegrutschen kann. Und wieder wird die Münze in den äußeren Kronkorken gelegt. Alles zusammen wird jetzt fallen gelassen, inklusive der Unterlage. Was geschieht diesmal mit der Münze? Sie bleibt während des gesamten gemeinsamen freien Falls unverändert in ihrer

Startvorrichtung! Die Schwerpunkte der Unterlage, des Lineals und der Münze fallen gemeinsam hinunter!

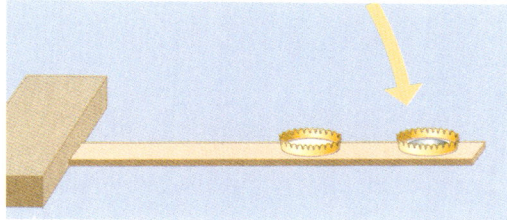

Erst wenn die Unterlage den Boden erreicht, gelingt es mit sehr viel Geschick weiterhin, dass die Münze in das Ziel springt. Allerdings ist das jetzt bedeutend schwieriger als zuvor, da sowohl die Münze als auch das Lineal bereits eine hohe Geschwindigkeit besitzen und das Brett deshalb nur wenig Zeit für seine Drehbewegung hat.

Der Seiltänzer und der Schwerpunkt

Tricks wie die soeben vom Clown vorgeführten Zaubereien mit der Schwerkraft beruhen zumeist auf einer Ausnutzung der unterschiedlichen Lage und Bewegung des Schwerpunkts verschiedener Gegenstände. Zur Vertiefung dieses Themas hat der Clown inzwischen einem sehr kräftigen Hochseilakrobaten Platz gemacht.

Während dieser sich auf seinen Auftritt vorbereitet, wird er vom Direktor vorgestellt: »Meine sehr verehrten Damen und Herren, bitte begrüßen Sie ganz herzlich unseren Hochseilakrobaten, den ›schwebenden Willy‹. Der Schwerpunkt seiner Vorführung ist ... der Schwerpunkt! Wie Sie sicher wissen, hat jeder Gegenstand einen Schwerpunkt. Der Schwerpunkt ist eine Art Mitte dieses Gegenstands. Jeder Gegenstand besteht aus unvorstellbar vielen winzigen Teilchen, den Atomen und Molekülen. Alle diese winzigen Teilchen sind fest miteinander verbunden. Dabei bilden sie die verschiedensten Gegenstände wie zum Beispiel einen Fußball, einen Besenstiel oder einen Hammer.

Den Schwerpunkt finden

Der Akrobat Willy beginnt jetzt seine Vorführrung. Er zeigt als sein eigenes Vorprogramm dem Publikum zunächst einen einfachen Trick, wie man den Schwerpunkt der verschiedensten Gebilde finden kann. Dazu legt er diese Gegenstände auf seine beiden weit ausgestreckten Arme. Dann bewegt er die Arme ganz langsam immer näher zueinander. Jan fällt auf, dass sich immer abwechselnd nur eine seiner beiden Hände bewegt. Die andere bleibt solange ruhig. Der Gegenstand bleibt, wie von unsichtbaren Schnüren gehalten, immer im Gleichgewicht – egal, wie verschieden sich die beiden Hände auch bewegen. Das geht immer weiter, bis die beiden Hände sich berühren. Immer noch liegt der Gegenstand ganz ruhig auf den Händen, ohne herunterzufallen. Damit ist der Schwerpunkt gefunden!

Die Reibungskraft zwischen den Händen und dem Gegenstand hängt zum einen davon ab, wie viel Gewicht des Gegenstands auf einer Hand aufliegt, und zum anderen davon, ob der Gegenstand gerade über die Hand gleitet oder ruht. Denn die Gleitreibungskraft ist um einiges geringer als die Haftreibungskraft. Deshalb gleitet die eine Hand immer so lange nach innen, bis das zunehmende Gewicht auf die Hand größer wird als die Haftreibung auf die andere Hand.

Sobald das der Fall ist, stoppt die Hand ganz von selbst und die andere Hand fängt an zu gleiten ... und so weiter. Der Versuch des Akrobaten Willy kann sehr leicht zu Hause mit den verschiedensten Gegenständen nachgemacht werden.

Zwei Hände finden den Schwerpunkt von selbst

Nimm einen Besenstiel, lege ihn auf deine weit ausgebreiteten Arme, und bewege nun beide Arme ganz langsam unter sanftem Druck aufeinander zu. Was passiert nun?
Es geschieht etwas auf den ersten Blick sehr Überraschendes: Es bewegt sich nur eine Hand, die andere bleibt in Ruhe – bis das Ende des Besens über der bewegten Hand mehr und mehr Übergewicht bekommt und immer stärker auf dieser Hand lastet. Dagegen wird die

Krabbeln, stehen, laufen ...

Es ist sehr nützlich zu wissen, wo genau sich der Schwerpunkt eines Gegenstands befindet. Zum Beispiel, um eine wertvolle Vase vor dem Herunterfallen zu schützen, um Schlittschuhlaufen zu lernen oder um einem Baby das Krabbeln, Stehen und Laufen beizubringen.

Was wäre ohne Schwerkraft?

Die Schwerkraft hat nicht nur im Zirkus eine Bedeutung, sondern vor allem auch im täglichen Leben. Wenn es sie nicht gäbe, würden wir schweben wie der Hochseilakrobat – allerdings ohne Seil.

gegenüberliegende Hand mehr und mehr entlastet, bis sie schließlich so viel Bewegungsfreiheit hat, dass sie sich seinerseits in Bewegung setzt. Gleichzeitig stoppt der andere Arm. Durch dieses Wechselspiel zwischen Schwerkraft und Reibung der Finger auf dem Stiel bewegen sich die beiden Hände immer näher aufeinander zu, bis sie sich unter dem Schwerpunkt des Körpers treffen. Der Schlüssel zum Verständnis dieses Phänomens liegt in der unterschiedlichen Stärke der Reibungskräfte zwischen dem Besenstiel und den Armen.

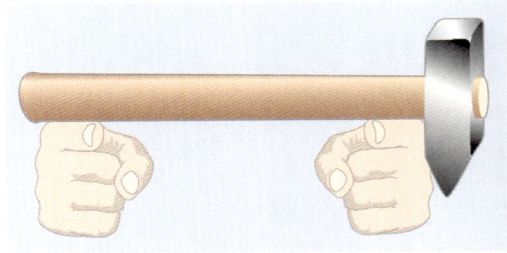

Hände treffen sich nun entsprechend verschoben näher beim Besenende. Sogar mit einem Hammer klappt der Trick – trotz der sehr unausgeglichenen Massenverteilung.

Kennt man den Schwerpunkt eines Körpers, kann man diesen sehr einfach im Gleichgewicht halten. Man muss ihn nur senkrecht über dem Schwerpunkt festhalten, und er wird nicht herunterfallen oder kippen.

Die Reibungskraft

Die Haftreibung zwischen Arm und Stiel ist deutlich größer als die Reibung bei gleitendem Arm. Außerdem ist die Reibung natürlich vom Gewicht des jeweils aufliegenden Besenteils abhängig. Je weiter die eine Hand nach innen gleitet, umso mehr erhöht sich die Schwerkraft des Besens und deshalb auch dessen Reibungskraft. Schließlich ist die Reibungskraft größer als die hohe Haftreibung der anderen Hand, und die Hand bleibt stehen. Dagegen bewegt sich nun die andere Hand. Dieses elegante Spiel zwischen Reibung und Schwerkraft wiederholt sich immer wieder und sorgt dafür, dass der Besenstiel im Gleichgewicht bleibt – bis sich die beiden Hände schließlich im Schwerpunkt in der Mitte des Stiels treffen. Dieser Trick zum Auffinden des Schwerpunkts gelingt für alle beliebigen Gegenstände.

Die Reibung

Als Reibung bezeichnet der Physiker die an der Berührungsfläche zweier Körper wirksam werdenden Kräfte, die eine Bewegung hemmen oder verhindern.

Eine sehr genaue Vermessung des Schwerpunkts ist mit Hilfe zweier Stricknadeln möglich. Damit kann zum Beispiel der Schwerpunkt eines Bleistifts ermittelt werden. Bewege dazu die beiden Nadeln sehr vorsichtig aufeinander zu, und markiere den Treffpunkt der beiden Nadeln auf dem Bleistift mit einem Filzstift.

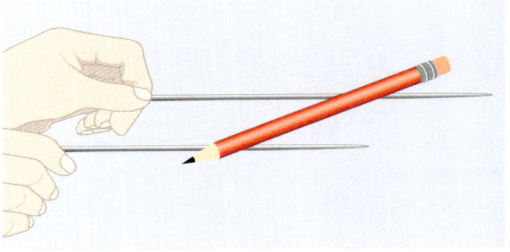

Stecke nun einen Radiergummi auf die Bleistiftspitze, und schätze, wo der Schwerpunkt sein wird. Überprüfe mit den beiden Nadeln die tatsächliche Lage des Schwerpunkts. Je schwerer der Radiergummi ist, umso weiter ist der Schwerpunkt in Richtung des Radiergummis verschoben. Damit haben wir eine einfache Methode gefunden, um Gewichte zu vermessen!

Abgewandeltes Experiment

Man kann das Experiment auch mit dem Stiel inklusive Besen versuchen. Dadurch ist die Lage des Schwerpunkts natürlich deutlich in Richtung des Endes mit dem Besen verschoben. Das kann man leicht nachprüfen: Die beiden

Das Hochseil

Szenenwechsel: Der schwebende Willy ist inzwischen ganz oben auf dem Hochseil. Vorsichtig beginnt er, auf dem Seil zu laufen. Er hält dazu einen langen Holzstab quer in seinen Händen. Das sieht lustig aus. »Warum haben die Seiltänzer eigentlich immer so lange Stäbe?«, fragt der Großvater.

»Damit sie nicht herunterfallen. Sie halten sich an dem Stab fest«, sagt Jan und hält sich am Sitzrahmen fest, wie wenn dieser ein Balancierstab wäre, froh, nicht da oben stehen zu müssen. »Und warum fällt dann der Stab nicht herunter?«, hakt der Großvater neugierig nach.

«Der wird doch vom Seiltänzer festgehalten!«, sagt Jan.

Schritt für Schritt tastet sich der Seiltänzer weiter voran und kommt schließlich wohlbehalten auf der anderen Seite an.

Der Clown Sunny hat Jan zufällig zugehört und ist ganz begeistert von dessen Antwort. »Genauso ist es, genauer gesagt: Der Artist hält die Stange im Gleichgewicht. Denn er hält sie genau unter ihrem Schwerpunkt. Da die Stange sehr lang ist, dauert es ziemlich lange und bedarf einer ziemlichen Anstrengung, um sie aus diesem Gleichgewicht zu bringen. So kann der Seiltänzer sich tatsächlich gut an ihr festhalten. Alle kleinen Ausrutscher werden durch die Stange im Normalfall gut ausgeglichen. Und je länger der Stab ist, umso stabiler ist auch das Gleichgewicht!«

Zum Beweis läuft er auf der Brüstung der Manege mit weit ausgestreckten Armen herum. Dabei kann er jede Unsicherheit durch eine leichte Korrektur mit den Armen sofort ausgleichen.

Dass lange Körper stabiler sind als kürzere, sieht man zum Beispiel an der Standfestigkeit von Erwachsenen im Gegensatz zu Kleinkindern. Dass die Länge tatsächlich ein entscheidender Faktor für die Stabilität beim Stehen ist, lässt sich mit Hilfe eines Lineals und eines Radierers leicht zu Hause überprüfen.

Warum Kleinkinder leichter umfallen als Erwachsene

Du benötigst zwei unterschiedlich lange Gegenstände, zum Beispiel ein Lineal und einen Radierer: Stelle beide Gegenstände senkrecht auf. Jetzt kann das Rennen beginnen: Dazu lässt man beide gleichzeitig fallen! Das Ergebnis ist ganz eindeutig: Der kurze Radierer ist klarer Sieger: Er braucht nicht einmal halb so lange, um auf dem Boden zu

landen, wie das Lineal! Dieses überraschend deutliche Ergebnis lässt sich aus der unterschiedlichen Höhe der Schwerpunkte erklären. Der Schwerpunkt des langen Lineals liegt viel höher und braucht deshalb eine viel längere Zeit, bis er auf den Boden trifft! Dadurch wird er allerdings auch länger und stärker beschleunigt. Deshalb fällt er mit einer viel höheren Endgeschwindigkeit auf den Boden. Das hört man auch am lauteren Klatschen beim Aufprall im Vergleich zum Radierer. Mit diesem Versuch wird klar, wieso es so schwierig für Kleinkinder ist, im Stehen die Balance zu halten, aber auch, warum ihnen das Hinfallen nicht so weh tut.

Das Trägheitsmoment

Der Seiltänzer läuft inzwischen mit einem zweiten, noch längeren Stab über das Seil. Durch seine große Länge ist der Stab noch weniger empfindlich gegen kleine Störungen. Das Laufen auf dem Seil macht dem schwebenden Willy keinerlei Problem mehr. »Meine Damen und Herren, Sie sehen deutlich, dass der Stab umso stabiler und träger ist, je länger er ist. Dieser Widerstand gegenüber einer einsetzenden Drehbewegung wird auch als Trägheitsmoment bezeichnet. Dazu aber später noch mehr. Auf jeden Fall sehen Sie deutlich, dass der lange Stab ein großes Trägheitsmoment hat.«

Der Seiltänzer hat sich zu guter Letzt einen biegsamen Stab besorgt, der an beiden Enden stark durchhängt. Nun kann er sogar große Sprünge und Tanzschritte auf dem Seil vollbringen, ohne herunterzufallen.

»Es sieht ganz so aus, als ob das Gleichgewicht umso stabiler wird, je tiefer der Schwerpunkt liegt«, sagt der Großvater und denkt gerade an »Elchtests« und umfallende Kleinwagen.

Tatsächlich gilt für die Stabilität von Autos dasselbe wie für den Seiltänzer: Je tiefer der Schwerpunkt, umso sicherer liegen die Autos in der Kurve. Deshalb versuchen die Ingenieure und Techniker, alle schweren Teile des Autos – wie den Motor und die Achsen – so tief wie nur irgendwie möglich zu legen. Den inzwischen sehr berühmt gewordenen so genannten Elchtest kann man auch leicht zu

Der Radierer braucht nicht einmal halb so lange, um auf den Boden zu landen, wie das Lineal.

Endgeschwindigkeit

Tröstlich für Kleinkinder, die viel öfter fallen als Erwachsene, ist die Tatsache, dass sie sich dabei fast nie weh tun. Der Grund dafür ist die deutlich kleinere Endgeschwindigkeit beim Aufprall.

Hause mit Hilfe einiger Gewichte und einem Bobbycar oder einem Kinderwagen nachvollziehen.

Der Elchtest

Elchen ausweichen

Der Elchtest wurde ursprünglich in Skandinavien erfunden, um das Ausweichverhalten von Autos beim plötzlichen Auftauchen eines Elchs auf der Straße zu untersuchen.

Testwagen: ein Bobbycar oder ein Kinderwagen. Material: einige Gewichte, zum Beispiel Ziegelsteine oder einige schwere Bücher.
Man legt einige Gewichte in großer Höhe in den Testwagen, zum Beispiel auf die Liegefläche des Kinderwagens. Damit fährt man eine scharfe Kurve. Sobald der Wagen zu kippen beginnt, kann man den Versuch beenden, um den Wagen noch rechtzeitig vor dem Umfallen abzufangen.
Legt man das gleiche Gewicht so tief wie möglich in den Testwagen, so ist er in der gleichen Kurve viel stabiler und fällt kaum um. Je tiefer der Schwerpunkt liegt, umso besser ist die Kurvenlage.

Die stabile Dose

Der Clown ist gerade mit Erfrischungen unterwegs – und der Großvater kauft zwei Getränkedosen: eine für sich und eine für Jan. Beim Bezahlen schlägt der Clown folgende spaßige Wette vor: »Ihr bekommt die Dosen umsonst, wenn ihr mir sagen könnt, wann eine Getränkedose am stabilsten steht: Ist es dann, wenn sie ganz voll ist, wenn sie halbvoll ist oder wenn sie leer ist?« – Während der Großvater zu grübeln und rechnen beginnt, hat Jan seine Dose schon aufgemacht, trinkt sie Schluck für Schluck und findet schnell die richtige Antwort heraus. Wie die Lösung lautet, lässt sich am besten durch den eigenen Versuch mit einer Getränkedose und einem Meterstab nachvollziehen.

Die Wette um die Getränkedose

Standfestigkeit

Die Standfestigkeit der Coladose hängt immer von der Dichte der in ihr befindlichen Flüssigkeit und dem Dosenmaterial ab.

Wann ist eine Dose am standfestesten: voll, leer oder zwischendrin?
Um diese Frage zu beantworten, benötigen wir eine Getränkedose und ein Lineal oder einen Meterstab. Und los geht's!
Also: Wie stark lässt sich die Dose neigen, ohne dass sie umfällt? Ab einer kritischen Auslenkung fällt die Dose schließlich um. Das heißt:

Je größer diese kritische Auslenkung ist, umso standfester ist die Dose. Die kritische Auslenkung lässt sich mit einem Lineal oder Meterstab gut bestimmen. Dazu balanciert man die Dose vorsichtig so aus, dass sie gerade noch nicht umfällt und sich so nahe wie möglich an ihrer kritischen Auslenkung befindet. Dann vermisst man an diesem Punkt mit einem Lineal oder Meterstab die Höhe des Dosenendes über dem Boden! Je niedriger die Höhe, umso besser ist ihre Standfestigkeit.

1. Schritt
Beginne die Messung mit der vollen Dose, und schreibe das Ergebnis auf.

2. Schritt
Trinke dann die Dose nach und nach leer, und setze sie zur Vermessung immer wieder ab – bis sie leer ist. Schreibe alle Messwerte auf. Das Ergebnis ist eine Überraschung: Weder im vollen noch im leeren Zustand ist die Dose richtig standfest! Erst irgendwo mittendrin befindet sich die Dose in ihrem stabilsten Zustand. Das heißt, das beste Mittel gegen ein versehentliches Umstoßen einer Dose ist, sie etwas leer zu trinken, anstatt sie voll oder fast voll herumstehen zu lassen. Das genaue Ergebnis hängt von der Dichte der Flüssigkeit und des Materials der Dose ab – und natürlich von der Größe der Dose.
Dein Ergebnis für eine 0,33-Liter-Getränkedose: voll ...... Zentimeter, halbvoll ...... Zentimeter, leer ...... Zentimeter.

Der Seiltänzer Willy ist inzwischen mit seiner Vorführung fertig und bekommt den wohlverdienten Beifall. Der Clown klettert umständlich auf das Seil hoch und versucht jetzt ebenfalls – allerdings sehr wackelig –, auf dem Seil zu laufen. Das kann nicht gut gehen! Der Seiltänzer hat ein Einsehen und zieht ihm einen Spezialanzug mit eingebauten schweren Gewichten an den Händen an. Damit kann der Clown sogar Kopfstände auf dem Seil machen! Dieses Kunststück des Clowns kann man leicht zu Hause nachbauen. Der Schwerpunkt des Clowns ist in unserem Heimzirkus sogar unterhalb des Seils.

Der balancierende Clown

Kopiere die Vorlage, schneide den Clown aus, und male ihn bunt an! Spanne dann eine Schnur oder einen Bindfaden als Hochseil durch das Zimmer, und setze den Clown darauf. Was passiert?

Er fällt sofort herunter – glücklicherweise ist er nur aus Papier! Für eine bessere Standfestigkeit kann man dem Clown einen Spezialanzug mit Gewichten anlegen. Dazu reicht es aus, je ein Pfennigstück auf die beiden Hände zu kleben (wie abgebildet). Stellt man nun den Clown auf das Hochseil, so balanciert er ohne Schwierigkeiten auf dem Kopf!

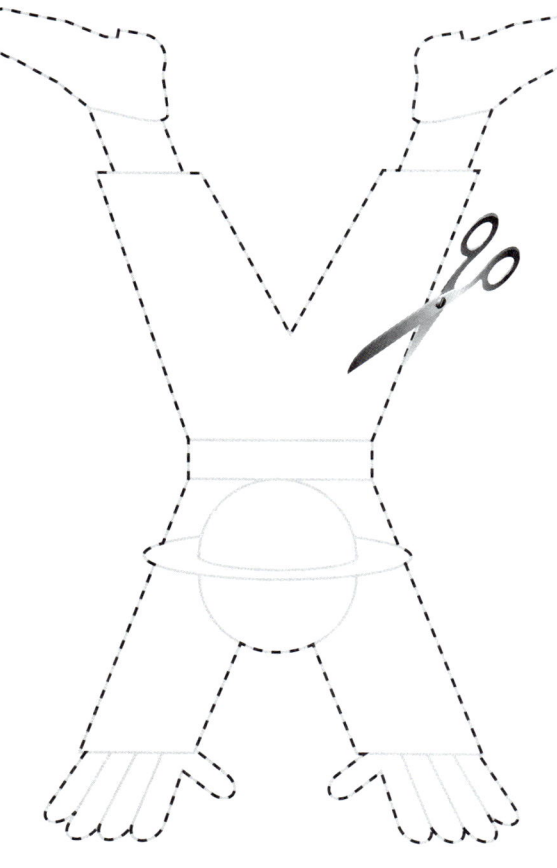

Wieder zeigt sich, dass eine Balance umso stabiler ist, je tiefer ihr Schwerpunkt unter ihrem Aufsetzpunkt auf dem Seil liegt. Das Gleiche war auch schon beim Seiltänzer mit seinem an den Enden durchhängenden Stab der Fall.

Der Großvater ist bisher sehr zufrieden mit dem Zirkus. Die Vorführungen sind spannend und vollkommen ungefährlich, und Jan lernt ganz nebenbei auch noch etwas für die Schule. Natürlich würde er nie zugeben, dass er selbst vielleicht noch mehr gelernt hat; er fasst für Jan noch einmal zusammen:

»Die Massenverteilung eines Gegenstandes ist also entscheidend für die Stabilität eines Körpers im Gleichgewicht. Je weiter weg vom Schwerpunkt und je tiefer der Hauptteil des Gewichtes liegt, umso leichter ist der Gegenstand zu balancieren.«

»Was geschieht eigentlich, wenn es nicht mehr so leicht ist, den Gegenstand zu balancieren?«, fragt Jan.

»Ich stelle es mir ziemlich schwierig vor, einen aufrecht stehenden Hammer auf meinem Finger zu balancieren.«

Das ist etwas, was man einfach zu Hause überprüfen kann. Dabei zeigt sich, dass unser Körper zu einem geschickten Trick greift, um die Balance trotzdem weiter zu halten.

Balancieren mit Schummeln

Es gibt zwei Möglichkeiten, einen Hammer aufrecht auf den Fingern zu balancieren. Was ist leichter: den Hammer mit dem schweren Ende nach oben oder nach unten im Gleichgewicht zu halten?

Die Antwort ist auf den ersten Blick wieder einmal sehr überraschend: Stellt man den Hammer mit dem Gewicht nach oben auf seine Finger, so wird es einem mit etwas Übung relativ gut gelingen, ihn im Gleichgewicht zu halten. Dagegen ist es fast ein Ding der Unmöglichkeit, ihn mit dem Gewicht nach unten zu balancieren! Der Hammer ist also deutlich stabiler mit dem Griff nach unten!

Fragen über Fragen

Wie ist das möglich? War es nicht wichtig, dass der Schwerpunkt möglichst tief liegt – wie beim Stab des Seiltänzers? Natürlich gilt

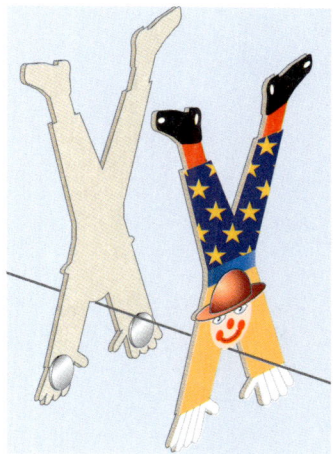

Der Schwerpunkt des Clowns liegt hier unterhalb des Seils – wer hätte das gedacht?

Nötiges Material

Für diesen Versuch brauchst du einen Hammer, einen Kehrbesen, eine leere Getränkeflasche oder einen anderen Gegenstand, dessen Massenverteilung ungleich ist.

diese Regel auch für den Hammer. Das sieht man beispielsweise, wenn man in halber Höhe des Griffes ein Loch bohren, einen Nagel durchstecken und das Ganze daran festhalten würde. Dann wäre der Hammer im ersten Fall mit dem Gewicht nach oben natürlich instabil, da sein Schwerpunkt über dem Aufhängepunkt liegt. Im Fall mit dem Gewicht nach unten wäre er dagegen stabil, da der Schwerpunkt unterhalb des Aufhängepunktes liegt. Der Unterschied zum Balancieren mit den Fingern ist aber, dass die Finger in beiden Fällen unterhalb des Hammers und damit zwangswei-

Der rechte Hammer mit dem Gewicht nach oben fällt nicht so leicht aus dem Gleichgewicht wie der linke, da die meisten Massenanteile viel weiter vom Auflagepunkt entfernt sind.

se auch unterhalb des Schwerpunkts liegen! Damit ist der Hammer jedes Mal in einem instabilen Gleichgewicht. Wie leicht er aus diesem Gleichgewicht kommt, ist deshalb allein von seinem Trägheitsmoment abhängig. Und das ist für den Hammer mit dem Gewicht nach oben eindeutig höher, da die meisten Massenanteile viel weiter vom Auflagepunkt entfernt sind. Deshalb dauert es relativ lange, bis der Hammer mit dem Gewicht nach oben aus dem Gleichgewicht fällt. Und genau das haben wir in unserem Versuch beobachtet.

Die Kopflage

Genau umgekehrt ist es bei der Kopflage: Hier ist es praktisch unmöglich, den Hammer in dieser Lage ruhig zu halten. Trotzdem entdeckt unser Körper ganz von selbst eine Möglichkeit, das fast Unmögliche möglich zu machen: Um den Hammer vor dem Umfallen zu bewahren, beginnen unsere Finger, den Hammer hin und her zu schwingen. Dabei wird die jeweilige

Trägheitsmoment

Wenn ein Körper große Teile seiner Masse weit entfernt vom Auflagepunkt liegen hat, dann lässt er sich nur sehr langsam aus dem Gleichgewicht bewegen. Dieser Widerstand gegen den Drehmoment heißt Trägheitsmoment.

INFOBOX

Horrorkabinett aus Fachwörtern:
Hier geht es um *Schwerpunkt, Stabilität, Gleichgewicht, Drehmoment, Hebelarm, Trägheitsmoment.*
Wir haben gesehen, dass Gegenstände im Gleichgewicht sind, wenn wir sie so auf eine Auflage setzen, dass ihr Schwerpunkt genau senkrecht über, auf oder – noch besser – unter dem Aufsetzpunkt liegt. Dann versuchen nämlich genau gleich viele Massenanteile, den Gegenstand aus dem Gleichgewicht um den Aufsetzpunkt herum in ihre Richtung zu drehen. Der Einfluss der Massenanteile auf den Gegenstand wird deshalb auch Drehmoment genannt. Je weiter ein kleines Massenstückchen vom Schwerpunkt des Gegenstands entfernt ist, umso größer ist der so genannte Hebelarm – und damit sein Anteil am Drehmoment.

Gesamtdrehmoment
Im Gleichgewicht hat der Schwerpunkt und damit der Gegenstand ein Gesamtdrehmoment von null. Das gilt auch für alle Punkte senkrecht ober- und unterhalb des Schwerpunkts.
Gegenstände mit einem großen Trägheitsmoment (siehe Randspalte) haben eine größere Stabilität beim Balancieren, denn durch deren größere Trägheit dauert es länger, bis sie aus dem Gleichgewicht weggedreht werden. Für die Stabilität eines Gleichgewichts ist die Höhe des Auflagepunkts die entscheidende Größe: Liegt der Schwerpunkt des Gegenstandes oberhalb des Aufsetzpunkts, so ist das Gleichgewicht grundsätzlich instabil. Schon nach einem kleinen Windstoß gerät der Körper aus dem Gleichgewicht. Der Absturz kann lediglich – wie gesehen – durch ein hohes Trägheitsmoment entsprechend verzögert werden.
Der umgekehrte Fall liegt hingegen vor, wenn der Schwerpunkt tiefer als der Auflagepunkt liegt. Das Gleichgewicht ist jetzt von vornherein stabil: Nach einer kleinen Auslenkung pendelt der Körper zurück in die Ruhelage.

Fallbewegung auf die eine oder andere Seite elegant ausgeglichen! Dieser Trick bewirkt eine zeitliche Umverteilung der Massen. Betrachtet man die Verteilung des Hammers im Lauf der Zeit, so sind durch die Bewegung die meisten Massenpunkte durchschnittlich weiter vom Auflagepunkt entfernt. Dieser Trick bewirkt auch rechnerisch eine größere Stabilität. Das gleiche Phänomen lässt sich auch bei Hochseilartisten beobachten, sobald sie etwas aus dem Gleichgewicht geraten: Sie beginnen dann auf dem Seil leicht hin und her zu schaukeln und gleichen so geschickt die Fallbewegung aus.

Der Mittelpunkt Deutschlands

Inzwischen ist der Zirkusdirektor auf die Bühne gekommen und übernimmt persönlich die Präsentation des nächsten Tricks. Er baut sich groß vor den Zuschauern auf und verkündet mit feierlicher Stimme: »Ich zeige Ihnen diesen Trick höchstpersönlich. Zum einen deshalb, weil er so einfach ist, dass er sogar mir gelingt, und zum anderen, weil er so wichtig ist. Er hat sogar Einfluss auf die hohe Politik. Es geht darum, den Mittelpunkt von Ländern und Staaten zu finden. Ich werde nun vor Ihren Augen dieses Rätsel auflösen!«
Dazu nimmt der Direktor eine riesige Deutschlandkarte, die auf einen festen Karton geklebt ist, und zeigt sie stolz wie ein Zauberer dem Publikum. Dabei sagt er: »Ich werde nun meinen Clown Sunny bitten, noch einmal auf das Hochseil zu klettern und dieses Seil mit hochzunehmen.« Er gibt dem Clown ein Seil mit einem schweren Bleigewicht am Ende.
Der Direktor erklärt mit Stolz in der Stimme: »Dieses Seil, ein Nagel und ein Filzstift ist alles, was ich brauche, um den Mittelpunkt Deutschlands zu finden!«
Inzwischen ist der Clown oben angekommen und wirft das Seilende mit dem Gewicht hinunter. Das andere Seilende befestigt er am Zirkusdach. Das Seil hängt nun senkrecht im Lot nach unten. Der Zirkusdirektor hat inzwischen einen Nagel von hinten irgendwo in die Deutschlandkarte hineingesteckt. Er wickelt das Seil in halber Höhe um den Nagel. Das Gewicht hängt weiterhin senkrecht nach unten, und die Karte pendelt sich schließlich in eine Gleichgewichtslage ein.

Der Nageltrick

Nach einiger Zeit fährt der Direktor mit feierlicher Stimme fort: »Inzwischen müssten Sie ja wohl wissen, dass sich ein beliebiger Körper nur in einem stabilen Gleichgewicht befindet, wenn sein Schwerpunkt senkrecht unter dem Aufhängepunkt liegt. Und deshalb muss sich der Schwerpunkt Deutschlands genau unterhalb des Nagels befinden«, sagt der Direktor.
Er malt mit dem Filzstift entlang des Seils unterhalb des Nagels eine Linie auf.
»Auf dieser Linie muss also der Mittelpunkt Deutschlands liegen! Und nun kommt der Trick: Wir machen einfach dasselbe noch mal mit dem Nagel an einer anderen Stelle«, sagt der Zirkusdirektor ein wenig schulmeisterlich – gerade so, als ob er den Trick selbst erfunden hätte. Hat er natürlich nicht, aber Zirkusdirektoren müssen einfach immer etwas schulmeisterlich wirken. Genauso wie Versicherungsvertreter meistens etwas Lästiges an sich haben und Beamte immer am meisten zu arbeiten haben müssen.
Der Direktor sticht den Nagel nun an einer neuen Stelle durch die Karte und befestigt wieder das Seil an ihm. Der Karton kommt in ein neues Gleichgewicht, wobei der Schwerpunkt sich natürlich wieder senkrecht unter dem Nagel befinden muss. Der Direktor zeichnet daraufhin schnell die zweite Linie entlang des Seils ein.
»Da der Schwerpunkt auf beiden Linien gleichzeitig liegen muss, kann er sich nur auf dem Schnittpunkt der beiden Linien befinden. Dort steche ich jetzt den Nagel hinein und schaue, wo die Nagelspitze auf der Landkarte herauskommt.«
Unter Trommelwirbel kommt der Nagel bei einem kleinen Ort in Thüringen auf der anderen Seite heraus: Niederdorla!
Inzwischen haben sich die Politiker auch offiziell auf Niederdorla in Thüringen geeinigt und demzufolge genau im Zentrum Deutschlands eine Linde gepflanzt.
»Der Rechtsweg ist natürlich ausgeschlossen. Denn das Verfahren ist juristisch nicht einwandfrei. Da gibt es zum Beispiel eine große Willkür an Definitionen über das zu vermessende Gebiet: Werden alle Inseln wie Helgoland mitgezählt, wird das Wasser um sie

Wo ist der Mittelpunkt?

Immer wieder stritten und streiten sich verschiedene Städte um die Frage, welche von ihnen im Mittelpunkt Deutschlands liegt.
Mit diesem einfachen physikalischen Experiment lässt sich die Frage spielend leicht lösen.

Helmstedt oder Waldsassen?

Die Autobahnraststätte Helmstedt wirbt mit dem Slogan »die Raststätte im Mittelpunkt Europas«. Napoleon war zu Beginn des 19. Jahrhunderts allerdings ganz anderer Meinung: Er errichtete 1805 nahe bei Waldsassen in der Oberpfalz ein Denkmal, das für ihn den Mittelpunkt Europas darstellte.

herum weggelassen und so weiter? Außerdem muss noch festgelegt werden, ob die Erdkrümmung und die Unebenheiten von Bergen und Täler mit in Betracht gezogen werden sollen«, beendet der Direktor schließlich unter dem Beifall des Publikums seine gelungene Vorführung.

Der Schwerpunkt von Bildern

Mit diesem Trick können natürlich alle möglichen weiteren Gegenstände auf ihre Schwerpunkte hin untersucht werden. Beispielsweise lässt sich der Schwerpunkt von Bildern ausmessen, so dass sie sicher und waagrecht an der Wand aufgehängt werden können; oder der Schwerpunkt von Personen mit Hilfe von Fotografien. Aber Achtung: Es ist nur der Schwerpunkt der Fotografie, nicht des Rahmens!

Den Trick des Direktors zur Auffindung des Schwerpunkts kann man übrigens auch zu Hause gut durchführen.

Geografische Mittelpunkte von Staaten und Kontinenten

Staat/Kontinent	Mittelpunkt
Deutschland	Niederdorla (Thüringen)
Österreich	Bad Aussee (Steiermark)
Europa (EU 2004)	Kleinmaischeid, Kreis Neuwied im Westerwald
USA (Festland)	Bei Lebanon (Texas)
USA (alle 50 Staaten)	Bei Castle Rock, South Dakota
Nordamerika	10 km westlich von Balta, North Dakota
Kanada	Baker Lake, Northwest Territories (sehr einsam, ohne Straßenzugang)
China	Lanchow (Hauptstadt der Provinz Gan su)

Wo ist der Mittelpunkt von Deutschland und Europa?

Kopiere aus dem Atlas Karten von Deutschland und Europa, und klebe sie auf einen festen Karton! Schneide den Karton entlang der Umrisslinien aus.
Als Hilfsmittel benötigst du jetzt nur einen Bindfaden, eine Nähnadel, einen Bleistift und ein kleines Gewicht, zum Beispiel einen Hosenknopf.
Damit lässt sich der Mittelpunkt ziemlich genau ermitteln. Und so geht's:

Weitere Mittelpunkte

Wen es interessiert, wo der Mittelpunkt seines Bundeslandes oder seiner Heimatstadt ist, schneidet einfach die entsprechenden Umrisse aus der Landkarte bzw. dem Stadtplan aus und geht genauso vor wie nebenan beschrieben.

1. Schritt
Binde zunächst den Hosenknopf an dem Faden fest.

2. Schritt
Stecke die Nadel von hinten an einer beliebigen Stelle durch den Karton, und befestige den Faden auf halber Länge an der Nadel.

3. Schritt
Halte den Faden am oberen Ende fest, und lasse die Karte und den Hosenknopf nach unten baumeln, bis die Karte ihr Gleichgewicht erreicht. Inzwischen wissen wir, dass der Schwerpunkt auf einer geraden Linie unterhalb der Nadel liegen muss. Zeichne diese Linie mit dem Bleistift entlang des Fadens auf dem Karton ein!

4. Schritt
Stecke die Nadel mitsamt dem festgebundenen Faden an einer anderen Stelle nun noch einmal von hinten durch den Karton. Wieder stellt sich ein Gleichgewicht ein, und wieder muss der Mittelpunkt genau unterhalb der Nadel liegen.

5. Schritt
Zeichne noch mal mit dem Bleistift eine Linie entlang des Fadens! Der Schnittpunkt der beiden Linien ist der gesuchte Mittelpunkt! Steche mit der Nadel durch diesen Schnittpunkt. Der Ort, an dem sie auf der Landkarte herauskommt, ist der gesuchte Mittelpunkt.

Die Newton'schen Gesetze

In der Manege ist es inzwischen völlig dunkel geworden, eine fast unheimliche Stille ist eingekehrt. Die Spannung ist auf dem vorläufigen Höhepunkt angelangt. Da ertönt aus dem Dunkel eine Stimme: »Meine Damen und Herren, in unserem Zirkus präsentieren wir Ihnen heute den größten Zauberer der Welt. Dieser phantastische Magier führt uns immer wieder neue Kunststücke vor. Er zeigt uns das Wunder eines neuen Morgens, den Zauber der Jahreszeiten, der Berge, des Fliegens und der Sterne. Er kennt den Trick von warm und kalt, von hoch und tief, von schön und hässlich und von froh und traurig. Aber sein größter Trick ist das Wunder des Lebens. Und besonders das Kunststück, dass Menschen sich genau gleichzeitig frühmorgens vor einer röchelnden Maschine mit braunem Getränk versammeln – aber keinesfalls, bevor sie in Aktion ist. Bei diesem großartigsten aller Zauberer handelt es sich – um unsere Natur! Und wie in einem großen Zirkus versuchen wir Menschen, viele dieser Kunststücke so gut wie möglich zu verstehen. Den Menschen, der dabei bisher vielleicht den größten Erfolg hatte, möchte ich Ihnen jetzt vorstellen!« Inzwischen ist die Stille noch stiller geworden, Jan traut sich kaum mehr zu atmen. »Sein Name ist ... (Trommelwirbel) ... Isaac Newton, geboren 1642 in England.« Auf einer Leinwand hinter dem Direktor erscheint jetzt ein Bild von diesem großen Meister. »Er wurde übrigens genau in dem Jahr geboren, in dem Galileo Galilei starb. Galileo Galilei leistete, wie wir schon gesehen haben, eine maßgebliche Vorarbeit zu den genialen Arbeiten Newtons. Neben Galilei hatten vor allem die großen Gelehrten Nikolaus Kopernikus (1473–1543), Tycho Brahe (1546–1601) oder Johannes Kepler (1571–1630) und ihre Entdeckungen großen Einfluss auf die Denkweise Newtons. Über sie gibt es ein wunderbares Zitat von Newton selbst.« Die Zuschauer starren wie gebannt auf die große Leinwand, auf der jetzt folgendes Zitat erscheint:

Damit zeigt Newton seine Zirkusreife, und der Direktor nützt dieses Zitat, um die nächste Nummer mit vier Riesen anzukündigen, die – sich gegenseitig auf ihren Schultern tragend – einmarschieren. Während dieser Nummer wird auf der Leinwand eine Zusammenfassung der Leistungen und des Lebens Newtons eingeblendet, welche in der Randspalte nachzulesen sind.

Die Riesen sind inzwischen alle in die Manege eingelaufen. Sie machen sich jetzt auf, die drei berühmten Axiome oder Gesetze der Bewegung von Newton zirkusreif vorzuführen.

Das erste Gesetz: das Trägheitsprinzip

Jeder Körper hat das Bestreben, in der Ruhe oder der Bewegung zu verharren, in der er sich gerade befindet. Er setzt jeder Veränderung seines Bewegungszustandes einen Widerstand entgegen, den man Trägheit nennt. Das Trägheitsgesetz besagt, dass sich ein kräftefreier Körper gleichförmig bewegt. Gleichförmig bedeutet, dass der Körper sich mit seiner gleichen konstanten Geschwindigkeit geradlinig fortbewegt. Damit ist auch der Fall eines ruhenden Körpers als Spezialfall mit einer Geschwindigkeit von null mit eingeschlossen. Dieses Prinzip der Trägheit entspricht dem Trägheitsgesetz von Galilei. Die Riesen haben Jan dazu auserwählt, ihnen für ihre Vorführung behilflich zu sein. Er folgt ihnen in die Mitte des Zirkuszelts. Dort steht inzwischen ein großer Lastwagen, den die Riesen jetzt unter größter Anstrengung anzuschieben versuchen. Erst als sie Jan um Hilfe bitten, klappt es endlich, den Wagen in Bewegung zu versetzen. Ganz langsam kommt der Lastwagen in Fahrt. Nach und nach wird es für die Riesen immer leichter, den Wagen

Wer war Newton?

Die Entdeckungen von Sir Isaac Newton (1642–1727) sind das Fundament der heutigen exakten Naturwissenschaften. Seine Ideen sind inzwischen so allgegenwärtig und für jeden selbstverständlich, dass man sich wundert, dass sie überhaupt erst so spät erdacht wurden. So können die hervorragenden Leistungen bei ihrer Entdeckung heute kaum mehr richtig eingeordnet werden. Newton machte seine Entdeckungen an der Schnittstelle zwischen Mathematik und Physik und trieb damit beide Wissenschaften enorm voran. Er revolutionierte die Mathematik durch die Erfindung der Differenzial- und Integralrechnung – zusammen mit dem deutschen Mathematiker Gottfried Wilhelm Leibniz. Er bewies als Erster die Farbigkeit des Sonnenlichts. Und er stellte die allgemeinen Gesetze der Bewegung von Körpern auf und leitete daraus das allgemeine Gesetz der Schwerkraft ab. Damit revolutionierte er die Physik.

Benötigte Utensilien

Um den Versuch mit Jan und den Riesen zu Hause nachzuspielen und damit das Newton'sche Trägheitsprinzip zu veranschaulichen, brauchst du einen Schlitten, einen mit Erde gefüllten Schubkarren oder einen Einkaufswagen aus dem Supermarkt.

zu schieben. Sie lassen einer nach dem anderen unbemerkt los, bis Jan ganz alleine den Wagen in Bewegung hält und einen großen Applaus bekommt. Diesen Applaus hat genauso die Trägheit des Lkw verdient.

Dies wird deutlich, als Jan ebenfalls loslässt und der Wagen ganz von alleine in Richtung Zuschauer weiterrollt. Als Jan den Wagen abbremsen will, gelingt ihm das zu seiner Überraschung nicht, und er braucht die Hilfe aller Riesen, um die Zuschauer vor den Gesetzen der Physik zu schützen. Dieser Versuch kann auch sehr gut zu Hause mit einem Schlitten, einem mit Erde gefüllten Schubkarren oder einem Einkaufswagen im Supermarkt nachgemacht werden.

Die Trägheitskräfte sind einfach überall, im grauen trägen Alltag genauso wie im Zirkus. Deshalb gibt es auch eine Unmenge von Tricks mit der Trägheit.

Tricks mit der Trägheit

Wie kommt man an das unterste Stück eines Stapels?

Oft ist ja genau das unterste Stück in einem Stapel das beste, das man unbedingt haben will. Wie kommt man aber an dieses heran, ohne den Stapel umzuwerfen? Die Trägheit des Stapels verhilft uns zu einer einfachen Lösung: Zieht oder schnippt man das unterste Teil so schnell wie möglich weg, so bleibt der Stapel ruhig stehen und füllt die unten entstandene Lücke auf. Das kann man mit Hilfe eines Stapels von etwa zehn Zehneurocentstücken ausprobieren.

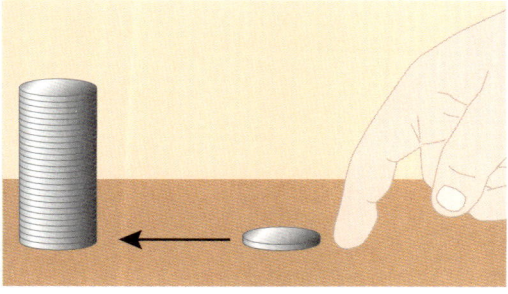

Der Trick klappt nur, wenn man die Münze genau trifft. Mit etwas Übung ist es möglich, die untere Münze aus dem Stapel zu entfernen.

Man schnippt ein weiteres Zehneurocentstück aus etwas Abstand (etwa drei Zentimeter) kräftig auf die untere Münze des Stapels! Am besten schnippt man mit dem Mittel- oder

Zeigefinger. Die untere Münze des Stapels wird durch den Zusammenstoß aus ihrem vermeintlich sicheren Platz unter dem Stapel weggeschleudert. Auf die Bewegung des restlichen Stapels hat das aber keinen Einfluss – vorausgesetzt, alles geht gut. Die Trägheit des Stapels sorgt dafür, dass er nicht umkippt und ruhig stehen bleibt. Mit etwas Übung klappt dieser Trick erstaunlich gut, und der Münzenturm bleibt steif und fest stehen.

Wie lässt sich die Tischdecke vom gedeckten Tisch ziehen, ohne den Tisch vorher abzuräumen? Oder wie kommt man an die Morgenzeitung, ohne daraufstehende Kaffeetassen oder Bücher wegzutragen?

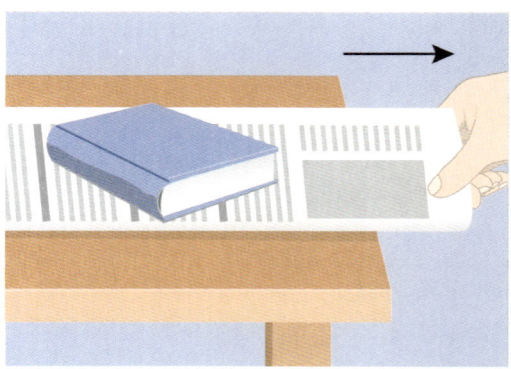

Die Lösung ist natürlich wieder mit der Trägheit der beteiligten Gegenstände verbunden. Allerdings wird vor der Durchführung dieses Tricks in Gaststätten und Wohnzimmern und in Anwesenheit von Zuschauern gewarnt, die kein Verständnis für solche Experimente haben – zum Beispiel vor den Besitzern von Kaffeetasse, Zeitung oder Wohnzimmer. Aus Sicherheitsgründen beschränken wir uns auch lieber auf unzerbrechliche Gegenstände, beispielsweise auf dieses Buch: Legen wir also das Buch auf eine Zeitung. Dann ziehen wir die Zeitung mit einem schnellen Ruck unter dem Buch hervor! War der Ruck schnell genug, so macht das Buch keinen Mucks! Der Grund ist wieder die Trägheit des Buchs.

Die weiche Landung einer Streichholzschachtel

Für diesen verblüffenden Trick wird eine volle Streichholzschachtel hochkant etwa 20 Zentimeter über dem Boden fallen gelassen.

Wetten, dass es niemand außer den Lesern dieses Buches schafft, die Schachtel (siehe rechte Randspalte) so geschickt fallen zu lassen, dass sie hochkant auf dem Boden stehen bleibt? Normalerweise verliert die Schachtel beim Aufprall nämlich sofort das Gleichgewicht und liegt am Ende flach am Boden. Der Trick hat natürlich wieder mit der Trägheit zu tun: Man öffnet die Schachtel einfach um einige Zentimeter. Nun lässt man die Schachtel mit den nach oben herausschauenden Streichhölzern wie abgebildet zu Boden fallen! Sobald die Schachtel auf dem Boden aufkommt, bewirkt die Trägheit der Streichhölzer eine weiche, stabile Landung. Die Schublade mit den Streichhölzern ist durch ihre Trägheit weiterhin auf dem Weg nach unten, obwohl die Schachtel schon den Boden berührt. Die Reibung an der Schachtel bremst die Bewegung der Schublade samt Streichhölzern schließlich sanft ab. Dadurch wird die Schachtel vor dem Umfallen bewahrt und steht im Normalfall bombensicher – genauso wie die Wette.

Wie rollt eine Dose im Zug?

Das Trägheitsgesetz lässt sich auch gut in Fahrzeugen beobachten. Lege dazu eine Getränkedose auf den Boden im Zugabteil. Bei jedem Beschleunigen und Abbremsen des Zuges rollt die Dose hin und her! Dagegen bleibt sie in Ruhe, wenn der Zug gleichmäßig fährt. Warum? Wieder ist das Trägheitsgesetz schuld! Die Dose hat den »Wunsch«, in ihrem alten Zustand zu bleiben. Wenn der Zug anfährt, dann möchte die Dose so lange wie möglich im Ruhezustand bleiben. Deshalb wird der Zugboden schneller beschleunigt als die Dose. Von außerhalb des Zuges gesehen sieht es aus, als ob der Boden unter ihr in Fahrtrichtung weggezogen würde. Da wir innerhalb des Zuges und fest mit dem Boden verbunden sind, sieht es für uns ganz anders aus: Die Dose rollt gegen die Fahrtrichtung! Das geht so lange, bis der Zug eine konstante Geschwindigkeit erreicht hat. Genau umgekehrt ist die Situation beim Abbremsen des Zuges. Die Dose versucht wiederum, ihre Geschwindigkeit so lange wie möglich beizubehalten. Deshalb ist sie schneller als wir und der abgebremste Boden und rollt innerhalb des Zuges in Fahrtrichtung.

Die gleichen Kräfte, die auf die Dose wirken, wirken natürlich auch auf alle anderen beweglichen Gegenstände – wie unsere Körperorgane oder die Luft, die einen veränderten Druck auf unsere Haut ausübt.
Bei einer gleichförmigen Bewegung versagt dagegen zwangsläufig die Wahrnehmung der Trägheit. Das lässt sich einfach in einem gleichförmig bewegten Zug oder Flugzeug bei Reisegeschwindigkeit beobachten. Bei geschlossenen Augen ist es uns unmöglich zu sagen, in welche Richtung wir uns bewegen.

Das zweite Gesetz: das Aktionsprinzip

Dieses wichtige Gesetz bedeutete einen wirklichen Durchbruch. Newton führte dadurch erstmals eine genaue und widerspruchsfreie Definition der Kraft in die Physik ein (was übrigens auch wir bisher raffinierterweise vermieden haben). Eine Kraft ist in der Physik entweder ein Stoß oder ein Zug.
»Wenn ich dem Clown einen Stoß versetze, dann habe ich eine Kraft auf ihn ausgeübt«, sagt der Direktor und gibt dem Clown einen kräftigen Tritt.

»Wie wir sehen, wird er dadurch beschleunigt. Mit anderen Worten: Sein Bewegungszustand wird verändert. Und gemäß Newtons zweitem Bewegungsgesetz ist die Kraft, die ich auf den Clown ausgeübt habe, gleich seiner Masse in Kilogramm – multipliziert mit seiner Beschleunigung.«
Als Formel bedeutet das: F = ma.
Das F steht für die Kraft, das m für die Masse und das a für die Beschleunigung.

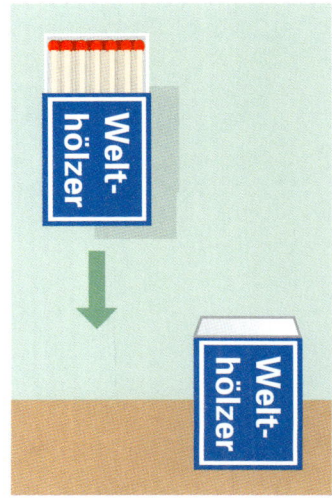

Die fallen gelassene, halb geöffnete Streichholzschachtel fällt nicht um.

Was sind Axiome?

Axiome (von griechisch »axion« = 1. Wertschätzung, Würde; 2. These) sind Behauptungen, die nicht bewiesen werden können. Vielmehr müssen sie einfach akzeptiert werden.

Physikalisch gesprochen verändert der Fußtritt des Direktors den Bewegungszustand des Clowns.

INFOBOX

Das zweite Newton'sche Gesetz der Bewegung und die Einstein'sche Relativitätstheorie

Die genaue Formulierung des Aktionsprinzips durch Newton ist insofern noch besser als bisher beschrieben, indem er sagt, dass sich der Impuls p eines Körpers durch eine anliegende Kraft F ändert. Und der Impuls p besteht aus dem Produkt der Masse m und der Geschwindigkeit v des Körpers. Diese Formulierung ist eine geniale Vorausahnung der Relativitätstheorie von Einstein, da sie neben der Veränderung der Geschwindigkeit (das ist die Beschleunigung) des Körpers zusätzlich die Veränderung seiner Masse durch anliegende Kräfte beinhaltet!

Take off!

Die Menschen haben gelernt, die Trägheit ihrer Organe zur Wahrnehmung von Beschleunigungen auszunutzen. Besonders deutlich wird das während eines Flugzeugstarts, dessen Schub beeindruckende Auswirkungen auf den Körper hat.

Aktionsgesetz

Das zweite Newton'sche Gesetz besagt, dass ein Gegenstand mit weniger Masse stärker durch eine äußere Kraft beschleunigt werden kann als ein Gegenstand mit mehr Masse.

Da Newton Englisch wichtiger als Deutsch war, stammt die Buchstabenwahl von den Anfangsbuchstaben der englischen Wörter für Kraft (force), Masse (mass) und Beschleunigung (acceleration). Diese Gleichung ist vermutlich die wichtigste Gleichung der Physik und sicherlich die wichtigste in diesem Buch. Das zweite Gesetz der Bewegung besagt also: Je weniger Masse ein Gegenstand hat, umso leichter kann er durch eine äußere Kraft beschleunigt werden. Ist diese Kraft F gleich null, dann wird der Gegenstand natürlich nicht beschleunigt und – wie im ersten Gesetz beschrieben – gleichförmig bewegt. »Zur Veranschaulichung des berühmten zweiten Gesetzes von Newton haben wir keine Kosten gescheut und extra für diese Nummer einen neuen Ferrari angeschafft«, beginnt der Direktor die Moderation der Nummer zum Aktionsprinzip. Der rote Wagen wird gerade von einem sportlich gekleideten Fahrer in die Manege gefahren. Der Direktor verschweigt vor den anderen Artisten lieber, dass es sich dabei um seinen neuen Dienstwagen handelt und sich die Hauptschlüssel dazu in seiner Tasche befinden. »Wie Sie gesehen haben, bedurfte es der Kraft aller vier Riesen inklusive Jan, um den Lastwagen anzuschieben. Ich frage Sie: Wie viele Riesen braucht es wohl, um ein normales Auto anzuschieben?«

Ein Auto anschieben

Die Riesen schreiten jetzt in Aktion: Zuerst versucht es einer, dann versuchen es zwei, dann drei, dann alle vier inklusive Jan – aber es bewegt sich nichts! Schließlich kommt auch noch der Direktor zu Hilfe – aber noch immer lässt sich der Wagen keinen Zentimeter bewegen. Alle schauen sich ratlos an. Der Wagen ist doch um einiges leichter als der Lastwagen, und zwei Riesen sollten doch mindestens ausreichen, um ihn anzuschieben. Oder sollte sich Newton etwa geirrt haben? Da kommt Jan eine Idee: »Ist etwa die Handbremse angezogen?«

Durch das Fenster sehen die Riesen, dass das tatsächlich der Fall ist. Die Tür ist abgeschlossen, und der Fahrer ist samt Schlüssel zum Abendessen verschwunden. Die Riesen überlegen, welches Fenster sie am besten aufbrechen. Da schreitet der Direktor ein. Er rettet seinen Ferrari und die Nummer – dazu sind Zirkusdirektoren ja schließlich da – und holt seinen Schlüssel aus der Tasche, öffnet die Tür und löst die Bremse.

Die Riesen sind ziemlich empört, dass sich der Direktor einen neuen Ferrari leisten kann und ihnen einen wahren Hungerlohn zahlt. Sie weigern sich deshalb, den Wagen von der Bühne zu schieben. So muss der Direktor zusammen mit Jan und dessen Großvater diese Arbeit selbst erledigen, was ihnen nur mit großer Kraftanstrengung gelingt.

»Meine Damen und Herren, das ist doch wirklich gute Unterhaltung und genau das Besondere an einem Zirkus, dass manche Tricks auch misslingen«, versucht der bloßgestellte Direktor seine Fassung wiederzufinden.

»Immerhin haben wir auch ohne die Riesen gezeigt, dass das zweite Newton'sche Gesetz gültig ist. Ein Personenwagen kann mit weniger Kraft beschleunigt werden als ein schwerer Lastwagen.«

Die genaue Gültigkeit des Aktionsprinzips lässt sich zu Hause überprüfen.

Action – das Aktionsprinzip nachgemessen!

Als Material benötigst du eine Holzleiste, ein Gummiband, eine Schnur, einen Reißnagel, zwei Nägel mit runder Öse, zwei Perlen aus

*größe hinaus. Dabei stößt sie an ihre Nachbar-
münze und überträgt ihren Impuls an diese …
und so weiter, bis diese Ausdehnungswelle an
der letzten Münze angekommen ist. Diese hat
kein weiteres Hindernis mehr vor sich und
kann sich ungehemmt in Bewegung setzen.*

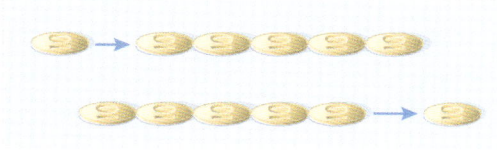

*Dank der Impulserhaltung bewegt sie sich mit
der gleichen Geschwindigkeit wie die ange-
schnippte Münze.*

Der Kaugummitrick

»Ich kenne einen einfachen Trick, bei dem
deine Vorführungen nicht mehr funktionieren«, ruft Jan ganz laut zum Clown vor. Der
Direktor stöhnt leise auf. Soll etwa auch diese
Nummer noch schief gehen? Trotzdem bittet
er Jan in die Manege und lässt ihn seinen
Trick vorführen.

Jan legt die schwarze Kugel auf den Tisch
und klebt seinen Kaugummi fest auf die
Kugel. Mit der weißen Kugel zielt er nun auf
die so präparierte schwarze Kugel. Beim
Aufprall wird der Kaugummi durch die weiße
Kugel stark eingedrückt, und die weiße und
schwarze Kugel schlittern gemeinsam davon.
Das ist genau der gleiche Versuch wie vorhin.
Trotzdem ist das Ergebnis vollkommen verschieden! Die beiden Kugeln bewegen sich
gemeinsam mit derselben Geschwindigkeit
vom Ort des Stoßes weg!

Der Clown schüttelt ratlos den Kopf und
schaut den Direktor fragend an. Dieser liebt
solche Momente, wenn sein Personal nicht
mehr weiter weiß.

Aber zur allgemeinen (und seiner eigenen)
Überraschung weiß der Direktor die Lösung:
»Du hast Recht, Jan. Obwohl der Impuls
genau derselbe ist, ist das Ergebnis vollkom-
men anders. Die Erklärung hat mit der Art
des Zusammenstoßes zu tun. Ein Teil der
Energie des Aufpralls wird für die dauerhafte
Verformung des Kaugummis verbraucht.
Solche Zusammenstöße mit einer dauerhaften

Veränderung des getroffenen Gegenstandes
werden unelastische Zusammenstöße genannt.
Und genau das ist der Unterschied zur ersten
Vorführung.«

Das heißt aber nicht, dass Newton falsch
liegt. Die Impulserhaltung gilt nach wie vor.
Denn die Geschwindigkeit der beiden Kugeln
(und des Kaugummis) nach dem Stoß ist etwa
halb so groß wie die Geschwindigkeit der
weißen Kugel zuvor. Aber dieser Versuch
zeigt, dass der Impulserhaltungssatz nicht
ausreichend ist, um Zusammenstöße aller Art
zu beschreiben.

Die entscheidende zweite Erhaltungsgröße ist
die Energie der Gegenstände. Energie ist die
Fähigkeit einer Kraft oder Bewegung, Arbeit
zu verrichten. Dazu lässt sich auch zu Hause
wieder gut experimentieren.

Weitere Münzentricks

1. Ein unelastischer Stoß
*Man bringt an den Rand einer Münze ein
wenig Klebstoff oder Sahne an – und zwar so,
dass sie nicht den Boden berühren. Dann
schnippt man mit einer zweiten Münze auf
diese Stelle! Nach dem Zusammenstoß bewegen sich beide Münzen gemeinsam mit der
gleichen, etwa halb so großen Geschwindigkeit.*

*Die Energie hängt quadratisch von den
Geschwindigkeiten ab und ist deshalb nach
dem Zusammenstoß deutlich geringer als vor
dem Stoß. Die fehlende Energie wurde zum
Zusammendrücken des Klebstoffs oder der
Sahne gebraucht.*

2. Raffiniertere Stöße
*Man legt fünf gleiche Zehneurocentmünzen
so in eine Reihe, dass sie sich gerade berühren. Diesmal schnippt man zwei weitere Zehn-
eurocentstücke gleichzeitig von außen auf die
Reihe! Schon wieder geschieht etwas Überraschendes: Es werden zwei Münzen vom anderen Ende mit etwa der gleichen Geschwindigkeit weggestoßen, während sich die beiden
stoßenden Münzen in die ruhende Reihe ein-*

Energieverlust durch den Stoß

**Je höher eine Axt gehalten wird,
umso tiefer spaltet sie das Holz,
und je schneller ein Weitspringer
anläuft, umso weiter springt er.
Durch den Stoß geht – je nachdem,
ob es sich um einen elastischen
oder unelastischen Stoß handelt –
eine Menge Energie verloren,
die den gestoßenen Gegenstand
zusammendrückt. Und deshalb
bleibt entsprechend weniger Energie für die Bewegung nach dem
Stoß übrig.**

Nach dem Zusammenstoß bewegen
sich beide Münzen gleich schnell.

ordnen. Wie lässt sich dieses Ergebnis begründen? Antwort: Anstelle einer elastischen Ausdehnungswelle laufen nun zwei direkt hintereinander durch die Münzenkette und stoßen deshalb am Ende zwei Münzen gleichzeitig weg!

Bei diesem Experiment werden am Ende zwei Münzen weggestoßen.

Der gleiche Versuch gelingt auch, wenn drei und noch mehr Münzen derselben Masse gleichzeitig auf die Reihe geschnippt werden: Es wird immer am anderen Ende die gleiche Zahl von Münzen fortgestoßen!
Der vorige Versuch funktioniert sogar, wenn mehr Münzen von außen angeschnippt werden, als überhaupt in der Reihe liegen! Dieser verwunderliche Trick klappt auch schon, wenn nur eine Münze ruhig liegt und zwei gleich schwere Münzen gleichzeitig auf diese geschnippt werden. Was lässt sich die Natur hier als Ergebnis einfallen?

Einfache und quadratische Abhängigkeit

Für alle diese Kunststücke stellt sich die Frage: Warum ist die Natur so verschwenderisch mit dem Wegschleudern von Geldstücken? Warum wird nicht einfach nur eine einzige Münze etwas schneller weggestoßen – egal, wie viele Münzen angeschnippt wurden? Neben dem Impuls muss die Energie vor und nach dem Zusammenstoß erhalten bleiben. Dazu muss man jedoch die genauen Zusammenhänge der Energie und des Impulses von der Bewegung kennen: Der Impuls hängt *einfach* und die Energie *quadratisch* von den Geschwindigkeiten der beteiligten Münzen ab. So würde der Impulssatz alleine zum Beispiel zulassen, dass nach dem Stoß eine einzige Münze mit der doppelten Geschwindigkeit von zwei auftreffenden Münzen weggeschleudert wird. Da aber die Energie dieses Teilchens *quadratisch* von dessen Geschwindigkeit abhängt, wäre die Energie der weggestoßenen Münze um einiges höher als die Gesamtenergie der beiden angeschnippten Münzen. Unsere Stoßversuche mit Münzen sind eine Art natürlicher Taschenrechner, der ganz automatisch zwei verwickelte Gleichungen löst: die eine für den Impuls und die andere für die Energie der beteiligten Münzen.

Es bewegen sich tatsächlich wieder zwei Münzen vom Ort des Zusammenstoßes mit derselben Geschwindigkeit weg. Die vordere der beiden ankommenden Münzen wird dabei einfach durchgereicht und behält annähernd ihre Stoßgeschwindigkeit. Nur die hintere der beiden angeschnippten Münzen kommt zur Ruhe!

Beim nächsten Versuch ist das Ziel eine so schwere Münze, dass sie sich von einem ankommenden Zehnpfennigstück nicht anstoßen lässt. Das ist dasselbe, wie wenn man eine Münze gegen eine Wand schleudert. Was geschieht?

Die Münze kommt nach dem Aufprall mit genau derselben Geschwindigkeit von der Wand

INFOBOX

Der Energieerhaltungssatz

Die Gesamtenergie eines Systems aus Gegenständen bleibt ohne Zuführung äußerer Kräfte konstant.
Die Energie eines Gegenstandes ist dessen Fähigkeit, Arbeit zu verrichten. Diese Fähigkeit ist beispielsweise umso höher, je schneller der Gegenstand sich bewegt oder je höher er liegt. Und die Gesamtenergie ist die Summe aller Energien der einzelnen beteiligten Gegenstände.

zurück, während die Wand völlig unbewegt bleibt. Wiederum ist natürlich der Energie- und Impulserhaltungssatz der Grund hierfür.

Sehr faszinierend ist der folgende Versuch mit zwei verschieden schweren Münzen: Man schnippt beide Münzen gemeinsam kräftig gegen eine feste Begrenzung auf dem Tisch oder gegen eine Wand – und zwar so, dass die schwere Münze zuerst auf die Wand trifft! Das Ergebnis ist wieder eine Konsequenz der Energien und Impulse der beteiligten Münzen:

Je größer der Unterschied der beiden Münzen ist, umso stärker wird die leichte Münze zurückgeschleudert. Das geht sogar so weit, dass die leichte Münze am Ende weiter von der Wand entfernt liegt als ihr Ausgangspunkt!

Springende Bälle

Der Clown nimmt eine Billardkugel in die Hand und setzt direkt darauf einen Tischtennisball, den er diesmal aus dem Ohr des Direktors hervorgezaubert hat.
Bekanntlich erreicht ein Ball beim Hochspringen vom Boden bei weitem nicht mehr seine ursprüngliche Höhe. So erreicht ein zu Boden gefallener Tennisball gerade mal noch etwa seine halbe Anfangshöhe.
Es gibt allerdings spezielle Gummibälle, so genannte Superbälle, die tatsächlich 90 Pro-

zent der ursprünglichen Höhe erreichen.
Das ist aber gar nichts gegenüber der soeben stattfindenden Vorführung des Clowns!
Er lässt die Billardkugel mit dem Tischtennisball huckepack auf den Billardtisch fallen. Unglaublicherweise springt der Tischtennisball weit über seine Ausgangshöhe hinaus!

»Wie ist eine so gigantische Leistung eines so kleinen Balles möglich?«, fragt der Direktor triumphierend in die staunende Menge. Da keiner eine Antwort weiß, beginnt er die Zusammenhänge zu erklären:

»Die Höhe des Tischtennisballs ist abhängig von den Massen und der Beschaffenheit der beiden beteiligten Bälle. Je schwerer und elastischer der untere Ball ist, umso mehr Energie und Impuls besitzt er. Nachdem er vom Boden zurückgesprungen ist, stößt er natürlich mit dem oberen, leichteren Ball zusammen. Er überträgt im besten Fall seine gesamte Energie und seinen gesamten Impuls auf ihn. Dabei kann dieser nach dem Zusammenstoß das Dreifache der ursprünglichen Fallgeschwindigkeit erreichen, natürlich in umgekehrter Richtung. Damit ist er rein theoretisch in der Lage, das Neunfache seiner Ausgangshöhe zu erhalten! Das klappt natürlich nur beschränkt, da der Stoß nie perfekt elastisch und zentral ist. Die besten Höhen bekommt man selbstverständlich mit zwei Gummibällen. Betrachten Sie dazu bitte jetzt den phantastischen Rekordversuch unseres Clowns Sunny!«

Der Clown hat inzwischen zwei verschieden große Superbälle aus Vollplastik mit etwas Kerzenwachs übereinander zusammengeklebt. Er steigt auf den Billardtisch und lässt die beiden Bälle aus etwa drei Metern Höhe auf den festen Holzboden der Manege fallen. Und tatsächlich: Der kleine Ball wird mit einer solchen Wucht nach oben weggeschleudert, dass er erst knapp unter der Zirkuskuppel umkehrt. Der große Ball dagegen bleibt so gut wie bewegungslos am Boden liegen.

»Dieser Versuch kann natürlich einfach auch zu Hause nachgemacht werden. Aber Vorsicht: Die Zimmereinrichtung ist in Gefahr – vor allem Lampen, Vasen oder Fernseher«, warnt der Direktor.

Der Clown zeigt sogar noch eine Zugabe: Wieder steigt er auf den Billardtisch; dieses Mal hat er drei Bälle verschiedener Schwere übereinander angeordnet: Unten befindet sich ein schwerer Superball, darüber ein mittelgroßer und darauf als Abschluss ein kleiner Superball.

Der Clown lässt diese Ballansammlung nun gemeinsam auf den Holzboden fallen. Der kleine Ball wird durch diesen Trick auf schier unglaubliche Höhen beschleunigt und landet problemlos im Zirkusdach. Durch die Verwendung von Impuls und Energiesatz kann man übrigens zeigen, dass der kleine Ball die sensationelle 50-fache Höhe der Ausgangshöhe erreichen kann!

Nach einem großen Applaus für einen kleinen Ball kehrt der Clown noch einmal an den Billardtisch zurück.

»Achtung, Achtung, Sie sehen jetzt eine wichtige Auswirkung der Energie- und Impulserhaltung auf unseren Alltag!«, kündigt der Direktor diese letzte Nummer am Billardtisch an. »Zumindest auf den Alltag eines professionellen Billardspielers wie Sunny …«

Der perfekte Stoß

Der Clown versucht jetzt, die schwarze Kugel wie auf Seite 40 abgebildet im Loch zu versenken. Wenn er das schafft, ist das Spiel beendet, und er hat gewonnen.

Der Zirkusdirektor fährt fort: »Ich behaupte nun, dass der weiße Ball im Normalfall sogar zwangsweise im anderen Loch landet, sobald die schwarze Kugel richtig getroffen wird. Das wird uns Sunny gleich zeigen – ich bitte um absolute Ruhe für Sunny!«

Der Clown zielt genau, trifft tatsächlich die schwarze Kugel exakt im richtigen Winkel und versenkt sie geschickt im Loch. Und tatsächlich verschwindet die weiße Kugel im anderen Loch: ein lupenreiner Scratch (siehe Randspalte).

»Der Grund für diesen zwangsweisen Scratch ist wieder die Kombination aus Energie- und Impulserhaltung für diesen elastischen Stoß. Die schwarze Kugel wird jetzt nicht mehr zentral in der Mitte getroffen, sondern etwas schräg von der Seite. Die genaue Rechnung zeigt, dass bei einem solchen elastischen,

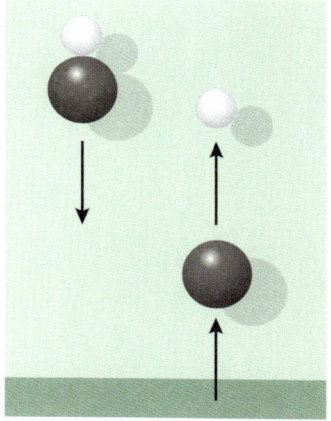

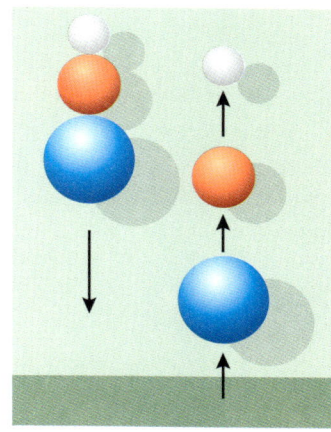

Der kleine weiße Ball kann die 50-fache Höhe der Ausgangshöhe erreichen.

Scratch – und verloren!

In vielen Ländern hat man beim Billard verloren, wenn man gleichzeitig mit der schwarzen Kugel die weiße Kugel in einem anderen Loch versenkt. In englischsprachigen Ländern wird so ein Stoß ein »Scratch« genannt.

dezentralen Stoß der Winkel der beiden Kugelbahnen nach dem Stoß genau 90 Grad ist. Das gilt natürlich nur für den Fall ohne Drall, ohne Reibung auf dem Billardtisch und für einen perfekten elastischen Stoß ohne jeglichen Energieverlust.«

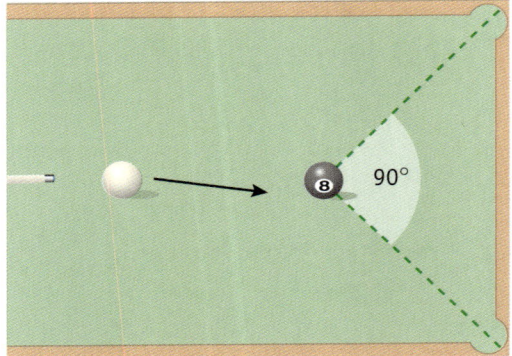

Auch dieser Trick lässt sich wieder zu Hause mit Münzen vorführen.

Münzentricks mit Energie und Impuls

Am besten klappt der Trick, wenn man die Tischoberfläche zuvor mit einem Tuch oder Waschlappen leicht befeuchtet. Dann schnippt man ein Zehneurocentstück mit Schwung seitlich (nicht zentral!) gegen ein zweites, auf dem Tisch ruhendes Zehneurocentstück. Nach dem Zusammenstoß bewegen sich beide Münzen im Idealfall unter einem Winkel von 90 Grad voneinander weg. Die Spur der beiden Münzen lässt sich dabei sehr gut im Wasserfilm auf der Tischoberfläche beobachten.

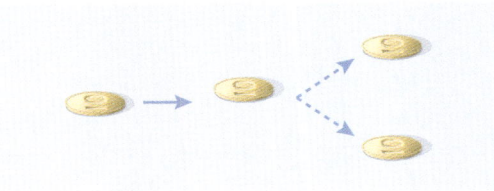

Die Münzen bewegen sich exakt im rechten Winkel voneinander weg.

Mit einem Geodreieck lässt sich der auftretende annähernd rechte Winkel für alle möglichen Geschwindigkeiten und Winkel von Stößen nachmessen.
Noch eindrucksvoller gelingt der Versuch übrigens mit kreisförmigen Eisstückchen, da ihre Reibung auf der Tischoberfläche deutlich geringer ist.

»Natürlich wissen erfahrene Billardspieler, dass die gestoßenen Billardkugeln unter einem rechten Winkel auseinander springen. Um dieses gegebenenfalls zu verhindern, versetzen sie die weiße Kugel in eine Drehung. Man sagt auch, die weiße Kugel wird angeschnitten. Das geschieht dadurch, dass das Queue die weiße Kugel nicht mehr im Kugelmittelpunkt, sondern seitlich davon trifft. Die Drehenergie dieses Dralls wird beim Zusammenstoß natürlich ebenfalls auf die andere Kugel übertragen. So schaffen es geübte Spieler, auch in einer kniffligen Konstellation wie dieser lediglich die schwarze Kugel zu versenken.«

Damit ist alles gesagt, und der Clown – ein arbeitsloser Physiker, der vor seiner Zirkuskarriere seinen Lebensunterhalt durch Billardspielen verdienen musste –, zeigt den Trick noch einmal. Diesmal gibt er der weißen Kugel eine leichte Rotation mit auf den Weg. Die schwarze Kugel verschwindet im Loch – und die weiße Kugel bleibt in Sicherheit. Er verbeugt sich vor seinem Publikum und legt schnell seinen Billardanzug ab.

Elefanten, die im Kreis tanzen

Während der Billardtisch weggetragen wird, rennt der Clown schnurstracks auf einen Zuschauer in der ersten Reihe zu. Er läuft mit hoher Geschwindigkeit und ist der Absperrung der Manege schon bedrohlich nahe gekommen. Schließlich gibt ihm ein Zuschauer in der ersten Reihe gerade noch rechtzeitig einen seitlichen Stoß. Dadurch wird der Clown entlang der Bande geleitet. Die Bande ist kreisförmig um die Manege gebaut, die Zuschauer sitzen direkt dahinter. Der Clown läuft weiterhin mit unverändert hoher Geschwindigkeit geradeaus. Nur seine Richtung hat sich etwas geändert – bis er wieder der Bande zu nahe kommt und einen neuen seitlichen Stoß bekommt. Das geht nun immer so weiter. Sobald der Clown in die Nähe der Absperrung kommt, wird er von einem Zuschauer, der wahrscheinlich ein

Die Zentripetalkraft

Der Name Zentripetalkraft leitet sich aus zwei lateinischen Wörtern ab, die sinngemäß »das Zentrum suchen« bedeuten. Die Zentripetalkraft hält einen Gegenstand gegen seine Trägheit auf der Kreisbahn. Die Richtung der Zentripetalkraft steht immer senkrecht auf der momentanen Bewegungsrichtung des rotierenden Gegenstands und zeigt in die Richtung seiner Drehachse. Deshalb wird auch nur die Richtung der Bewegung geändert, nicht aber der Betrag ihrer Geschwindigkeit. Die Zentripetalkraft ist die Ursache der Drehbewegung. Dagegen ist die berühmte Zentrifugalkraft eine Folge (die Reaktionskraft) der Drehung.

Zirkushelfer ist, wieder weggestoßen. Damit hat der Clown schließlich eine allerdings sehr eckige Kreisbewegung vollführt. Und darum geht es in diesem Teilkapitel.

Krafteinwirkungen bei Kreisbewegungen

»Meine sehr verehrten Damen und Herren, herzlich willkommen im Land der Kreisbewegungen. Wenn Sie unseren Clown genau beobachtet haben, dann wissen Sie schon sehr viel über die Kreisbewegung. Um einen Gegenstand oder eine Person auf einer Kreisbewegung zu halten, ist eine seitliche Krafteinwirkung nötig. Das hat Ihnen gerade unser Clown mit Hilfe ihrer Stöße und Unterstützung vorgeführt. Je kontinuierlicher und

dauerhafter diese Kraft einwirkt, umso runder ist die Kreisbahn. Diese Kraft, die Gegenstände auf einer Kreisbahn hält, wird Zentripetalkraft genannt.«

Soweit der Direktor, der wie immer gut präpariert ist. Inzwischen ist eine Gruppe Elefanten einmarschiert; sie laufen in einem großen Kreis in der Manege. Dabei halten sie sich jeweils mit ihren Rüsseln am Schwanz des Vordermannes fest.

Der Direktor lässt sich wieder vernehmen: »Auch die Elefanten erzeugen eine Zentripetalkraft, die sie auf der Kreisbahn hält. Diese Kraft wird durch den Kontakt ihrer Füße mit dem Boden erzeugt. Die Elefantenfüße drücken seitlich nach außen auf den Boden. Und die Gegenkraft des Bodens ist genau die benötigte Zentripetalkraft. Und die ist nicht zu klein!«

Die Zentripetalkraft durch den Boden wäre deutlich kleiner, wenn der Boden kein fester Untergrund wäre, sondern beispielsweise Eis. Darüber sind die Zuschauer der ersten Reihe natürlich besonders froh.

Warum bleibt das Wasser im Eimer?

Der Zirkusdirektor moderiert weiter: »Achten Sie jetzt bitte genau auf Jumbo, unseren größten Elefanten. Er wird Ihnen eine atemberaubende Drehbewegung vorführen. Viel Glück, dass sie nicht nass werden!« Der Elefant schnappt sich mit seinem Rüssel einen Eimer, der bis zum Rand mit Wasser gefüllt ist. Und schon beginnt er, diesen um seine Achse zu schleudern. Dazu hält er den Griff des Eimers fest mit dem Rüssel umschlungen. Dadurch bewirkt er die nötige Zentripetalkraft auf den Eimer. Der Elefant dreht den Eimer so geschickt um seine eigene Achse, dass dabei kein Tropfen Wasser verloren geht. Er schafft es sogar, den Eimer so zu drehen, dass er zeitweise mit seiner Öffnung nach unten still zu stehen scheint. Trotzdem bleibt das ganze Wasser im Eimer! »Die Erklärung für diese spektakuläre Vorführung ist die so genannte Zentrifugalkraft. Sie drängt alle losen Gegenstände weg von der Drehachse nach außen. Deshalb wird das Wasser fest auf den Boden des Eimers gedrängt. Genauso wird im Trockengang der

Richtungsänderung

Durch die Zentripetalkraft (von lat. »centrum« = Mitte, Mittelpunkt; »petere« = erstreben, hingezogen werden, suchen) wird lediglich die Richtung des kreisenden Gegenstands verändert, nicht aber dessen Geschwindigkeit.

Die Zentrifugalkraft

Die Zentrifugalkraft (von lat. »centrum« = Mitte, Mittelpunkt; »fugare« = fliehen, entkommen) sorgt auch dafür, dass wir beim Looping in der Achterbahn sicher im Wagen sitzen bleiben und dass sich die Gondeln eines Kettenkarussells nach außen bewegen. Und sie wirkt in jeder Kurve beim Autofahren.

Waschmaschine die nasse Wäsche an den äußeren Rand der Trommel gedrückt. Das Wasser kann dann durch die Löcher nach außen ablaufen, und die Wäsche wird trocken.

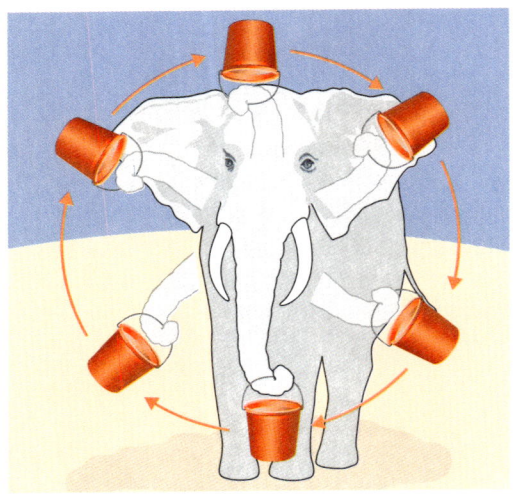

Der Grund dafür, dass bei diesem Experiment des Elefanten kein Tropfen Wasser verschüttet wird, ist die Zentrifugalkraft, die das Wasser fest auf den Boden des Eimers drängt.

Die Zentrifugalkraft wirkt übrigens auch beim Autofahren. Fahren Sie beispielsweise eine Linkskurve, so werden Sie oder das Plüschtier auf dem Rücksitz innerhalb des Autos nach rechts bewegt. Je stärker die Kurve, umso stärker der Effekt.

Sogar die NASA plant für zukünftige Raumstationen mit der Zentrifugalkraft. Da im All bekanntlich Schwerelosigkeit herrscht, ist geplant, zukünftige Raumstationen in eine langsame Kreisbewegung zu versetzen. Die Stärke der entstehenden Zentrifugalkraft kann durch die Drehgeschwindigkeit der Raumstation vorgegeben werden. Wird die Drehgeschwindigkeit so eingestellt, dass die Zentrifugalkraft gleich stark ist wie die Schwerkraft auf der Erde, so bekommen die Bewohner wenigstens in diesem Punkt erdähnliche Verhältnisse. Es fehlen dann nur noch Verkehrsstaus und der Ärger mit den Nachbarn, aber natürlich auch der Duft von Rosen oder das Singen von Vögeln.

Eine weitere interessante Anwendung der Zentrifugalkraft ist kürzlich zum Patent angemeldet worden: Durch eine langsame Drehbewegung des Operationsbettes soll Geburtshilfe geleistet werden. Das Baby soll sanft und ›zentrifugal‹ aus dem Mutterleib herausgedrängt werden. Neben diesen verdrehten Anwendungen gibt es aber auch

Vorsicht, Schleudergefahr!

Den Versuch sicherheitshalber im Freien durchführen! Je schneller man schleudert, umso mehr Kraft muss man aufwenden, um den Eimer festzuhalten.

viele verblüffende Tricks zur Kreisbewegung für den Hausgebrauch.«

Tricks mit Drehungen

Die Elefantennummer
Fülle einen Garteneimer, einen Honigeimer oder eine Milchkanne mit Wasser, und schleudere sie in einem großen Kreis um sich herum.

Kunst mit der Zentrifugalkraft
Für diese sehr schöne Demonstration der Zentrifugalkraft benötigt man einen alten Plattenspieler – ein solcher dürfte inzwischen in jedem schlecht aufgeräumten Keller zu finden sein. Endlich lohnt es sich einmal, die alten Sachen aufzubewahren!

Um zum Künstler zu werden, benötigt man lediglich noch eine Schere, einen festen Karton, etwas Papier (am besten Fließpapier) und Wasserfarben oder farbige Tinte.

Wie oft in der Kunst ist das Ergebnis nicht vorhersagbar! Deshalb bitte ausreichend Putzlappen und Wasser bereitlegen und den Plattenspieler in eine sichere Umgebung stellen.

1. Schritt
Schneide ein kreisförmiges Loch in die Mitte des Kartons, so dass er als Unterlage und Schutz auf den Plattenspieler passt.

2. Schritt
Lege dann das Papier darauf, male etwas Farbe in die Bildmitte, und setze den Platten-

spieler in Bewegung. Die Zentrifugalkraft treibt die Farbe nach außen; es entsteht ein interessantes Zackenmuster.

3. Schritt

Mit Hilfe verschiedener Farben und Drehgeschwindigkeiten kann auch der unbegabteste Zeichner zum Künstler werden. Falls die automatischen Drehgeschwindigkeiten des Plattenspielers nicht ausreichen, kann man den Plattenteller im Leerlauf leicht per Hand auf höhere Drehzahlen bringen.

Zentrifugalkraft und Wissenschaft

Hier ist ein weiterer Versuch mit dem Plattenspieler und dem Pappkarton. Außerdem werden ein paar Nägel, Klebstoff, Bindfäden und leichte Papier- oder Styroporkügelchen benötigt.

1. Schritt

Stecke zunächst von unten die Nägel an verschiedenen Stellen durch den Pappkarton, und sichere sie mit etwas Klebstoff ab.

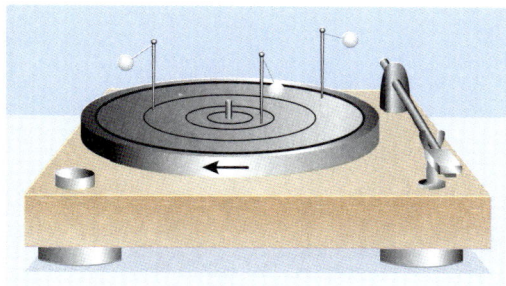

2. Schritt

Lege danach den Karton wieder auf den Plattenteller. Die Nägel zeigen nun nach oben. Dann schneide für jeden Nagel einen etwa drei Zentimeter langen Bindfaden ab. An ein Ende des Bindfadens klebst du ein kleines Papier- oder Styroporkügelchen. Das andere Ende des Fadens klebst du an die Spitze je eines Nagels. Im Ruhezustand des Plattenspielers hängen alle Fäden samt Kügelchen senkrecht herunter.

Was passiert, wenn du den Plattenspieler in Bewegung setzt?

Alle Kügelchen werden durch die einsetzende Zentrifugalkraft nach außen beschleunigt und bewegen sich aus ihrer senkrechten Ausgangslage heraus. Bei genauerem Hinschauen wird

deutlich, dass die Kügelchen umso weiter nach außen abgelenkt werden, je weiter der Nagel vom Mittelpunkt des Plattenspielers entfernt ist. Die Zentrifugalkraft nimmt also mit zunehmender Entfernung vom Zentrum zu!
Mit diesem Aufbau lässt sich auch die Abhängigkeit der Zentrifugalkraft von der Drehgeschwindigkeit beobachten. Dazu setzt du den Plattenspieler im Leerlauf per Hand in eine schnelle Drehbewegung. Die Kügelchen werden dabei stark aus ihrer Ruhelage ausgelenkt.
Im Lauf der Zeit wird die Drehbewegung durch die Reibung des Plattenspielers abgebremst. Dadurch geht auch die seitliche Auslenkung der Kügelchen zurück. Das ist der Beweis, dass die Größe der Zentrifugalkraft direkt von der Größe der Drehgeschwindigkeit abhängt.

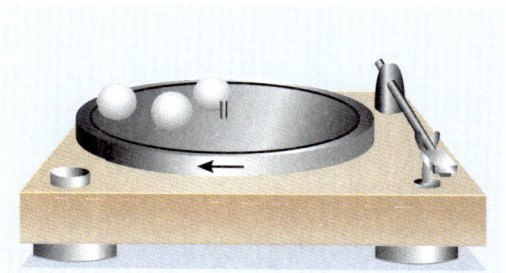

Fahrstuhl für einen Hosenknopf

Dieses Kunststück kann man mit einer alten Garnrolle, zwei Hosenknöpfen und einem Bindfaden vorführen.

1. Schritt

Fädle den Faden durch das Loch in der Mitte der Garnrolle, und befestige die beiden Hosenknöpfe an den beiden Fadenenden. Dann hältst du die Garnrolle senkrecht und bewegst sie kreisförmig um ihre Achse. Dadurch wird der obere Hosenknopf ebenfalls in eine

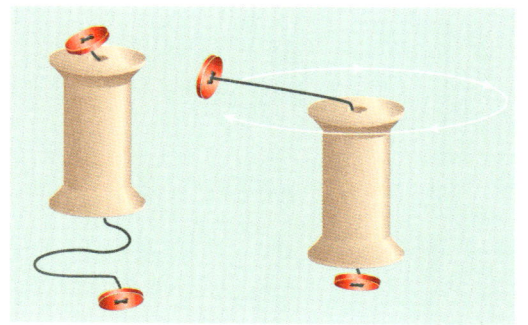

Tischtennis auf dem Plattenteller

Diese ganzen Zusammenhänge können sehr einfach auch mit einigen Tischtennisbällen vorgeführt werden. Dazu legt man einige Tischtennisbälle wahllos auf den Plattenspieler und setzt ihn sehr vorsichtig per Hand in Bewegung. Was passiert mit den Tischtennisbällen? Zunächst werden die außen liegenden Bälle unruhig und verlassen ihre Ruhelage. Die Zentrifugalkraft wird für sie einfach zu groß. Wieder gilt: Je weiter außen, umso größer die Zentrifugalkraft. Je höher die Drehgeschwindigkeit, umso stärker werden zunehmend auch weiter innen liegende Bälle unruhig.

Je weiter außen die Bälle liegen, umso instabiler sind sie.

Der obere Hosenknopf rotiert über der Garnrolle und hebt den unteren Knopf dadurch hoch.

Drehbewegung versetzt! Seine Zentripetalkraft wird durch das Gewicht des herunterhängenden anderen Knopfes aufgebracht.

2. Schritt
Je schneller du die Rolle und den Knopf drehst, umso stärker ist die Zentrifugalkraft.
Das kannst du daran sehen, dass bei zunehmender Drehgeschwindigkeit der nach unten hängende Knopf immer weiter nach oben gezogen wird! Die Zentrifugalkraft kann also sogar dazu ausgenutzt werden, Gewichte zu heben.

Eine Wette
Wetten, dass es möglich ist, eine Murmel mit einem leeren Marmeladenglas anzuheben, ohne sie mit den Fingern zu berühren?
Dazu stülpst du das Marmeladenglas mit der Öffnung nach unten über die Murmel. Dann führst du mit dem Glas Drehbewegungen aus und bringst damit die Murmel in Drehung! Durch die Zentrifugalkraft wird die Murmel fest gegen die Innenwand des Glases gepresst und lässt sich deshalb problemlos anheben! Das Glas kann unter Fortführung der Drehung sogar schräg gehalten werden, denn die Verengung des Gefäßes an der Öffnung verhindert ein Herausschleudern der Kugel.

Durch schnelles Drehen des Glases setzt sich die Kugel in Bewegung – die Zentrifugalkraft macht es möglich!

Die Corioliskraft

In der Manege haben Helfer eine runde drehbare Metallfläche aufgebaut. Auf dieser Scheibe liegt ein weißes Tuch. Darauf stellen sich an gegenüberliegenden Punkten der Clown und der Direktor.
»Wir werden Ihnen jetzt einen rätselhaften Trick zeigen, der für uns alle und unsere Umwelt sehr wichtige Auswirkungen besitzt. Dazu werde ich versuchen, diese Bowlingkugel meinem Gegenüber zuzurollen.«
Der Direktor setzt die Kugel wie ein Kegler auf den Boden, und auf geradem Weg rollt sie direkt zum Clown.

»Das war bisher natürlich noch nichts Außergewöhnliches, obwohl ich bei manchem Kegelabend über so einen Stoß froh gewesen wäre. Zur Kennzeichnung der Bahnbewegung war die Kugel mit roter Tinte eingefärbt.

Die Bedeutung der Corioliskraft

Die Corioliskraft ist benannt nach dem französischen Mathematiker Gustave Gaspard de Coriolis. Sie hat eine herausragende Bedeutung in unserer Umwelt und beeinflusst unser Wetter maßgeblich. Denn auch unsere Erde ist ein rotierendes Bezugssystem.

Die Zentrifugalkraft
Aus dem Newton'schen Trägheitsprinzip ist bekannt, dass ein Gegenstand sich ohne äußeres Zutun gleichförmig und geradlinig bewegt – und keineswegs in wilden Kreisen und Kurven wie der Wassereimer, gehalten von einem Elefantenrüssel. Deshalb setzt jeder Körper einer Kreisbewegung einen Widerstand entgegen. Eine solche entstehende Trägheitskraft bei der Drehbewegung ist die Zentrifugalkraft oder auch Fliehkraft. Der kreisende Gegenstand reagiert auf den äußeren Zwang der Zentripetalkraft mit einer Fliehkraft derselben Größe in entgegengesetzter Richtung. Dadurch wird die Kreisbewegung in einer Art Gleichgewicht gehalten. Bei der Zentrifugalkraft handelt es sich um eine Scheinkraft. Denn es kommt auf den Blickwinkel an, ob sie gespürt wird oder nicht. Betrachtet man das drehende System von außen von einer ruhenden Position aus, so erscheint die Kraft wie eine ganz normale Trägheit gegen eine x-beliebige Kraft. Erst innerhalb des rotierenden Systems erscheint diese Trägheit in der Form der allseits bekannten Fliehkraft, und es entsteht der Eindruck, dass alles vom Mittelpunkt wegstrebt.

Deshalb ist jetzt auch eine gerade Linie auf dem Tuch zu sehen. Jetzt aber Achtung! Nun treten unsere Elefanten in Aktion!«
Die Elefanten laufen wieder im Kreis um die Scheibe herum und bringen sie mitsamt ihren Insassen mittels ihrer Rüssel in Drehung.
»Jetzt kommt genau das Gleiche ein zweites Mal, diesmal mit einer blau eingefärbten Kugel.«
Der Direktor kegelt die Kugel noch einmal in Richtung des Clowns, und auf dem Tuch entsteht eine blaue Spur. Zur großen Überraschung der Zuschauer verfehlt die Kugel aber diesmal deutlich ihr Ziel, obwohl die Bahn der Kugel von außen sehr gerade aussah. Nachdem die Elefanten die Scheibe abgestoppt haben, sieht die blaue Bahn auf dem Tuch aber überhaupt nicht mehr gerade aus!

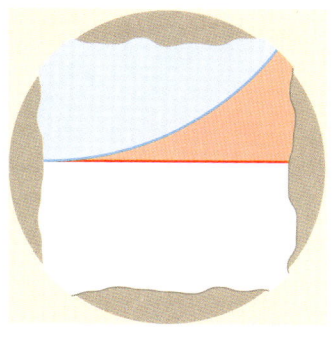

Die Kugel scheint durch eine unsichtbare wundersame Kraft abgelenkt worden zu sein. Bei dieser Kraft handelt es sich um eine weitere bei der Drehbewegung auftretende Trägheitskraft: die so genannte Corioliskraft. Diese Zauberkraft kann auch einfach zu Hause mit einem Plattenspieler vorgeführt werden.

Corioliskraft auf dem Plattenspieler

Lege wieder den festen kreisförmigen Karton auf den Plattenteller als Unterlage. Darauf kommt ein Stück Paus- oder Kohlepapier und darauf ein normales weißes Papier, alles passend kreisförmig zugeschnitten. Im Ruhezustand des Plattenspielers rollt eine Murmel geradlinig über den Plattenteller von einem Ende zum anderen. Das ändert sich, sobald der Plattenspieler in Bewegung gesetzt wird! Rolle jetzt noch einmal die Kugel über das Papier! Zwar sieht die Bahn der Kugel von außen ge-

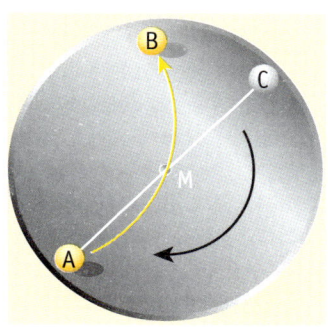

rade aus, aber der Pauspapierabdruck auf der Unterseite des Papiers ist der Beweis: Die Kugel wird durch die Kreisbewegung deutlich abgelenkt. Diese Ablenkung wird umso stärker, je schneller sich der Plattenteller dreht.

Der schwebende Koffer

»The show must go on«, sagt der Direktor, und der Clown kommt mit einem großen Koffer in die Manege. Er setzt ihn schwitzend hochkant in der Mitte ab.

Trägheitskraft bei Drehbewegungen

Die Corioliskraft ist die zweite Trägheitskraft, die bei Drehbewegungen auftritt. Wie bei der Zentrifugalkraft kommt es auf den Blickwinkel an, ob man die Corioliskraft wahrnimmt oder nicht. Wieder gibt es zwei verschiedene Bezugssysteme: außerhalb und innerhalb des drehenden Systems. Von außen betrachtet findet eine kräftefreie geradlinige Bewegung statt. Befindet man sich dagegen innerhalb des rotierenden Systems, erscheint die Bahn der bewegten Körper gegen die Rotationsrichtung gekrümmt. Deshalb handelt es sich auch bei der Corioliskraft um eine so genannte Scheinkraft, obwohl sie sehr wohl spürbar ist – aber eben nur innerhalb des Systems!

»So geht es mir auch oft auf meinen Reisen am Flughafen, die Koffer sind einfach zu schwer heutzutage«, sagt der Großvater zu Jan. In Wirklichkeit war er noch nie in seinem Leben in einem Flugzeug, ja, er hat sogar noch nicht einmal einen Reisekoffer. Aber er denkt, Jan damit als Weltenbummler beeindrucken zu können. Jan beeindruckt aber mehr die Fortsetzung der Vorführung des Clowns.

Etwas erholt versucht dieser nun, den Koffer seitlich zu drehen. Das scheint ihm aber nicht zu gelingen; nicht einmal ein zu Hilfe kommender Elefantenrüssel ist dazu in der Lage. Vielmehr ist der Koffer bestrebt, sich entgegen der Schwerkraft waagrecht zu legen. Dieser Koffer scheint seinen eigenen Kopf zu haben! Der Clown hat den Koffer jetzt auf eine Ecke gewuchtet.

Was passiert nun?

Der Koffer bleibt in dieser unnatürlichen Lage und fällt nicht auf den Boden zurück. Dafür fängt er urplötzlich an, sich um seine Achse zu drehen! Als ob es keine Schwerkraft gäbe! »Schauen Sie sich diesen unglaublichen Koffer an, er steht sogar auf einer Kante, ohne herunterzufallen. Und dreht sich vor unseren Augen. Damit könnte jeder seinen

Wer war Coriolis?

Gustave Gaspard de Coriolis (1792–1843), der Entdecker der nach ihm benannten Corioliskraft, kam in Paris zur Welt und starb dort auch. Seine mathematische Behandlung der Corioliskraft veröffentlichte er 1835 in seiner Zeit als Assistenzprofessor an der Ecole Polytechnique, Paris. Er zeigte erstmals, dass alle bekannten Bewegungsgesetze auch in einem rotierenden Bezugssystem gültig sind, wenn eine Zusatzkraft (die Corioliskraft) zu dieser Bewegung hinzugefügt wird. Die Corioliskraft ist abhängig von der Rotationsgeschwindigkeit und im Vergleich zu anderen Kräften normalerweise nicht besonders stark. Sie hat aber weit reichende Auswirkungen auf alle unsere Lebenslagen. Zum Beispiel ist sie der Haupteinflussfaktor auf unser Wetter. Coriolis führte außerdem Begriffe wie Arbeit und Bewegungsenergie in ihrer jetzigen Form in die Physik ein. Außerdem veröffentlichte er eine mathematische Theorie des Billardspiels. Er wusste sicher, wie man einen Scratch verhindert.

Koffer auf dem Gepäckband von allen Seiten begutachten und dann einwandfrei identifizieren. Allerdings gibt es das Problem, dass Sie den Koffer nicht mehr vom Band herunterbekommen!«, sagt der Direktor.
Tatsächlich scheint diese Kreisbewegung sehr stabil zu sein, denn der Clown schafft es nicht so einfach, sie zu stoppen.

Sobald er aufgestellt wird, fängt dieser Koffer an, sich um seine Achse zu drehen, als ob es keine Schwerkraft gäbe. Wie ist das möglich? Die Erklärung hierfür liefert das Experiment mit dem Kreisel.

Der Direktor fährt mit seinen Erklärungen fort: »Gerade sind wir dabei, einen Koffer zu entwickeln, der überhaupt nicht mehr auf dem Boden steht: den schwebenden Koffer. Kommen Sie dazu bitte in unsere Zaubervorstellung mit Mister Magillusion einige Kapitel weiter hinten in diesem Buch (ab Seite 144).

Das Geheimnis des Koffers: eine rotierende Fahrradfelge.

Zunächst wollen wir aber dem Geheimnis dieses Koffers auf die Spur kommen. Dazu werden wir den Koffer öffnen und nachschauen, was sich in seinem Inneren verbirgt.«

Gesagt, getan. Gemeinsam mit dem Clown öffnet der Direktor den Koffer, und es kommt eine einfache rotierende Fahrradfelge zum Vorschein. Ihre Achse ist an zwei gegenüberliegenden Kofferenden befestigt.
»Das soll alles sein? Das muss ich zu Hause gleich mal mit deinem großen Koffer nachbauen!«, sagt Jan zum Großvater.
»Vielleicht probieren wir es erst mal mit etwas Kleinerem aus, ich habe zum Beispiel einen kleinen Aufziehkreisel zu Hause«, sagt der Großvater und nimmt sich vor, gleich morgen einen Koffer zu kaufen.

Das Wunderland des Kreisels

Fast in jedem Haushalt gibt es einen kleinen Kreisel. Falls keiner vorhanden ist, kann man sich entweder einen im Spielwarenladen kaufen oder selbst einen bauen. Hier ist zunächst die Bauanleitung für einen einfachen Kreisel.
Material: eine Kugel oder ein Kegel aus Holz, ein schmaler, runder Holzstab.
Diese Gegenstände gibt es in einem Bastelmarkt – oder man sägt sie sich selbst zu.

1. Schritt
Säge von der Holzkugel ein Seitenstück gerade ab! Die Kugel hat nun eine gerade Schnittfläche. Darauf oder auf der geraden Fläche des Kegels soll der runde Holzstab befestigt werden.

2. Schritt
Bohre dazu in der Mitte der Fläche zunächst ein kleines Loch, so dass das Stäbchen genau hineinpasst. Stecke das Stäbchen hinein, und klebe es fest – fertig ist der Kreisel.
Halte den Kreisel am Holzstäbchen nun mit Daumen und Zeigefinger fest, und drehe ihn kräftig. Der aus der Kugel gebaute Kreisel unterscheidet sich von dem Kegelkreisel dadurch, dass er sich bei hoher Drehzahl auf den Kopf stellen kann: ein Stehaufkreisel.

3. Schritt
Versetze den Kreisel, egal ob gekauft oder gebaut, in starke Rotation. Bei gekauften Kreiseln geschieht das Aufziehen meist durch eine um die Kreiselachse gewickelte Schnur. Dadurch lassen sich sehr hohe Drehgeschwin-

digkeiten erzielen. Setzt man den Kreisel auf den Boden oder noch besser auf einen Ständer, so lassen sich dessen wirklich erstaunlichen Eigenschaften gut verfolgen.

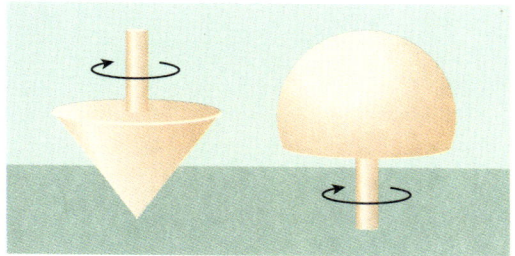

»An der Felge haben wir gesehen, dass kreisende Gegenstände eine starke Trägheit, das so genannte Trägheitsmoment, besitzen, das versucht, die augenblickliche Drehung beizubehalten«, erklärt der Zirkusdirektor.

Wie wir beobachtet haben, ist der so genannte Drehimpuls des Kreisels umso höher, je höher das Trägheitsmoment und die Drehgeschwindigkeit ist. Es ist alles genauso wie beim Impuls für die normale gleichförmige Bewegung: Der Drehimpuls von Gegenständen bleibt ohne äußere Krafteinwirkung ebenfalls erhalten.

Das Drehmoment

Der Direktor fährt nun fort: »Dieses Bestreben von Kreiseln, ihre Drehung und ihren Drehimpuls zu erhalten, wird unter anderem in Flugzeugen, Schiffen oder Satelliten zur Navigation verwendet. Da ein Kreisel seine Drehachse genau beibehält, auch wenn das Fahrzeug sich unter ihm dreht, zeigt er eine Richtung zuverlässig an. Damit kann auf die momentane Lage auf der Erde oder im All geschlossen werden. Die hohe Stabilität von Kreiseln kommt uns auch im Alltag oft zu-

---

Die Präzession

Durch ihr hohes Trägheitsmoment sind Kreisel bei hohen Drehgeschwindigkeiten in der Lage, der Schwerkraft zu widerstehen. Versuche einmal, den Kreisel aus seinem Stand zu kippen – er wehrt sich deutlich spürbar dagegen! Genauso wie der Koffer des Clowns verhält sich der Kreisel auch bei der Einwirkung einer Kraft wie der Schwerkraft oder einem Stoß: Er versucht der Kraft seitlich auszuweichen! Er gibt ihr aber keinesfalls nach! Dieses Ausweichverhalten wird auch Präzession (von lat. »praecedere« = ausweichen, abbrechen) genannt.

Sehr schön sichtbar wird das Ganze, wenn man den Kreisel auf seinem Stand so weit auslenkt, dass er fast horizontal liegt. Der Kreisel startet jetzt eine Kreisbewegung um den Stand und fällt nicht um. Erst wenn die Kreisbewegung nachgelassen hat, fällt er schließlich hinunter.

gute. So wird unsere Kurvenlage beim Fahrradfahren durch die rotierenden Räder stabilisiert. Der Effekt der Stabilisierung durch

Rotation ist auch beim Frisbee zu beobachten. Wird die Scheibe ohne Drehung abgeworfen, so fällt sie nach bestenfalls einigen Metern trudelnd als Opfer der Luftreibung zu Boden. Ganz anders sieht es dagegen bei einer starken Drehbewegung aus: Es lassen

---

Das Trägheitsmoment

Ein Kreisel besitzt eine erstaunliche Trägheit, die versucht, die Richtung seiner Drehachse und die Drehung selbst stabil zu erhalten. Diese Trägheit wird Trägheitsmoment genannt. Das Trägheitsmoment hängt von der Beschaffenheit des rotierenden Gegenstands und von seiner Dichteverteilung ab und ist mitunter sehr kompliziert zu berechnen. Es gilt aber immer: Das Trägheitsmoment ist umso größer, je mehr Masse des Gegenstandes umso weiter von seiner Drehachse entfernt ist!

Die Schräglage beim Fahrradfahren wird durch die rotierenden Räder stabilisiert. Noch um einiges kräftiger wirkt der Effekt der Stabilisation beim Motorradfahren. Der Grund ist die höhere Geschwindigkeit der Räder und dadurch auch deren deutlich höheres Trägheitsmoment. Dadurch bleibt auch eine extreme Kurvenlage beim Motorrad noch stabil.

Frisbee-Weltrekord

Der Weltrekord im Frisbeeweitwurf liegt bei 250 Metern – aufgestellt von Christian Sanderstrom (Schweden) im Jahre 2002. (Quelle: WFDF World Flying Disk Federation)

sich nun problemlos Weiten von 50 Metern und mehr erzielen.«
Jede Drehbewegung wird durch ein äußeres Drehmoment hervorgerufen. So bewirken beispielsweise die Elefantenrüssel, die die Drehscheibe anschieben, ein Drehmoment. Dieses Drehmoment ist abhängig von der Kraft und Richtung des Anschiebens und vom so genannten Hebelarm. Das ist der Abstand vom Auflagepunkt der Kraft zur Achse der Drehbewegung.
Es gilt: Je länger der Hebelarm, umso stärker wird das Drehmoment. Dabei wird der Gegenstand in die Richtung der angelegten Kraft um die Drehachse gedreht.

Der Zirkusdirektor fährt fort: »Wir möchten Ihnen jetzt einen verwirrenden Trick zu diesen Gegebenheiten mit einer simplen Garnrolle vorführen, den Sie auch leicht zu Hause zeigen können.«

Die rätselhafte Garnrolle

Wie kann man eine weggerollte Garnrolle wieder zu sich herholen, ohne aufstehen zu müssen?
Sicher gelingt es nicht, wenn man ganz normal am Fadenende zieht – in diesem Fall entfernt sich die Rolle weiter. Zumindest, solange man den folgenden Trick nicht kennt!
Dazu muss man den Faden flach entlang des Bodens halten … Ziehe so noch einmal an dem Faden!

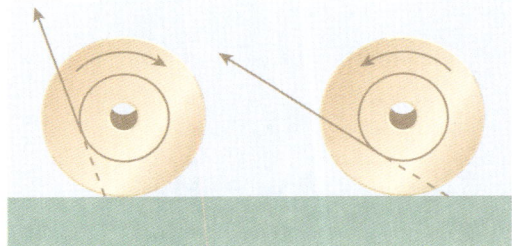

Die Garnrolle rollt jetzt tatsächlich gehorsam zu dir her. Wie ist das möglich?
Zur Beantwortung dieser Frage müssen wir die Gegebenheiten etwas genauer anschauen:
Der momentane Auflagepunkt der Rolle auf dem Boden ist die Drehachse. Mit der Kraft entlang des Fadens übt man ein Drehmoment

auf diese Drehachse aus. Die Richtung des Drehmoments und damit der Drehung hängt von der Richtung des Hebelarms und der Richtung der Fadenkraft ab. Der Ansatzpunkt des Hebelarms befindet sich am Berührungspunkt des Fadens mit der Garnrolle. Deshalb reicht der Hebelarm genau vom Berührungspunkt der Rolle mit dem Boden bis zum Berührungspunkt der Rolle mit dem Faden. Dadurch ist ein Zustand besonders ausgezeichnet: wenn die Richtung des Fadens genau mit dem der Richtung des Hebelarms übereinstimmt! Dann sind Kraft und Hebelarm parallel zueinander; es wird keinerlei Drehmoment auf die Rolle ausgeübt. Das ist genau dann der Fall, wenn die gedachte Fortsetzung des Fadens am Auflagepunkt der Garnrolle den Boden berühren würde.

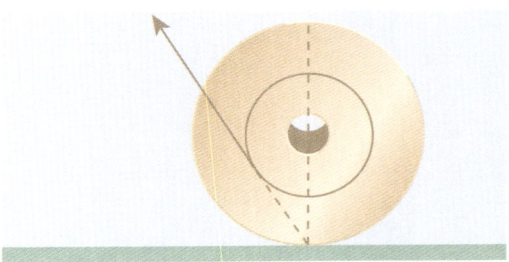

Alle Stellungen des Fadens, die steiler sind, sorgen dafür, dass die Kraft steiler als der Hebelarm liegt – die Rolle rollt sich dann von dir weg. Umgekehrt ist es, wenn der Faden flacher gehalten wird. Dann liegt die Kraft flacher als der Hebelarm, und die Garnrolle rollt zu dir herüber. Der gleiche Trick funktioniert übrigens auch mit einem Wollknäuel!

Die sportliche Katze

»Meine Damen und Herren, beobachten Sie nach der Vorführung des eigenwilligen Reisekoffers jetzt bitte den wagemutigen Auftritt eines mindestens ebenso eigenwilligen Tieres!« – Dazu läuft eine sehr selbstbewusste Katze unter dem Applaus der Zuschauer stolz und gemächlich in die Manege. Der Clown versucht sie durch eine Spielzeugmaus vergeblich zu sich heranzulocken. Sie beachtet ihn aber gar nicht. Schließlich rollt ein Elefant seinen Rüssel für die Katze aus – und sie bequemt sich, sich daraufzusetzen.

Schwebende Ballone

Der prall aufgeblasene Luftballon des Großvaters fliegt höher und höher. Und je mehr er
in den Himmel schwebt, umso mehr schwebt
er in Jans Traum hinein, in den Traum vom
Fliegen. Jan lässt seinen Luftballon ebenfalls
steigen. Sein Ballon ist um einiges schwächer
aufgeblasen als der Ballon des Großvaters.
Deshalb schwebt er auch nur sehr behäbig
dem Ballon des Großvaters hinterher. In seinem Traum sitzt Jan in einer kleinen Gondel
unterhalb seines Luftballons.

Ein schwebender Luftballon

*Für dieses Kunststück benötigst du einen mit
Gas gefüllten Luftballon, an den du mit einer
Schnur einen schweren Karton befestigst.*

*Schneide mit einer Schere vorsichtig kleine
Stückchen ab. Was geschieht?*
*Das Gewicht des Ballons wird immer leichter,
und irgendwann beginnt er sich ganz leicht
vom Boden zu heben: Er schwebt. Wenn man
noch mehr vom Karton abschneidet, dann
steigt der Ballon schließlich nach oben.*

Kleine und große Vögel

»Warum fliegt denn ein Luftballon überhaupt?«, will Jan vom Großvater wissen.

Der Großvater wartet zunächst etwas mit seiner Antwort in der Hoffnung, dass ihm wie
gewohnt der Zirkusdirektor zu Hilfe kommt.
Der aber fährt lieber weiter mit seinem Ferrari
durch Jans Traum. Unterdessen fliegt ein
Schwarm Vögel ganz knapp an den beiden
Ballonen vorbei. Da sagt der Großvater:
»Es ist wie mit den Vögeln im Winter. Normalerweise sitzen die Spatzen, Meisen und
sonstige kleine Vögel am Boden, um nach
Futter zu suchen. Sobald aber ein Schwarm
großer Vögel kommt, weichen die kleinen
Spatzen aus und fliegen hoch. Je größer die
Anzahl und Menge der ankommenden Vögel
ist, umso weiter nach oben müssen die
kleinen Vögel ausweichen.«
»Unser Ballon besteht also aus einer Art kleiner Vögel?«, vermutet Jan.
»Genau, das Gas unseres Ballons besteht wie
jedes andere Gas aus einer unvorstellbar
großen Anzahl von winzig kleinen Teilchen.
Sie bewegen sich wild umher, wie Vögel in
einem Vogelschwarm. Diese winzigen Teilchen
heißen Moleküle. Im Ballon befindet sich ein
spezielles Luftballongas, meistens ist es
Helium. Die Heliummoleküle sind sehr leicht
und klein.«
»Aber wo sind die großen Vögel, die uns ver-
treiben?«
»Die Luft um uns herum besteht natürlich
ebenfalls aus Molekülen. Diese sind deutlich
größer und schwerer als die Moleküle des
Luftballongases. Die Luftmoleküle sind also
wie die großen Vögel und verdrängen die
kleinen Heliummoleküle nach oben. Denn je
schwerer Moleküle sind, umso stärker werden
sie durch die Schwerkraft nach unten gezogen. Die leichteren Teilchen werden dagegen
nicht so stark nach unten gezogen und
dadurch nach oben gedrängt. Und deshalb
schweben auch wir nach oben.«
Jan gibt sich mit dieser Erklärung zufrieden
und träumt weiter von Vögeln und der Luft.
Die genaue physikalische Erklärung des
Schwebens beruht auf der kinetischen
Gastheorie.

Die Bedeutung der Luft

Jan hat sich inzwischen bereits zur nächsten
Frage weitergeträumt:

Gas oder Chaos?

Der Begriff Gas ist eine relativ
junge Wortschöpfung, die auf den
Begriff Chaos für »verschiedene
luftförmige Körper« des mittel-
alterlichen Gelehrten Paracelsus
zurückgeht. Mit Ausnahme von
Kohlenstoff lassen sich alle
Elemente bei genügend hohen
Temperaturen in einen gasförmigen
Zustand überführen.

Der erste Heißluftballon

Die Brüder Montgolfier begannen
1782 in der väterlichen Papier-
fabrik ihre Versuche mit rauch-
gefüllten Stoffbeuteln, die sie auf-
steigen ließen. Ein Jahr später fand
der erste öffentliche Aufstieg eines
unbemannten Heißluftballons,
einer Montgolfiere, statt. Dabei
wurde die Luft im unteren Lein-
wandballon durch ein Becken mit
glühender Holzkohle erwärmt.

Was ist ein Molekül?

Ein Molekül (von lat. »molecula« = kleine Masse) besteht immer aus mindestens zwei Atomen (von griech. »a-tomos« = unteilbar), die durch eine chemische Bindung zusammengehalten werden. Um ein Molekül zu beschreiben, nennt man in einer Summenformel die Art und Zahl der enthaltenen Atome, also zum Beispiel H_2O (zwei H-Atome und ein O-Atom).

Ein Gas namens Helium

Technisch nutzbare Heliumvorkommen in Erdgaslagerstätten befinden sich in den USA. Helium findet Verwendung als Schutz- und Kühlgas bei verschiedenen technischen Prozessen, mit Sauerstoff angereichert zum Beispiel auch in Tauchgeräten.

INFOBOX

Die kinetische Gastheorie, der Druck und das Fliegen

Ein Gas besteht aus unvorstellbar vielen winzigen Teilchen, den Molekülen. Diese Moleküle fliegen wild durcheinander und mit den verschiedensten Geschwindigkeiten hin und her. Bei einem idealen Gas üben die Moleküle keinerlei Kräfte aufeinander aus, solange sie nirgends anstoßen. Genauso wie viele gleichzeitig bewegte Miniaturbillardkugeln stoßen sie aber natürlich immer wieder mit ihrer Umrandung – zum Beispiel der Luftballonhaut – oder mit anderen Molekülen zusammen. Diese Stöße sind vollkommen elastisch. Deshalb tauschen die Moleküle – wie die Billardkugeln im ersten Kapitel – ihre Energien und Impulse aus. Durch die Stöße der Moleküle auf die begrenzende Wand wird eine Kraft auf die Wandfläche übertragen. Die Kraft eines Gases, die auf eine bestimmte Fläche wirkt, wird Druck genannt. Nach dem zweiten Newton'schen Gesetz (siehe Seite 29) ist diese Kraft und damit der Druck abhängig vom innerhalb einer kurzen Zeiteinheit übertragenen Impuls der Teilchen (also der Veränderung des Gesamtimpulses). Deshalb ist der Druck umso höher, je mehr Gasmoleküle sich auf dem gleichen Platz drängen, je schwerer diese sind und je schneller sie fliegen.

Warum fliegt ein Luftballon?

Sowohl das Luftballongas als auch die Luft üben Druck auf die Luftballonhaut aus – einmal von innen und einmal von außen. Dieser Druck ist nach dem 3. Newton'schen Gesetz für den schwebenden Ballon gleich groß – abzüglich einer kleinen nach innen wirkenden elastischen Spannung der Ballonhaut. Der Druck innerhalb des Ballons ist also im Gleichgewicht zum Druck der Luft außerhalb. Bei gleichem Druck und gleicher Temperatur gilt: Je größer die Moleküle eines Gases sind, umso schwerer ist es. Ist das Gas leichter als die Luft, drängt die Luft der Schwerkraft entsprechend nach unten. Die Folge: Der Luftballon fliegt nach oben.

»Was ist überhaupt die Luft? Sie ist so unscheinbar und durchsichtig, und es gibt sie überall. Und sie ist eines der wenigen Dinge, die ich kenne, die nichts kosten.«
»Die Luft erscheint zwar wie ein Nichts, ist aber fast alles für uns. Denn so wenig sie kostet, so wertvoll ist die Luft für uns. Sie ist sogar das Hauptnahrungsmittel für jeden Menschen. Ein wichtiger Bestandteil der Luft ist der Sauerstoff. Bei jedem Atemzug nehmen wir große Mengen von Sauerstoff durch die Lungen in unseren Körper auf. Ohne Luft würden wir innerhalb weniger Minuten aus Mangel an Sauerstoff ersticken. Deshalb ist die Luft vielleicht das wertvollste Gut, das die Menschheit besitzt. Und wir sollten alles dafür tun, um dieses Gut zu erhalten und nicht weiter zu verschmutzen.«

Die Luft

Schon die alten Griechen wie Aristoteles wussten die Luft als eines der vier Elemente – neben der Erde, dem Feuer und dem Wasser – zu schätzen. Die Luft ist eine ganz besondere Mischung aus den verschiedensten Gasen. Die genaue Zusammensetzung dieser Mischung ist im Laufe von Jahrmillionen Jahren aus dem Wechselspiel zwischen Pflanzen, Lebewesen und der ganzen Erdumgebung entstanden. Die Erde nimmt hauptsächlich durch das Wetter und den Vulkanismus Einfluss auf die Zusammensetzung der Luft. Beispielsweise werden durch den Vulkan Kilauea auf Hawaii jährlich mehrere Millionen Tonnen von Schwefeldioxiden, Schwefelwasserstoffen, Fluorwasserstoffen und Salzsäuregasen in die Atmosphäre geblasen. Wind oder Gewitter haben ebenfalls einen enormen Einfluss auf die Luft. So werden manchmal durch starken Wind Sand und Staubteilchen in der Luft von der Sahara bis nach Norddeutschland geblasen. Verschiedene Lebewesen benötigen verschiedene Bestandteile der Luft zum Überleben und geben dafür andere Bestandteile, die sie nicht mehr brauchen, an die Luft ab. Diese Bestandteile werden dafür wieder von anderen Lebewesen gebraucht ... und so weiter. So benötigen Menschen und Tiere Sauerstoff zum Atmen. Sie geben dafür Kohlendioxid an die Atmosphäre ab. Dieses wird von den Pflanzen zum Überleben gebraucht. Dafür geben diese wiederum neuen Sauerstoff ab. Weitere Kreisläufe in der Luft gibt es zum Beispiel für den Stickstoff, Phosphor oder das Wasser. Im Lauf der Zeit hat sich dadurch ein wunderbares, kompliziertes Gleichgewicht von Geben und Nehmen zwischen den Arten herausgebildet. Das Ergebnis aller dieser jahrmillionenalter »Tauschgeschäfte« ist die Luft als eine Mischung aus vielen verschiedenen Gasen in folgender Zusammensetzung:

Bestandteile	Gewichtsprozent	Volumenprozent
Stickstoff	75,52	78,08
Sauerstoff	23,01	20,95
Argon	1,29	0,93
Kohlendioxid	0,05	0,03
Sonstige Anteile	0,13	0,01

Schutzschild vor Gefahren

Die sonstigen Anteile haben es in sich: Es sind heute etwa 80.000 weitere Inhaltsstoffe der Luft bekannt. Wichtige Bestandteile sind die Schadstoffe, deren Konzentration zum Beispiel an bestimmten Stellen in Großstädten sogar täglich überwacht wird. Das zeigt die folgende Tabelle von Messwerten der Landesanstalt für Umweltschutz Baden-Württemberg vom 2.10.2004 für drei verschieden belastete Regionen Baden-Württembergs. Darin ist der maximale Tageswert der Schadstoffe in Mikrogramm pro Kubikmeter angegeben:

Aktualisierte Werte und Messstationen

Schadstoff	Stuttgart-Bad Cannstadt	Heidelberg	Schwäb. Alb
SO_2	5	8	3
NO_2	41	34	10
CO	300	300	100
O_3	72	70	89
Staub	34	27	11

Neben der Atmung ist die Luft aus vielen weiteren Gründen für uns überlebenswichtig. So benötigt die menschliche Sprache die Luft als Überträger. Auch das wärmende Feuer benötigt den Sauerstoff der Luft zum Brennen. Ohne Luft würden wir sofort explodieren, denn der Druck unseres Blutes hätte keinen Gegendruck von außen mehr. Um dies zu verhindern, gibt es Weltraumanzüge für Astronauten im luftleeren Weltall. Die Lufthülle der Erde ist ein hervorragender Schutzschild vor Gefahren aus dem Weltall. Beispielsweise wird lebensbedrohende kosmische Strahlung durch die Erdatmosphäre abgeschirmt. Einfallende Meteore und Kometen werden stark abgebremst und verglühen. Das geschieht durch die Reibung an den Luftmolekülen. Dieses Verglühen kleiner Meteoriten kann man in manchen klaren Herbstnächten gut in Form von Sternschnuppen verfolgen.

»Die Luft ist also wie ein guter Freund für uns: immer da, oft unsichtbar im Hintergrund, aber von unschätzbarem Wert und Kraft«, sagt der Großvater in seinem Ballon, während die beiden Ballone immer weiter steigen. »Die Kraft der Luft wird zum Beispiel deutlich, sobald man in verschiedenen Lufthöhen ist. Die Lufthülle der Erde wird immer lockerer, je größer die Entfernung von der Erdoberfläche ist. Der Luftdruck ist auf Meereshöhe am größten, da das ganze Gewicht der weiter oben liegenden Luftschichten auf ihnen liegt. Und je größer die Höhe, umso geringer ist der Luftdruck. So ist schon in den Bergen oder in unserem gestiegenen Ballon ein deutlich geringerer Druck spürbar. Das sieht man beispielsweise am Verhalten der Kohlensäure in einem Glas Sprudel oder Cola.«
Der Großvater öffnet eine Flasche Mineralwasser und schenkt Jan ein Glas ein. Tatsächlich sieht Jan eine Veränderung gegenüber sonst: Die Kohlensäure springt richtiggehend aus dem Glas!
»Durch den geringeren Luftdruck von außen auf das Wasser kann die Kohlensäure in den Bergen, im Flugzeug oder im Ballon um einiges stärker aus dem Glas perlen als auf Meereshöhe.«
Diese große Kraft der Luft kann man auch zu Hause einfach sichtbar machen.

Die Kraft der Luft

Luft ist stärker als Holz

Lege ein kleines Holzstückchen oder ein altes Lineal so auf einen Tisch, dass es etwas über die Tischkante steht. Breite darüber eine Zeitung entlang der Tischkante aus, und drücke

Sternschnuppe

Eine alte Volksweisheit besagt, dass Wünsche in Erfüllung gehen, die während des Betrachtens einer Sternschnuppe ausgesprochen werden. Es ist sicherlich kein schlechter Wunsch, beim nächsten Mal unserer Luft Widerstandsfähigkeit gegen die menschliche Bedrohung ihres Gleichgewichts zu wünschen. Denn ohne Luft kein Leben.

sie fest und flach auf das Lineal. Schlage nun kräftig mit der Faust oder der Handkante auf das überstehende Teil des Lineals. Es bricht ab, ohne dass sich das Papier bewegt!

Wer war Boyle?

Dem Iren Robert Boyle (1627–1691), geboren in Lismore (Waterford) als Sohn des Earl von Cork, kann man eine Schlüsselrolle in der Geschichte der Naturwissenschaften zuordnen. Die großen Mathematiker oder Philosophen seiner Zeit wie Leibniz oder Huygens waren der Ansicht, dass durch reines Denken die Natur beschrieben werden solle. Boyle überschritt zusammen mit Galilei eine unsichtbare Schwelle zur Neuzeit, indem er dagegen die große Bedeutung von Experimenten in der Naturwissenschaft aufzeigte.

Es sieht aus, als ob das Papier ein schweres Gewicht hätte! Dieses Gewicht ist das Gewicht der Luft, die auf dem Papier liegt!

Die umgekehrte Trägheit

Bringe einen Gasluftballon in einen Fahrstuhl, und beobachte, was mit ihm geschieht. Wenn der Fahrstuhl nach unten beschleunigt wird, wird der Ballon ebenfalls nach unten beschleunigt. Wird der Fahrstuhl nach oben beschleunigt, bewegt sich der Ballon nach oben! Es hat den Anschein, dass der Ballon eine genau umgekehrte Trägheit besitzt wie die bisher von schweren Körpern bekannte. Jede Bewegung von außen wird durch den Ballon aufgenommen und sogar noch verstärkt, wie wenn er sich nach jeder Veränderung sehnt. Der Grund für dieses merkwürdige Verhalten des Luftballons ist das Gewicht und die Trägheit der Luft. Da die umgebende Luft im Fahrstuhl schwerer und damit auch träger ist als das Gas im Ballon, setzt sie der Bewegung des Fahrstuhls den größeren Widerstand entgegen und verhält sich träge. Der Ballon würde das in einem luftleeren Raum zwar auch tun, hat aber hier nur die Möglichkeit, der Luft

Fährt der Fahrstuhl nach unten, bewegt sich der Ballon ebenfalls nach unten.

auszuweichen und den frei werdenden Platz aufzufüllen. Deshalb entsteht die Bewegung gegen die Trägheit.

Kerzenkarussell

Lege einen kreisförmig zugeschnittenen Karton mit einem Loch in der Mitte auf den Teller eines alten Plattenspielers. Befestige darauf mit etwas Kerzenwachs ein hohes Trinkglas. Stelle die Kerze in das Trinkglas, und fixiere sie mit etwas Kerzenwachs am Boden. Setze den Plattenspieler in Bewegung. Was geschieht mit der Flamme der Kerze? Die Flamme verhält sich entgegengesetzt zu den bisher beobachteten Gesetzen der Zentrifugalkraft. Anstatt nach außen wird die Flamme nach innen abgelenkt! Da die Luft träger ist als die heißen Verbren-

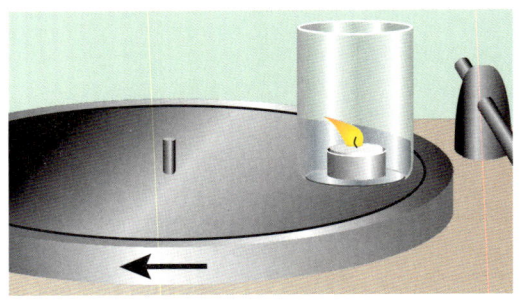

nungsgase der Flamme, wirkt die Zentrifugalkraft stärker auf die Luft. Deshalb wird die Luft nach außen verdrängt und drängt die Flamme nach innen. Sogar die umgekehrte Corioliskraft lässt sich mit dieser Vorführung zeigen: Dreht sich der Plattenspieler wie gewohnt im Uhrzeigersinn, so wird die Flamme zusätzlich rechts zur Bewegungsrichtung abgelenkt. Der Grund ist wieder die »normale« Corioliskraft auf die Luft, die nach links abgelenkt wird. Dadurch entsteht rechts Platz für die Flamme.

Das Boyle-Mariotte'sche Gesetz

Die Kraft der Luft wird inzwischen auch an den beiden immer höher steigenden Ballonen in Jans Traum sichtbar. Beide Ballone haben deutlich ihre Größe verändert: Je höher sie steigen, umso größer werden die Ballone. Sogar Jans anfangs so kleiner Ballon ist inzwischen schön groß und rund. Dass dies nicht nur im Traum so ist, sondern auch in

Wirklichkeit, lässt sich leicht überprüfen. Zum Beispiel mit einem Luftballon vom Jahrmarkt oder Supermarkt, der nur noch wenig aufgeblasen ist. Wird er in diesem Zustand auf ein hohes Stockwerk eines Hochhauses oder in die Berge mitgenommen, wird der ehemals schrumplige Ballon tatsächlich wieder schön rund und prall!

»Wie ist das möglich?«, möchte Jan vom Großvater wissen.

»Die Ursache dafür wurde schon 1662 in einer berühmten und bahnbrechenden Entdeckung des Iren Robert Boyle gefunden. Er entdeckte, dass Gase ihr Volumen vergrößern, sobald der Druck auf sie nachlässt. Genauso werden sie kleiner, sobald sie mehr unter Druck gesetzt werden.«

Zusammengefasst bedeutet das:
Das Produkt aus Volumen und Druck eines Gases ist konstant.

Die Temperatur des Gases

Später zeigte sich, dass diese Konstante abhängig von der Temperatur des Gases ist. Dieser wichtige Zusammenhang wird heute als das Boyle-Mariotte'sche Gesetz bezeichnet. Der Franzose Edme Mariotte veröffentlichte im Jahre 1676 die Entdeckung Boyles etwas genauer noch einmal, ohne dessen Arbeit vorher zu kennen. Damit war das Rätsel der Ballone gelöst: Je höhere Luftschichten ein Ballon erreicht, umso geringer wird der Luftdruck auf den Ballon. Und nach dem Boyle-Mariotte'schen Gesetz wird dessen Volumen entsprechend größer.

Der Ballon des Großvaters ist inzwischen auf eine solche Größe angewachsen, dass er mit einem lauten Schlag platzt. Jan ist froh, dass er deswegen nicht aufwacht. Der Großvater fällt mitsamt den Überresten seines Ballons in die Tiefe und landet aufgrund der Tatsache, dass es sich gottlob nur um einen Traum handelt, wohlbehalten auf dem Boden. Jans Ballon fliegt noch einige Zeit weiter, bis auch er platzt und zu Boden stürzt. Er ist um einiges weiter als der Großvater geflogen und landet inmitten eines Marktplatzes. Die Erfahrungen aus diesem Teil des Traums vom Fliegen sind ein großer Vorteil bei einem Luftballonflugwettbewerb.

Ein Luftballonwettbewerb

Welcher Luftballon fliegt weiter: ein voll aufgeblasener oder ein schwach aufgeblasener? Das lässt sich mit zwei Heliumluftballons sehr einfach überprüfen. Befestige an den beiden unterschiedlich aufgefüllten Ballonen je eine Postkarte mit deiner Adresse, Rückporto und der Bitte an den Finder, sie an dich zurückzuschicken. Lasse beide Ballone gleichzeitig starten.

Zunächst fliegt der prall aufgeblasene Luftballon deutlich schneller in die Höhe. Beide Ballone dehnen sich umso stärker aus, je höher sie steigen. Der Grund ist der mit der Flughöhe abnehmende Luftdruck. Je geringer der Druck von außen auf die Luftballonhaut, umso weiter kann sie sich durch den Druck des Heliumgases von innen ausdehnen. Das Ergebnis ist natürlich wieder ein Gleichgewicht, allerdings auf höherem Niveau. Die Gummihaut des Luftballons dehnt sich weiter und weiter aus. Die Spannung innerhalb der Gummioberfläche ist schließlich zu hoch, und die Haut reißt mit einem lauten Knall. Zuerst platzt der Ballon, der bereits beim Start prall aufgeblasen war. Der beim Start schwach aufgeblasene Ballon zerreißt deutlich später, da er viel langsamer an Höhe gewinnt und deshalb weniger an Innendruck besitzt. Wegen seiner längeren Flugzeit hat der Seitenwind viel länger Zeit, ihn wegzuwehen. Deshalb kommen die Postkarten von schwach aufgeblasenen Ballonen in der Regel aus viel weiteren Entfernungen.

Tipp: *Lasse beim nächsten Luftballonwettbewerb einfach vor dem Start etwas vom Gas aus dem Ballon entweichen.*

Wer war Mariotte?

Nur drei Jahre später als Boyle wurde der Franzose Edme Signeur de Chateuil Mariotte in Dijon geboren (1630–1684). Er war Priester und Physiker und ging grundsätzlich anders wissenschaftlich vor. Er beschäftigte sich zumeist mit der Bestätigung und Überprüfung bereits entdeckter wissenschaftlicher Erkenntnisse. Beispielsweise bestätigte er die Entdeckung, dass die Seine in Paris mehr Wasser durch Regen zugeführt bekommt als durch ihren Flusslauf selbst. Genauso bestätigte er 1676 das Boyle-Mariotte'sche Gesetz und formulierte es genauer aus – diesmal aber wohl, ohne es vorher zu kennen. Die Bedeutung seines Beitrags zu dieser Entdeckung ist nicht ganz unumstritten, was dazu führte, dass sein Name in den USA im Boyle-Mariotte'schen Gesetz sogar ganz weggelassen wird. Obwohl Mariotte oft vorgeworfen wird, Entdeckungen einfach nachentdeckt zu haben, kann diese Arbeitsweise von unschätzbarer Wichtigkeit sein. Freundlicher ausgedrückt kann man sagen: Mariotte war eine Art Polizist der Wissenschaft. Mit seinem Allroundtalent bestimmte Mariotte unter anderem die Höhe der Atmosphäre, prägte den Begriff des Barometers und entdeckte den blinden Fleck im Auge.

Nur Fliegen ist schöner

Nachdem sich der Großvater aufgerappelt hat, ruft er zu Jan hoch: »Das erinnert mich an die griechische Sage von Daedalus und Ikarus. Diese faszinierende Geschichte handelt vom ersten bekannten Flugversuch der Menschen und lässt sich in der Infobox nachlesen.«

Jan ist inzwischen in der kleinen französischen Stadt Annonay in der Grafschaft Vivarais auf dem Marktplatz gelandet. Zusammen mit dem Großvater, der ihn zu Fuß eingeholt hat, stehen sie inmitten einer Menschenmenge. Alle schauen einem Ballon zu, der von acht Männern an Seilen festgehalten wird. »Meine Damen und Herren, Sie sind heute eingeladen, etwas ganz Besonderes zu erleben. Heute, am 5.6.1783, wird hier in Annonay Geschichte geschrieben. Sie können bei unserem ersten Aufsteigungsschauspiel mit einer von uns entwickelten ›aerostatischen Maschine‹ zusehen. Der vor ihnen von den Männern festgehaltene Sack wird jetzt mit einem Dunst aufgefüllt, der nur von mir oder meinem Bruder Joseph zubereitet werden kann«, sagt gerade der Erfinder Etienne Montgolfier zu den staunenden Menschen. Aus Schafwolle wird dazu ein Feuer entzündet. Tatsächlich wird der Ballon so leicht, dass er steigt: In Jans Traum ist gerade der erste Heißluftballon gestartet!

Erste bemannte Ballonfahrt

Immerhin sieben Minuten lang schwebte der Ballon in geringer Höhe – lange genug, um die Zuschauer restlos zu begeistern. Die ersten auf diese Art frei in der Luft schwebenden Landlebewesen waren übrigens keine Menschen, sondern ein Schaf, eine Ente und ein Hahn. Die erste bemannte Ballonfahrt geschah noch im gleichen Jahr. Die Erklärung des wundersamen dampfbetriebenen Schwebeeffekts der »aerostatischen Maschine« ist – wie bei jedem guten Zauberkünstler – natürlich viel weniger geheimnisvoll, als uns Etienne Montgolfiere glauben machen will.

Trotz aller Warnungen seines Vaters Daedalus kam Ikarus der Sonne zu nahe. Das Wachs auf seinen Flügeln schmolz, und er stürzte ins Meer.

In der Luft steuern

Seit 1973 finden Europa- und Weltmeisterschaften mit dem Heißluftballon statt. Dabei steuern die Ballonführer nacheinander bestimmte Ziele an, wobei die Punktgenauigkeit gemessen wird. Beliebt sind auch Dreiecks- und so genannte Ellenbogenfahrten, wo der Pilot in einem möglichst spitzen Winkel zu seinem Ausgangspunkt zurücksteuern muss. Übrigens: Im Ballon »fliegt« man nicht, man »fährt«. Aeronauten nehmen das ganz genau!

INFOBOX

Daedalus und Ikarus

Der Sage nach kam der Handwerker, Architekt und Erfinder Daedalus zusammen mit dem König Minos aus Athen auf die Insel Kreta. Eine seiner bekanntesten Erfindungen war das Labyrinth auf Knossos. Den Ausgang dazu kannte nur er selbst. Darin wurde der Minotaurus – eine furchtbare Mischung aus Mensch und Stier – gefangen gehalten, der von Menschenfleisch lebte. Zumindest so lange, bis Theseus ihn besiegte und mit Hilfe eines aufgerollten Fadens wieder aus dem Labyrinth fand. Die Idee mit dem Faden wurde Daedalus zugeschrieben. Darum wurde er für den Tod des Minotaurus verantwortlich gemacht und fiel bei König Minos in Ungnade.

Minos setzte Daedalus schließlich in seinem eigenen Labyrinth gefangen, zusammen mit seinem Sohn Ikarus.

Die beiden schafften es jedoch, auf raffinierte Weise aus dem Labyrinth zu entfliehen: Sie flogen davon!

Dazu hatte Daedalus Flügel aus Vogelfedern konstruiert, die er mit Kerzenwachs an ihre Körper anklebte. Vor der Flucht warnte Daedalus noch seinen Sohn: »Fliege nicht zu tief, denn dann werden die Federn durch die aufsteigende Gischt des Meerwassers nass und tragen nicht mehr. Und fliege nicht zu hoch, denn dann schmilzt das Wachs, und du stürzt ins Meer!«

Seine letzten Worte vor dem Abflug waren: »Folge mir!« – Die beiden flogen davon, und Ikarus wurde trotz aller Warnungen so übermütig, dass er immer höher und höher flog – bis er der Sonne zu nahe kam, das Wachs schmolz und er in das Meer stürzte.

Diese Absturzstelle heißt übrigens auch heute noch Ikarische See.

Daedalus schaffte es alleine bis Sizilien und war damit – zumindest laut Sage – der erste Flieger der Geschichte. Und er bewies, dass man manchmal am weitesten kommt, wenn man viel, aber nicht zu viel dafür einsetzt.

Ein Heißluftballon

*Um das Zauberkunststück der Brüder Mont-
golfier nachzuspielen, benötigt man mehrere
Bögen Seidenpapier/Buntpapier, einen schmalen Streifen Karton, eine Schere, Klebstoff und
eine Zeitung.*

1. Schritt

*Klebe die Seidenpapierbögen zu einem großen
Blatt zusammen. Das Blatt soll so groß sein,
dass es etwa 80 Zentimeter lang und 50 Zentimeter breit ist. Für den ganzen Ballon benötigst du sechs solcher Blätter.*

2. Schritt

*Zeichne die Umrissform eines Ballons auf die
sechs Blätter auf, und schneide sie aus.*

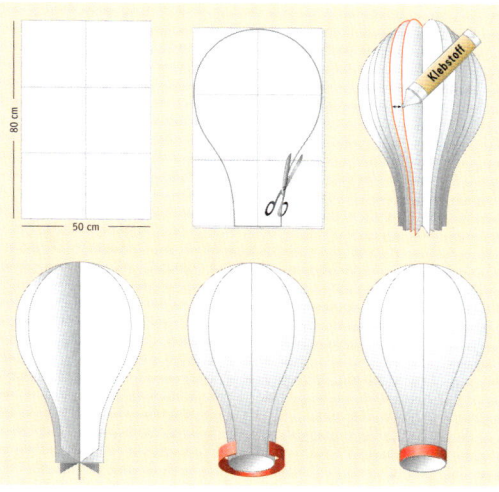

3. Schritt

*Falte die Ballonformen längs in der Mitte,
und klebe jedes Teil an seiner äußersten Kante
mit dem nächsten Teil zusammen.*

4. Schritt

*Lege zwischen die Faltung Zeitungspapier,
damit die nun entstandenen Lamellen nicht
zusammenkleben. Sobald du die Abschluss-
kante der ersten Wand mit der letzten Wand
zusammengeklebt hast, ist der Ballon
geschlossen.*

5. Schritt

*Lasse den Ballon eine Weile trocknen, und
falte ihn dann vorsichtig auf. Auf keinen Fall
reißen oder zerren!*

INFOBOX

Temperatur, Dichte und Geschwindigkeit der Teilchen

Warum steigt ein Heißluftballon? Die
heiße Luft in seinem Inneren muss dazu
eine geringere Dichte besitzen als die Luft
außen. Erinnern wir uns an das Bild des
Gases mit seinen wild durcheinander fliegenden Molekülen. Diese Moleküle haben
ein bestimmtes Gewicht und eine durchschnittliche Geschwindigkeit. Das Gewicht
der Moleküle ist innen und außen dasselbe
be, da es sich beide Male um Luft handelt.
Die durchschnittliche Geschwindigkeit
der Moleküle kann sehr einfach gemessen
werden: Sie ist die Temperatur eines Gases!
Je schneller die Teilchen fliegen, desto
heißer erscheint uns das Gas. Deshalb
erhöht sich beim Erhitzen der Druck der
Luft im Inneren, der Ballon wird ausgedehnt – und zwar so lange, bis der Druck
der Luft innen und außen wieder übereinstimmt. Die Dichte der Luft innerhalb des
Ballons hat deshalb abgenommen, und der
Ballon steigt. Warme Luft strebt deshalb
allgemein nach oben, natürlich auch
außerhalb eines Ballons.
Dieser Effekt aufsteigender warmer Luft
wird Thermik oder Konvektion genannt.

Was ist Thermik?

Unter Thermik (von griech. »ther-
mos« = warm) versteht man die
von der Einstrahlung der Sonne
und der Erwärmung des Erdbodens
hervorgerufene lokale Aufwärtsbe-
wegung der Luft (= Konvektion) –
Segelflieger sind deshalb immer
auf der Suche nach thermischen
Strömungen.

6. Schritt

*Schneide einen schmalen Kartonstreifen zu,
und klebe ihn zur Verstärkung unten um
die Öffnung. Damit ist der Ballon startklar.*

7. Schritt

*Stelle eine Kerze oder einen auf Heißluft
gestellten Fön unter die Öffnung. Sobald genügend Heißluft im Ballon für ausreichend Auftrieb sorgt, beginnt der Ballon zu schweben.*

»Und wieso fliegt der Ballon jetzt?«, möchte
Jan wissen.
Für den Großvater ist die Sache sonnenklar:
»Von wegen besonderer Dunst und so weiter!
Die Erklärung ist einfach, dass heiße Luft
leichter ist als kalte. Die Luft im Inneren des
Ballons ist aufgeheizt und deshalb leichter.
Deshalb steigt der Ballon nach oben.

Alles heiße Luft?

Heiße Luft ist deshalb leichter
als kalte, weil ihre Moleküle
schneller sind.

Oder besser, er fährt, denn so heißt es in der
Ballonfahrersprache«, erklärt er bereitwillig.
»Und warum ist heiße Luft leichter als kalte?«,
fragt Jan nach.
»Das lässt sich wieder mit der kinetischen
Gastheorie erklären. Das wird schon in
irgendeiner Box in diesem Buch erklärt sein,
in dem wir dauernd vorkommen«, sagt der
Großvater.

Der Schneider von Ulm

Die ganzen Gesetze und Zusammenhänge der
Thermik kannte die nächste Hauptperson in
Jans Traum leider noch nicht. Dabei handelt
es sich um Albrecht Ludwig Berblinger, den
berühmten Schneider von Ulm. Er lebte von
1773 bis 1829 als Schneidermeister und
Konstrukteur künstlicher Gliedmaßen. Er war
der Prototyp eines schwäbischen Tüftlers

Bei seinem Versuch, die Donau
mit selbst gebastelten Schwingen
zu überfliegen, landete der
Schneider von Ulm unter den
hämischen Rufen zahlreicher
Schaulustiger im Wasser.

schlechthin. Sein Meisterstück war das erste
künstliche Fluggerät, das nur von Menschen-
kraft angetrieben wurde. Es besaß Schwingen,
die den Vögeln nachempfunden waren. In
Anwesenheit des Kaisers war es am 31.5.1811
so weit: Berblinger stand an der Adlerbastei
bereit, um über die weite Donau zu segeln.
Leider endete das Unternehmen mit einer
Bruchlandung im Wasser. Berblinger selbst
überwand diesen Absturz seelisch nie ganz
und starb 1829 völlig verarmt an Auszehrung.
Die Genialität seiner Konstruktion wurde im
Jahre 1986 bestätigt. Es stellte sich heraus,
dass ein dem Original nachempfundenes Fluggerät in der Lage war, tatsächlich zu fliegen.
Berblingers Pech war, dass er die Gesetze der
Thermik nicht kannte. Die Donau führt kaltes

Wie entsteht Wind?

Die Erklärung ist ganz einfach:
Wind entsteht – etwas vereinfacht
ausgedrückt –, wenn sich viele
Luftmoleküle gleichzeitig in eine
bestimmte Richtung bewegen.

Wasser und bringt deshalb überhaupt keine
Thermik. So ist es auch heute noch eine
Herausforderung, die Donau mit Muskelkraft
zu überfliegen.

Die Kräfte des Windes

In Jans Traum fliegt gerade ein ganzer
Schwarm Vögel um den Schneider von Ulm
herum. Die Vögel schweben problemlos über
der kalten Donau. Und das, obwohl sie
bestimmt von der Theorie des Fliegens noch
weniger verstehen als der Schneider
Berblinger.
»Die Thermik kann ja wohl nicht alles sein,
wenn man die Vögel so anschaut«, meint der
Großvater nachdenklich.
»Stimmt«, antwortet einer der Traumvögel.
»Der Trick ist, einfach nie an den Aufprall zu
denken.«
»Aber das Wichtigste ist der Wind«, sagt ein
anderer Vogel. »Ich brauche nur meine Flügel
in den Wind zu stellen, und schon schwebe
ich – auch wenn ich über kalte Luft komme
wie über der Donau. Je stärker der Wind ist,
umso einfacher ist es. Ich lenke die Kraft des
entgegenkommenden Windes teilweise auf
meine Flügel. Das gibt mir genügend
Schubkraft nach oben, zum Glück bin ich ja
nicht so schwer.«
Zum Beweis kommt gerade ein starker Wind
auf, der alle Vögel nach oben hebt.
Warum Wind entsteht und wohin er bläst, ist
vom unterschiedlichen Luftdruck an unterschiedlichen Orten abhängig. Denn der
Luftdruck ist an jedem Ort verschieden.
Dieser Unterschied entsteht durch die unterschiedliche Höhe über dem Meeresspiegel,
die durch die Erddrehung hervorgerufene
Corioliskraft und die Temperatur der Luft an
einer Stelle. Der Wind versucht, diese
Druckunterschiede auszugleichen.
Generell gilt: Je stärker der Druckunterschied,
umso stärker ist der entstehende Wind. Wind
entsteht auch beim Ausblasen einer Kerze:
Durch das Zusammenpressen der Lippen
erzeugen wir in unserem Mund einen Über-

druck. Deshalb entweicht die Luft mit immer höherer Geschwindigkeit, umso mehr wir die Lippen schließen. Ist der Wind einmal in Bewegung, so lässt er sich nicht mehr so schnell aufhalten und kann sogar ganz von selbst um Kurven wehen. Das kann man leicht auch zu Hause nachvollziehen.

Eine Kerze um die Kurve herum ausblasen

Stelle eine Kerze direkt hinter eine Klopapierrolle, und zünde sie an. Blase von vorne auf die Papierrolle. Halte sie dazu fest, damit sie nicht umfällt. Der Luftstoß löscht die Kerze aus, obwohl sie im Schatten der Rolle steht!

Eigentlich sollte der Wind ja durch die Rolle von der Kerze weggelenkt werden. Aber das Gegenteil ist der Fall. Der Luftstoß schmiegt

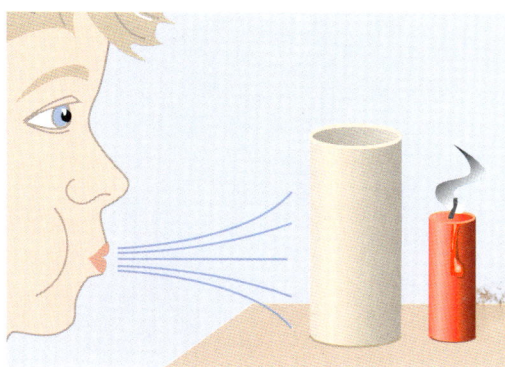

sich richtiggehend an die Rolle an und lenkt sich wie von selbst um die Kurve. Das kannst du leicht zeigen, indem du mit Klebstoff viele kleine Papierschnipsel auf die Rolle klebst.

Windmühlen

Die ersten Windmühlen gab es schon vor etwa 1000 Jahren in Persien. Die Perser bauten eine große Zahl von Windmühlen in ihre weiten, trockenen Ebenen, um mit Windenergie Wasser zu pumpen oder Weizen zu mahlen. Die frühesten Windmühlen Europas hatten Flügel aus Leinen. Damit wurden die Segel von Schiffen nachgeahmt. Solche Windmühlen gibt es immer noch auf Kreta. Im Lauf der Zeit wurden die Flügel mehr und mehr durch Holzgerüste verstärkt. Da die Windrichtung in Europa häufig wechselt, wurden die Windmühlen schon bald schwenkbar gebaut, so dass sie immer in Windrichtung gedreht werden konnten.

Je stärker die Schnipsel im Wind flattern, umso größer ist der Wind. Es zeigt sich, dass auch die Schnipsel hinter der Rolle stark flattern. Die Luft schmiegt sich also tatsächlich an die Oberfläche der Rolle an. Aus dem gleichen Grund zieht es auch besonders hinter einer Litfasssäule oder in einem freien Durchgang unter einem Hochhaus.

Stürme und Orkane

In Jans Traum kommt immer stärkerer Wind auf und wackelt an der Matratze. Wind kann enorme Kräfte besitzen. Das sieht man immer wieder an der verheerenden Wirkung von Stürmen oder Orkanen: abgedeckte Häuser, umgestürzte Autos, umgestürzte Bäume. Oder an davongeblasenen Hüten und Mützen. Die Windkraft ist aber keinesfalls nur schädlich, sondern kann auch zur Gewinnung von Energie verwandt werden. Durch den Wind können Segelflugzeuge, Segelboote, Windmühlen und moderne Windrotoren angetrieben werden.

Die modernen Windkraftrotoren besitzen nur noch geringe Ähnlichkeit mit den Windmühlen des Mittelalters. Sie bestehen aus einem Propeller mit drei Flügeln. Ihre Drehbewegung wird über einen Dynamo in elektrischen Strom umgewandelt und ins Strom-

Windkraftwerke

Nach Ansicht von Experten könnte die in der Bundesrepublik Deutschland verfügbare und technisch nutzbare Windenergie den derzeitigen Strombedarf vollkommen decken. Allerdings wären dabei neben den momentan existierenden ca. 15 000 Windkraftwerken noch einmal ca. 360 000 weitere Anlagen nötig.

Kreuzfahrt mit Segelboot

Segelboote werden durch den Wind beschleunigt, der in das drehbare Segel weht. Dabei ist es mit etwas Geschick sogar möglich, das Boot gegen den Wind voranzubringen, indem man hin und her kreuzt.

netz eingespeist. Bei gutem Wind kann ein einziger Windrotor eine ganze Kleinstadt mit Strom versorgen – eine wirtschaftliche Energiequelle ohne Umweltverschmutzung.

Windweltmeister Deutschland

Über 15 000 Windkraftanlagen sind in Deutschland derzeit in Betrieb. Sie bringen eine Leistung von ca. 23 Milliarden Kilowattstunden im Jahr ans Stromnetz. Damit ist Deutschland mit weitem Vorsprung der Windweltmeister mit 39 Prozent Anteil an der Weltgesamtenergieleistung! (zum Vergleich: USA 15 %, Spanien 15 %, Dänemark 9 %, restliche EU Länder 11 %, Indien 5 % und alle restlichen Länder 6 % für das Jahr 2002). Die Windenergie ist in Deutschland mit 4 % des Gesamtstrombedarfs fast gleich auf mit der Wasserkraftnutzung die zweitwichtigste regenerative Energiequelle.

Der Wind in Jans Traum nimmt inzwischen immer mehr zu. Er treibt bunte Windräder und Windhölzer an, die sich fröhlich im Kreis drehen. Diesen Teil des Traums kann man auch leicht zu Hause nachvollziehen.

Spiele mit dem Wind

Ein Windrad
Zur Herstellung eines Windrads benötigst du ein Blatt Papier, eine Stecknadel, einen Korken und eine Perle mit Loch.

1. Schritt
Schneide ein Papier quadratisch zu, und zeichne die beiden Diagonalen ganz leicht mit einem Bleistift auf.

2. Schritt
Schneide mit einer Schere von außen entlang der Linien jeweils ein gutes Stück, auf jeden Fall mehr als die halbe Strecke, ein.

3. Schritt
Stecke die vier Flügel mit einer Stecknadel in der Mitte zusammen.

4. Schritt
Stecke die Stecknadel auf der anderen Seite durch die Perle in den Kork – und fertig ist das Windrad.
Das Windrad kannst du mit einem elektrischen Fön oder natürlich im Freien betreiben. Das Rad dreht sich umso schneller, je mehr der Wind von der Seite bläst.

Windhölzer – ein Windspiel aus Südafrika
Für diese farbenfrohe Vorführung benötigst du etwa 20 schmale Holzstäbchen mit folgenden Abmessungen: etwa 3 Zentimeter breit, 20 Zentimeter lang und höchstens 1 Zentimeter hoch. Säge diese zum Beispiel aus Balsaholz aus. Die Ausmaße sind nicht so wichtig, die Hölzchen müssen nur lang und schmal sein.

1. Schritt
Durchbohre alle Hölzchen in der Mitte, fädle eine Schnur durch die Löcher, und drücke die Hölzer fest aufeinander.

2. Schritt
Schließe die Schnur mit einem Knoten und mit etwas Klebstoff am obersten und untersten Brettchen ab.

3. Schritt
Male die Kanten der Brettchen bunt an. Nun fehlt nur noch der Wind. Zur Not kannst du mit Blasen oder einem Fön nachhelfen. Sobald der Wind etwas seitlich einfällt, erzeugt er ein Drehmoment auf die Brettchen, und der Stapel beginnt sich langsam zu drehen. Es können

Das selbst gebastelte Windrad kann man betreiben, indem man einen Fön an die Seite stellt.

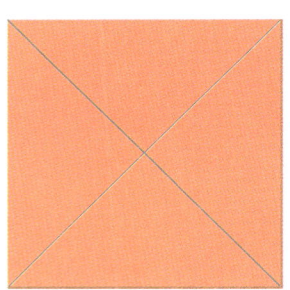
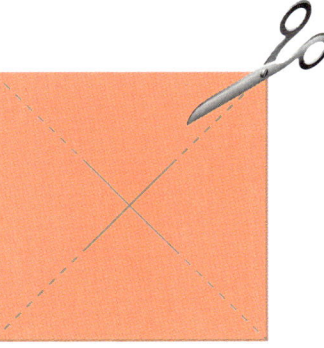

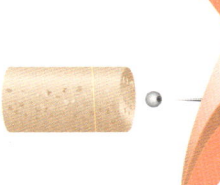

die verschiedensten farbigen Muster erzeugt werden, indem die Hölzchen gegeneinander verdreht werden. Zum Beispiel kannst du die Brettchen stufenweise leicht gegeneinander verdrehen. Dadurch entsteht eine Schraube. Oder du verdrehst die Brettchen nur ganz wenig gegeneinander, oder nur jedes zweite Brettchen gegeneinander, oder, oder …

Der Wind in Jans Traum wird immer stärker und stärker. Die Vögel sind längst auf dem sicheren Boden gelandet. Durch den starken Wind hört Jan nicht einmal mehr den Großvater reden.

Den Grund kannte schon Mariotte (siehe Seite 56): Der Schall und die Sprache brauchen die Luft als Überträger. Durch den Schall werden die Luftmoleküle in Schwingungen versetzt. Der Schall kann sogar sehr weit durch die Luft übertragen werden.

Das kann anhand des folgenden Salatschüsseltelefons, das man selbst leicht basteln kann, gezeigt werden.

Telefon aus Salatschüsseln

Für diese Vorführung benötigst du zwei mittelgroße Salatschüsseln (je größer die Schüsseln sind, umso besser).

Stelle dich vor eine der Schüsseln, und flüstere leise hinein. Stelle die zweite Schüssel einige Meter von dir entfernt mit der Öffnung zur ersten Schüssel gerichtet auf. Die Flüsternachricht kann gut in dieser zweiten Schüssel gehört werden. Das klappt über verblüffend weite Entfernungen – und natürlich auch umgekehrt. Mit großen Parabolspiegeln lassen sich leicht Flüsterentfernungen von etwa 30 Metern überwinden. Die Schüssel bündelt den ganzen ankommenden Schall und reflektiert ihn in ihrem so genannten Brennpunkt, an dem sich Ohr und Mund befinden sollten. Nach einigem Ausprobieren lassen sich sicherlich fünf Meter Entfernung bewältigen. Diese Schallbündelung ist auch der Grund dafür, dass in manchen Rundhallen oder Kirchenkuppeln einfach das Gespräch einer am anderen Ende des Gebäudes stehenden Gruppe mitgehört werden kann. Und sie ist auch der Grund dafür, dass man zum besseren Hören seine Hand leicht gekrümmt hinter das Ohr legt.

Gerüche und Gase

Da die Luft sich bei starkem Wind schnell bewegt, wird der Schall einfach mit ihr weggetragen. So kann man gegen den Wind nur sehr schlecht hören. Dem Großvater ist das aber egal, denn er ist sowieso schon schwerhörig genug. Immerhin hat er durch den Wind eine gute Ausrede, nichts hören zu müssen. Ausnahme: Man steht genau mit dem Wind. Dann wird einem der Schall durch die Luft genau ins Ohr geblasen.

Jan hat sich deshalb in die Windrichtung zum Großvater gestellt und kann ihn so gut hören. Plötzlich riecht er auch den vertrauten Pfeifentabak des Großvaters. Denn neben dem Schall überträgt die Luft auch Gerüche über weite Strecken. Gerüche sind Gase, die wir durch die Nase wahrnehmen. Sie bestehen natürlich ebenfalls aus vielen kleinen Molekülen einer bestimmten Sorte. Und die breiten sich in der Luft gleichmäßig aus. Sobald ein Wind weht, werden die Gerüche mit der Windrichtung geblasen. Deshalb schleichen

Der Schall

Schallwellen zwischen 16 Hertz und 20 Kilohertz rufen im menschlichen Ohr einen Gehöreindruck hervor. Der Schall breitet sich wellenförmig mit einer charakteristischen Schallgeschwindigkeit aus.

sich alle Jäger auch gegen den Wind an ihre Beute an. So kann das Beutetier keine Witterung aufnehmen. Diese weite Ausbreitung von Gerüchen in der Luft kann man einfach zu Hause mit Hilfe einer Wirbelkanone beobachten.

Die Wirbelkanone

Luft kann weite Entfernungen überwinden. Das kannst du sehr gut mit einer Wirbelkanone vorführen. Dazu ist eine alte Konservendose, ein Dosenöffner, ein Luftballon, ein Gummi, etwas Pappkarton, Klebstoff und eine kleine Schere nötig.

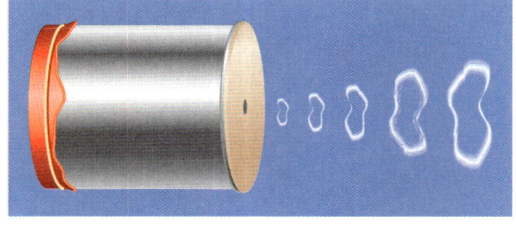

Je stärker man auf die Ballonhaut tippt, desto schneller und kleiner werden die Rauchringe.

1. Schritt
Wasche die alte Konservendose zunächst gut aus, und entferne mit dem Dosenöffner den Deckel und den Boden sauber von der Dose.

2. Schritt
Ziehe über das eine Ende die Luftballonhaut, und befestige sie mit dem Gummi an der Dose.

3. Schritt
Schneide ein etwa drei Zentimeter großes kreisförmiges Loch in die Mitte des Kartons. Klebe den Pappkarton mit Klebstoff an die Dose – und fertig ist die Wirbelkanone.

4. Schritt

Wirbelstürme und die Sonne

Wirbelstürme erhalten ihre gigantische Kraft aus der Sonnenenergie. Die Sonne heizt durch ihre Strahlen die Erde und die Luft auf. Am stärksten ist das in den Breitengraden um den Äquator der Fall. Dort strahlt die Sonne am direktesten ein.

Blase etwas Rauch von einer Kerze oder Zigarette durch das Loch im Pappkarton in die Dose. Durch kurzes, leichtes Tippen auf die Ballonhaut schießt ein Wirbelring aus der Öffnung, der über eine weite Strecke stabil bleibt. Je stärker du auf die Ballonhaut tippst, umso schneller und kleiner werden die Ringe. Schicke zunächst einen langsamen und kurz darauf einen schnellen Wirbel ab. So ist es möglich, dass der schnelle, kleine Wirbel durch den langsamen, großen Wirbel durchtaucht.

Rauchringe wie in unserer Wirbelkanone können auch manche Raucher erzeugen. Rauchringe entstehen, indem der Mund kreisförmig für eine kurze Zeit geöffnet wird und Rauch ausgeblasen wird. Dadurch wird ein kreisförmiger Rauchring erzeugt. Natürlich können die verschiedensten Gase auf dieselbe Weise transportiert werden. So kann man zum Beispiel mit der Kanone Parfümwirbel auf eine weite Reise schicken. Diese sind zwar unsichtbar, können aber trotzdem eine intensive Wirkung besitzen, wenn sie in einigen Metern Entfernung auf eine Nase treffen.

Wirbelstürme

Der Sturm in Jans Traum ist inzwischen so stark geworden, dass die ersten Bäume entwurzelt werden. Die größten Windstärken gibt es in Wirbelstürmen wie Hurrikanen oder Taifunen. Dabei handelt es sich um Stürme mit einer riesigen Ausdehnung. Enorme Windgeschwindigkeiten entstehen auch in so genannten Tornados. Sie besitzen trotz ihrer nur kleinen lokalen Ausdehnung eine ungeheure Zerstörungskraft. Die Entstehung eines Tornados kann man wieder zu Hause einfach nachvollziehen.

Ein Tornado in einem Einmachglas

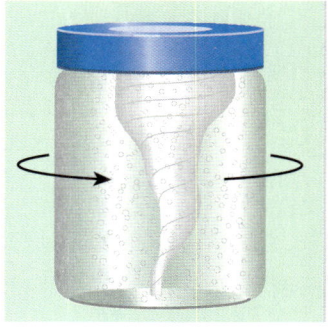

Fülle ein leeres Marmeladen- oder Olivenglas mit Wasser, und gib etwas Shampoo oder Spülmittel dazu. Verschließe danach den Deckel fest, und nimm das Glas anschließend in eine Hand. Bewege die Hand vorsichtig im Kreis, und beschleunige die Drehbewegung langsam. Bei der richtigen Drehgeschwindigkeit des Glases entwickelt sich ein beeindruckender Tornado. Das Shampoo dreht sich in der Glasmitte in einem Wirbel um die Achse, genauso wie bei einem Tornado.

Windstärkeskala nach Beaufort

Stärke	Beschreibung	Geschwin-digkeit km/h	durchschnittliche Wellenhöhe im offenen Meer
0	Rauch steigt senkrecht hoch	0	0 m
1	Rauch treibt	1-5	0 m
2	Blätter rascheln, Wind im Gesicht spürbar	6-11	0,2 m
3	Blätter bewegen sich	12-19	0,6 m
4	Zweige bewegen sich, Staub wird aufgewirbelt	20-28	1 m
5	Kleine Bäume schwanken, Drachenschnüre reißen	29-38	1,8 m
6	Dicke Äste bewegen sich, schwierig, Schirm zu öffnen	39-49	3 m
7	Starker heulender Wind, schwer, gegen Wind zu gehen	50-61	4 m
8	Stürmischer Wind	62-74	5,5 m
9	Sturm, Dachziegel werden vom Dach geblasen	75-88	7 m
10	Starker Sturm, Bäume werden entwurzelt	89-102	9 m
11	Gefährlicher Sturm, großflächiger Schaden	103-117	14 m
12	Hurrikan	mehr als 117	mehr als 14 m

Zwölf Windstärken

Die Windskala von 0 bis 12 geht auf den britischen Admiral Sir Francis Beaufort (1774–1857) zurück. Während bei Windstärke 0 Rauch senkrecht emporsteigt, bedeutet Windstärke 12 »Hurrikan«.

Windstärke

Die Stärke des Windes wird in Beaufort gemessen. Diese Windstärkeskala wurde 1805 von Sir Francis Beaufort ursprünglich für die Seefahrt eingeführt und ist heute nach fast 200 Jahren noch immer in Gebrauch. Als weitere wichtige Leistung hat Beaufort übrigens die Schiffsreise eines gewissen Sir Charles Darwin auf der berühmten »Beagle« ermöglicht, während der dieser die Evolution der Arten auf der Erde untersuchte. Windstille hat die Stärke von 0 Beaufort, ein starker Sturm hat 10 Beaufort. Weitere Beschreibungen der Beaufort-Skala sind in der Tabelle oben dargestellt.

Was ist ein Hurrikan?

Die größten Wirbelstürme der Welt heißen Hurrikane, wenn sie im Atlantik, und Taifune, wenn sie im Pazifik entstehen. Durch ihre ungeheure Kraft richten sie immer wieder riesigen Schaden in den Gebieten an, über die sie ziehen. Auch heute noch kann die Entstehung und der Weg eines Hurrikans nicht genau vorhergesagt werden. Wie launische Diven halten Wirbelstürme immer wieder Überraschungen auch für die Meteorologen bereit. So hat es zum Beispiel der zerstörerische Hurrikan Andrew in Florida geschafft, genau das Hauptquartier der Hurrikanforscher

in der Nähe von Miami zu treffen. Es hat sich gezeigt, dass ein Hurrikan erst entstehen kann, wenn die Erdoberfläche eine Temperatur von mindestens 27 °C besitzt. Das ist normalerweise nur auf der Meeresoberfläche und in Breitengraden nicht weiter als 20 Grad vom Äquator entfernt der Fall. Das durch die

Sonne erhitzte Wasser verdampft in die Luft. Dafür muss viel Energie aufgebracht werden: die so genannte latente Wärme. Der Wasserdampf steigt mit heißer, leichter Luft nach oben. Dafür strömt kältere Luft von oben nach unten, ein Kreislauf setzt sich in Zusammenarbeit mit Winden in Bewegung. Sobald sich Luft und Wassermoleküle einmal bewegen, erfahren sie eine kreisförmige Auslenkung durch die Erddrehung. Der Grund dafür ist wieder einmal die Corioliskraft.

Wirbelstürme treten meist von August bis Oktober über Westindien und den Südweststaaten der USA auf. Sie bilden sich über dem Wasser und haben in Landnähe eine ungeheure Zerstörungskraft. Schätzungen zufolge werden jedes Jahr durch Hurrikane mehrere tausend Menschen weltweit obdachlos.

Wer war Bernoulli?

Der Arzt, Mathematiker und Physiker Daniel Bernoulli (1700–1782) wurde am 29. 1. 1700 in Groningen in den Niederlanden geboren. Sein Vater Johann war damals als Leiter der Mathematik an der Universität Groningen beschäftigt.

Die ganze Familie Bernoulli war von starken innerfamiliären Auseinandersetzungen gezeichnet. Daniels Hauptinteresse war die Mathematik, aber sein Vater hielt ihn davon ab, da damit kein oder fast kein Geld zu verdienen sei. Er wollte, dass sein Sohn ein Händler werde, und wollte ihn verheiraten. Das erweckte den starken Widerstand Daniels – und man einigte sich auf ein Arztstudium, welches er 1721 erfolgreich in Basel beendete. Nebenbei setzte er trotzdem seine mathematischen Studien fort und bekam 1725 eine Einladung für einen Lehrstuhl in St. Petersburg. Erst als auch sein Bruder Leopold dort einen Lehrstuhl angeboten bekam, willigte Daniel in den Umzug in das ferne Land ein. Leopold starb dort schon ein Jahr später an Tuberkulose. Als Nachfolger schickte ihm sein Vater einen hoffnungsvollen Studenten namens Leopold Euler als Assistenten, welcher später einer der berühmtesten Mathematiker aller Zeiten wurde. Mit ihm zusammen erforschte Bernoulli den menschlichen Blutdruck und seine Messung. Die beiden beschäftigten sich außerdem ganz allgemein mit der Bewegung von Flüssigkeiten. Im Jahre 1734 kehrte Bernoulli nach Basel zurück, wo es zur Entfremdung mit dem Vater kam. Den Grund dafür kann man im Text finden.

Zirkulierende Luftmassen

So fangen die aufsteigenden Luftmassen an zu zirkulieren – bis sie in immer höhere Schichten kommen, sich nach und nach wieder abkühlen und der Wasserdampf wieder zu Wasser wird. Dadurch wird die beim Erhitzen aufgebrachte latente Wärme wieder frei und in Bewegung umgesetzt. Dadurch werden gigantische Windgeschwindigkeiten und Drehmomente erzielt. Natürlich strömt die abgekühlte Luft in einem Gegenwirbel wieder nach unten – und damit ist der Kreislauf geschlossen. Wegen der Erhaltung des Drehimpulses der Luftmoleküle wird die Drehgeschwindigkeit immer größer, je kleiner der Abstand zum Zentrum des Wirbelsturms wird. Dadurch weist das Gebiet im näheren Umkreis um das so genannte Auge die höchsten und gefährlichsten Windgeschwindigkeiten auf. Ein Hurrikan ist also ein gigantisches Sonnenkraftwerk unter Anwendung von Corioliskraft und latenter Wärme. Die Corioliskraft ist abhängig vom Breitengrad unterschiedlich groß. Sie ist an den Polen am höchsten, da die Erdoberfläche (und alle Bewegungen auf ihr) dann senkrecht auf der Drehachse der Erde steht. Und in Äquatornähe ist sie am geringsten. Es zeigte sich, dass zur Entstehung eines Hurrikans eine Corioliskraft mit einer bestimmten Mindeststärke nötig ist. Deshalb gibt es keine Hurrikane direkt am Äquator. Erst ab dem Bereich ab fünf Grad nördlich oder südlich vom Äquator ist die Corioliskraft stark genug. Damit ist das Auftreten von Hurrikanen und Taifunen auf die Breitengrade zwischen 5 und 20 Grad eingeschränkt.

Bernoulli im Fußballstadion

Um ein Haar wäre Jan vor lauter Parfümgeruch und wegen des immer stärkeren Windes aufgewacht. Dann hätte er aber das Wichtigste für das Fliegen überhaupt verpasst: das Bernoulli'sche Prinzip. Denn ohne die Entdeckungen von Daniel Bernoulli wäre das Fliegen in seiner jetzigen Form unmöglich!

Vor der Formulierung dieses berühmten Prinzips musste er sich nach seinem Aufenthalt in St. Petersburg (siehe Randspalte) zunächst mit seinem Vater auseinander setzen. Der Grund war ein an Vater und Sohn gemeinsam überreichter Preis der französischen Akademie der Wissenschaften. Der Vater konnte es nicht verwinden, dass sein Sohn zumindest gleichrangig mit ihm eingestuft wurde. Schließlich wies er den Sohn aus dem Haus. Drei Jahre später vollendete Daniel sein Hauptwerk über die Hydrodynamik, die Bewegung von Flüssigkeiten. Der Titel lautete: »Hydrodynamiae, von Daniel Bernoulli, Sohn von Johann«, was den Vater aber auch nicht mehr beschwichtigen konnte. Er beschrieb darin den Fluss einer Flüssigkeit durch ihren Druck, ihre Dichte und ihre Geschwindigkeit, indem er einen Zusammenhang zwischen diesen Größen fand. Er zeigte, dass ein unterschiedlicher Druck durch unterschiedliche Geschwindigkeiten in der Flüssigkeit entsteht. Dieser Zusammenhang ist heute als das Bernoulli'sche Prinzip bekannt. Außerdem sind in der Arbeit Grundlagen der kinetischen Gastheorie enthalten. Ein Jahr später veröffentlichte auch der Vater ein ähnliches Werk über Hydrodynamik, das aber nichts Neues brachte und sogar als Plagiat angesehen wurde. Nach diesen ganzen Querelen wandte sich Daniel schließlich von der Hydrodynamik ab. Bis zu seinem Tod am 17.3.1782 arbeitete er an Themen der Astronomie, der Gravitation, der Meeresgezeiten, des Magnetismus, der Ozeanströmungen, des Verhaltens von Schiffen auf See, der Medizin und der Physiologie und erhielt dafür zahlreiche weitere Preise und Auszeichnungen.

Gase und Flüssigkeiten bestehen aus vielen kleinen Teilchen, den Molekülen (siehe auch Seite 54) – genauso wie eine Menschenmasse aus vielen Menschen besteht oder ein Verkehrsstau aus vielen Autos. Bernoulli fand eine Gesetzmäßigkeit für die Bewegung dieser Massenansammlungen.

Das Bernoulli'sche Gesetz

Jan träumt gerade von einer Menschenmasse in einem Fußballstadion, nachdem das Spiel beendet ist. Jeder Einzelne versucht, durch die Tore des Stadions hinaus so schnell wie möglich zum Parkplatz und den öffentlichen Verkehrsmitteln zu gelangen. Dabei gibt es ganz verschiedene Wege, um zum Ziel zu kommen. Wenn ein Weg an einer Stelle eine Engstelle hat, dann gibt es einen Stau, die Bewegung ist sehr langsam, und die Menschen drängen sich sehr dicht zusammen. Ohne Engstellen läuft es dagegen viel schneller, der Stau verschwindet. Je länger ein Weg im Vergleich zu einem anderen ist, umso schneller fließt es dort. Der Grund: Nicht so viele Menschen gehen diesen Weg, deshalb ist mehr Platz. Je schneller die Bewegung der Massen, umso größer ist der Abstand zum Vordermann. Das Gleiche gilt für Autos im Stau und Moleküle in Flüssigkeiten oder Gasen. Je länger die Wegstrecke ist, welche die Moleküle zurückzulegen haben, und je geringer der Reibungswiderstand ist, umso schneller bewegen sich die Moleküle vorwärts. Und je schneller die Moleküle sind, umso geringer ist ihr Abstand zum Nachbarn und damit ihre Dichte. Und die Dichte bestimmt den Druck an dieser Stelle. Genau das ist das Bernoulli'sche Gesetz: Je höher die Geschwindigkeit von Teilchen eines Gases oder einer Flüssigkeit an einer Stelle, umso geringer ist der Druck an dieser Stelle. Diese Erkenntnis können wir auch zu Hause für viele spannende Vorführungen verwenden.

Der Bernoulli-Effekt

Das schwebende Blatt
Zu dieser Vorführung benötigst du eine normale Garnrolle mit Loch in der Mitte. Wie kann ein auf dem Tisch liegendes Blatt damit an-

gehoben werden, ohne das Blatt zu berühren? Natürlich, indem man von oben an dem Loch der Rolle saugt. Durch den Unterdruck wird das Blatt nach oben an die Garnrolle gedrückt. Verblüffenderweise funktioniert dieser Trick auch auf umgekehrte Weise: Blase dazu kräftig von oben durch die Garnrolle! Das Blatt sollte nun eigentlich von der Rolle weggeblasen werden. Aber es wird angezogen und schwebt unterhalb der Rolle!

Der Grund hierfür ist der Bernoulli-Effekt: Die Luft strömt durch das Loch der Rolle in hoher Geschwindigkeit. Wenn das Blatt am Boden liegt, entweichen diese schnellen Luftmoleküle oberhalb des Blattes nach allen Seiten entlang der Blattoberfläche. Durch ihre hohe Geschwindigkeit erzeugen sie einen Unterdruck, der das Blatt anhebt und an die Garnrolle presst. Deshalb schwebt das Blatt, wenn du die Rolle unter Blasen anhebst.

Der tanzende Tischtennisball und der perfekte Freiwurf
Mit Hilfe eines Föns oder eines Ventilators kann ein Tischtennisball spielend leicht zu frei schwebenden Tanzbewegungen »verführt« werden.

1. Schritt
Stelle den Fön oder den Ventilator senkrecht auf, und starte den Luftstrom. Um Überlastungen des Föns zu vermeiden, bitte den Fön auf Kaltluft stellen!

2. Schritt
Bringe den Tischtennisball von oben in den Strahl – und er ist sicher darin gefangen. Er tanzt zwar ständig hin und her, wird aber nie mehr nach außen aus dem Strahl abgelenkt. Der Grund für die Tanzbewegung ist das Wechselspiel zwischen der Schwerkraft, die den Ball nach unten drücken will, und dem Luftstrom von unten nach oben, der den Ball immer wieder nach oben anstößt. Wie in einer unsichtbaren Flasche bleibt der Ball aber innerhalb eines bestimmten Bereichs. Der Grund ist auch hier wieder der Bernoulli-Effekt: Der schnelle Luftstrom durch den Fön erzeugt einen Unterdruck. Der höhere Luftdruck außerhalb drückt den Ball immer wieder in sein »Gefängnis aus Luft« zurück.

Die Hydrodynamik

Technisch wichtige Anwendungen findet die Hydrodynamik (von griech. »hydor« = Wasser; »dynamis« = Kraft, Bewegung) unter anderem bei der Theorie des Tragflügels (= hydrodynamischer Auftrieb), bei der Entwicklung von Turbinen, Propellern, Rohrleitungssystemen, Wasserschrauben und aerodynamisch günstigen Fahrzeugformen.

Der Tischtennisball

Wie dieses Experiment zeigt, kann man mit dem weißen Zelluloidball nicht nur Schmetterbälle anbringen, sondern auch etwas von ihm lernen – nämlich den Bernoulli-Effekt: Dass der Tischtennisball hier tanzt, liegt in dem Wechselspiel zwischen der Schwerkraft und dem Luftstrom von unten nach oben begründet.

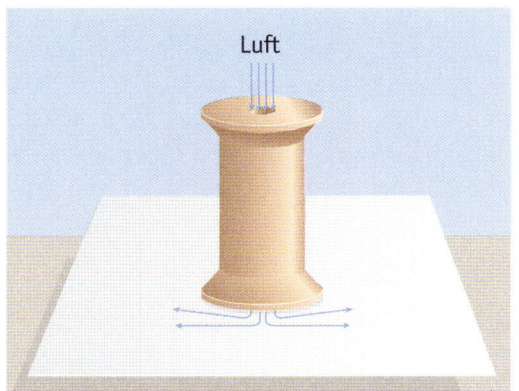

Luft

3. Schritt

Versuche einmal, den Ball aus dem Strahl durch immer stärkere Stöße aus seinem Gebiet herauszukicken! Erst mit größerer Kraftanstrengung ist das möglich. Wie stabil der Ball sitzt, kann man auch sehen, indem man den Fön nach und nach aus der Senkrechten neigt. Immer noch ist der Ball in dem Luftstrahl in einem Trichter gefangen. Das Bernoulli'sche Gesetz zeigt sich auch, wenn man versucht, den Ball von außen in den Luftstrahl hineinzuwerfen. Im Normalfall ist das völlig unmöglich. Es gibt aber einen Hintereingang in das Luftgefängnis (siehe 4. Schritt).

4. Schritt

Wirf den Ball von ganz oben in einem hohen Bogen in den Strahl! Oben wird der Luftstrahl schwächer, denn er wird durch Reibung mit der

In Luft gefangen

Um den Ball aus dem Luftstrahl herauszubringen, ist eine ziemliche Kraftanstrengung erforderlich – denn der Ball sitzt relativ stabil in seinem »Gefängnis aus Luft«.

Wenn unter dem Basketballkorb ein starkes Gebläse aufgebaut wäre, das seine Luftfesseln genau innerhalb des Korbes hätte, würde der Ball wie auf Schienen in den Korb fallen.

übrigen fest stehenden Luft abgebremst. Deshalb kannst du mit einem Bogenwurf den Ball in den Strahl bringen – die Achillesferse des Luftstrahls ist gefunden. Der Ball fällt dann wie auf Schienen nach unten. Das wäre der Traum eines jeden Basketballspielers. Mit einem vergrößerten Aufbau könnte man den perfekten Basketballfreiwurf erzielen. Dazu müsste unter dem Basketballkorb ein starkes Gebläse aufgebaut werden, das seine Luftfesseln genau innerhalb des Basketballkorbs hat. Jeder Freiwurf einigermaßen in die Korbnähe wäre nun ein garantierter Treffer, der Ball wurde vom Korb geradezu angezogen. Dadurch würde die Freiwurfbilanz sogar in der besten Basketballliga der Welt deutlich verbessert werden können, wie aus der Tabelle für einige Mannschaften der amerikanischen Basketballliga NBA ersichtlich ist.

Hohe Trefferquote

Die Freiwurftrefferquote der amerikanischen Basketballmannschaften der NBA zum Ende der Saison 2003/2004:
1. Sacramento Kings: 79,6 %
2. Dallas Mavericks: 79,6 %
3. New York Knicks: 79,3 %
5. Minnesota Timberwolves: 78,1 %
11. Indian Pacers: 76,4 %
15. New Jersey Nets: 75,3 %
16. Detroit Pistons: 75,3 %
28. Los Angeles Lakers: 69,4 %
29. San Antonio Spurs: 68,1 %

Der Trichter

Lege einen Tischtennisball in die Öffnung eines Plastiktrichters. Versuche den Ball aus dem Trichter zu blasen, indem du in das kurze Ende des Trichters bläst.

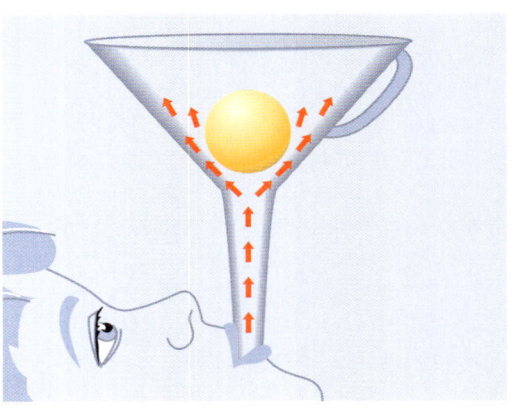

Es ist unmöglich – egal, wie stark du auch bläst! Der Grund ist wieder der Bernoulli-Effekt. Die Luft entweicht aus der Trichteröffnung. Dadurch entsteht ein starker Unterdruck, und der Ball wird angezogen. Die Luft prallt also nicht direkt auf den Ball, sondern wird seitlich um den Ball herum entlang des Trichters gelenkt. Damit wird der Ball auf den Trichterboden gepresst.

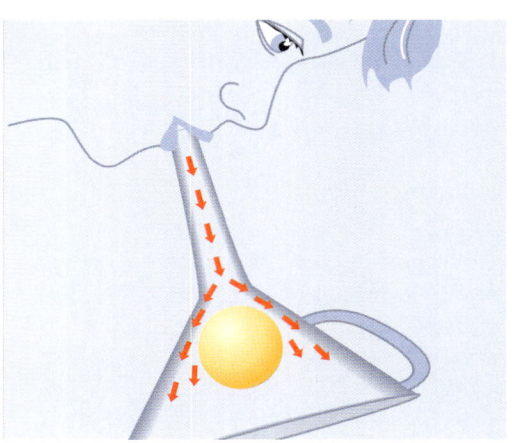

Dieser Trick klappt auch noch, wenn die Trichteröffnung unter Blasen immer weiter nach unten gedreht wird, bis sie schließlich ganz nach unten zeigt.

Die Jamaikanische Schwebemaschine

Dieses Gerät ist etwas schwieriger zu basteln, aber es lohnt sich. Die Idee dazu stammt vermutlich aus Jamaika. Als Material benötigst du einen etwa 20 Zentimeter langen hohlen Holzstab, zum Beispiel aus Bambus. Außerdem noch ein zweites, etwa vier Zentimeter langes dünnes Stäbchen, das ebenfalls hohl ist. Ansonsten benötigst du noch festen Draht, ein Stück Styropor, ein Taschenmesser und Klebstoff.

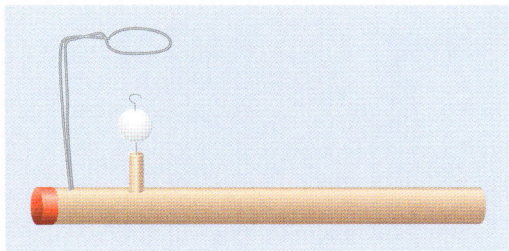

1. Schritt
Schnitze etwa vier Zentimeter vom Ende des langen Stabs entfernt ein Loch, so dass das kleine Hölzchen hineinpasst. Stecke es senkrecht hinein, ohne dass es das dicke Rohr innen am Boden berührt, und verklebe es luftdicht mit Klebstoff.

2. Schritt
Verklebe auch das freie kurze Ende des dicken Rohres luftdicht. Befestige knapp vor dem hinteren Ende des Rohres den festen Draht mit Hilfe eines kleinen Lochs, und stelle ihn senkrecht auf. Nimm den Draht doppelt, und wickle ihn zur Stabilisierung um seine Achse.

3. Schritt
Biege in einer Höhe von etwa zehn Zentimetern den Doppeldraht rechtwinklig um. Öffne die Doppelwicklung, und forme eine Schleife, so dass das Ganze die Gestalt eines Basketballkorbes bekommt.

4. Schritt
Schneide aus Styropor ein kleines Kügelchen von etwa zwei Zentimetern Durchmesser zurecht. Durchbohre es mit einem Drahtstück in der Mitte, welches du an beiden Enden etwa drei Zentimeter herausstehen lässt.

5. Schritt
Biege eines der herausstehenden Drahtstücke zu einem Haken – und fertig ist die Schwebe-

maschine. Mit dem geraden Drahtende wird die Kugel in das kleine Rohr gesteckt.

Durch vorsichtiges Blasen am großen Rohr kann das Styroporkügelchen zum Schweben gebracht werden. Das Kügelchen hat dabei eine bemerkenswerte Stabilität im Luftstrahl. Der Grund ist wieder der Bernoulli-Effekt. Durch den Unterdruck wird das Kügelchen sicher auf seiner Bahn gehalten. Mit etwas Geschick kann man die Kugel an ihrem Häkchen im Basketballring einhängen.

Als Variante kann man es auch umgekehrt probieren: Blase die Kugel aus dem Ring wieder heraus, und lasse sie in die Starthalterung zurücksinken!

Der unglaubliche Trinkhalmtrick
Frage: Wie kann Wasser in einem Trinkhalm angehoben werden, ohne den Trinkhalm zu berühren?

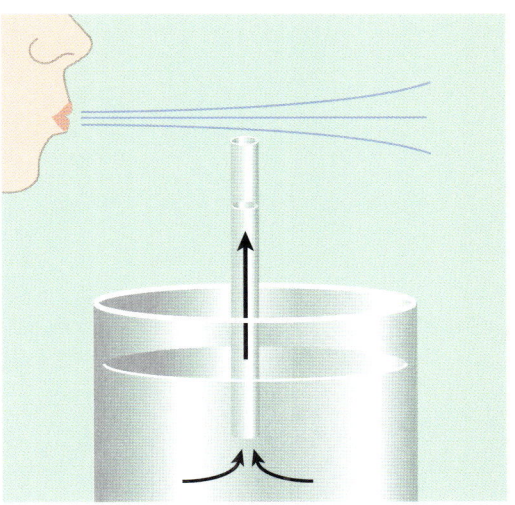

Natürlich steckt hinter diesem Trick wieder das Bernoulli'sche Gesetz. Stecke einen Trinkhalm senkrecht in etwas Wasser. Blase stark und flach über das obere Ende des Trinkhalms. Durch den entstehenden Unterdruck am oberen Ende wird die Flüssigkeit nach oben gezogen!
Nach diesem Prinzip funktionieren übrigens auch Vakuumpumpen. Durch einen schnellen Luftstrahl wird ein so starker Unterdruck erzeugt, dass die Luft immer mehr aus dem leer zu pumpenden Gefäß entfernt wird.

Schwebendes Styroporkügelchen

Um das Styroporkügelchen in diesem Versuch schweben zu lassen, muss man am großen Rohr vorsichtig blasen. Die Stabilität des Kügelchens im Luftstrahl wird durch den Bernoulli-Effekt bewirkt.

Der Unterdruck am oberen Ende des Strohhalms ist der Grund, weshalb das Wasser nach oben gezogen wird.

Die Brüder Wright und das Geheimnis des Fliegens

Mit dem Bernoulli'schen Prinzip lässt sich auch das Fliegen erklären. Mit diesem »Geheimnis« fliegen Vögel, Insekten und sogar Flugzeuge. Sie alle benötigen Flügel zum Fliegen. Flügel besitzen eine ganz bestimmte Form. Sie haben unten alle eine flache Form und sind oben gewölbt. Dabei ist es ziemlich egal, ob sie aus leichten Federn oder aus schwerem Metall bestehen – Hauptsache ist, dass die Form stimmt. Die Luft muss an der gewölbten Oberseite des Flügels eine größere Strecke zurücklegen als an der geraden Unterseite. Deshalb haben die Luftmoleküle dort mehr Platz und strömen mit einer höheren Geschwindigkeit über den Flügel als unten.

Das gilt zumindest unter der Voraussetzung, dass sich keine störenden Wirbel bilden und die Reibung am Tragflügel oben und unten ähnlich groß ist.

Das Bernoulli'sche Prinzip

Gemäß dem Bernoulli'schen Prinzip ist der Druck von der Strömungsgeschwindigkeit der Luft abhängig. Darum ist der Druck oberhalb des Flügels geringer als unterhalb des Flügels. So entsteht ein Auftrieb auf den Flügel.

Das Prinzip der Tragflügel

Der Auftrieb lässt sich auch durch das Reaktionsprinzip von Newton erklären. Dazu betrachten wir den gesamten Luftstrom vor und nach dem Passieren des Flügels. Während die Luft unterhalb des Flügels fast unverändert geradeaus strömt, wird der Luftstrom oberhalb des Flügels stark aus seiner ursprünglichen Richtung abgelenkt. Am Ende des Flügels hat dieser Strom eine deutliche Bewegung nach unten. Die Kraft zur Ablenkung dieses Luftstroms ist nach dem zweiten Netwon'schen Gesetz gleich groß wie der Auftrieb auf den Flügel.

Wir bauen einen Tragflügel

Für diese einfache Flugdemonstration benötigt man ein DIN-A4-Papier, einen Bleistift, Klebstoff, zwei Strohhalme, etwas Bindfaden und einen elektrischen Fön als künstliche Windmaschine.

1. Schritt
Falte zunächst das Blatt Papier so, dass das eine Ende etwa zwei Zentimeter übersteht.

2. Schritt
Klebe die beiden Enden so zusammen, dass sie genau abschließen. Dadurch wird die lange Papierhälfte automatisch wie ein Tragflügel gebogen.

3. Schritt
Steche links und rechts am offenen Ende des Flügels mit einem Bleistift oder einer Schere Löcher durch den Papierflügel.

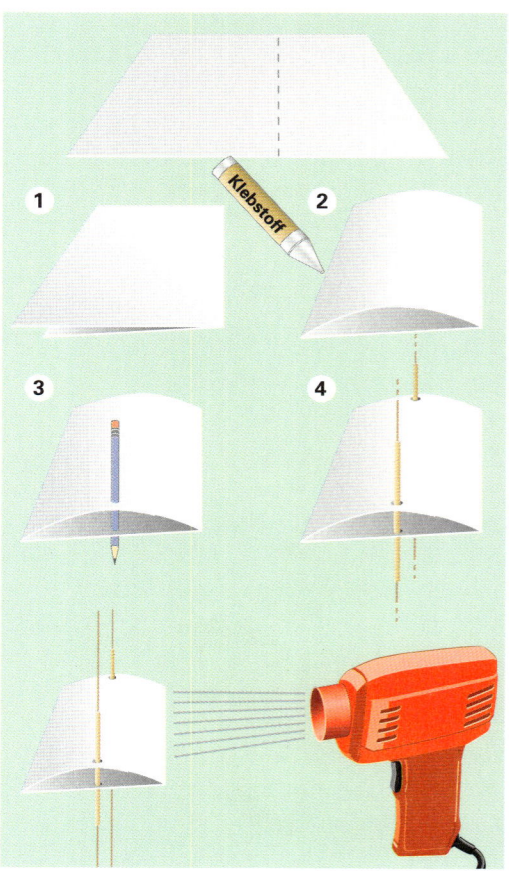

4. Schritt
Stecke die beiden Strohhalme durch die Löcher. Fädle durch jeden Strohhalm einen Bindfaden, den du unten und oben zum Beispiel am Tisch, einem Stuhl oder dem Boden befestigst. Achte darauf, dass der Flügel sich frei nach oben und unten bewegen kann. Jetzt ist alles bereit für den ersten Flugversuch. Wie funktioniert das Gerät?

5. Schritt

Schalte den Fön ein. Was passiert?
Sobald du nahe genug an dem Flügel bist, wird der Flügel nach oben angehoben! Diese Vorrichtung kann als einfacher Windkanal benutzt werden. In einem Windkanal kann der Auftrieb verschiedener Flügelformen untersucht werden. Je näher du den Fön an den Flügel halten musst, um den Flügel hochzubekommen, umso geringer ist der Auftrieb des Flügels. Das zeigt sich, wenn du einen Flügel einsetzt, der nur einen Zentimeter Flächenunterschied hat. Es erfordert einiges mehr an Windkraft, um ihn anzuheben. Das Umgekehrte ist der Fall, wenn mehr als zwei Zentimeter Überlappung gewählt werden. Nun kannst du den Fön etwas weiter weghalten, und der Flügel entwickelt immer noch genügend Auftrieb. Mit dieser Vorrichtung kann man die verschiedensten Flügelformen testen. Was passiert zum Beispiel, wenn man den Flügel knickt oder einreißt?

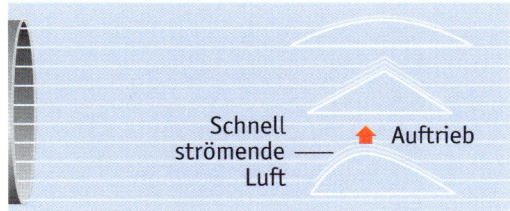

Sobald der Vogel oder das Flugzeug einmal in Fahrt ist, kann ein weiterer Auftrieb mit Hilfe von Höhenrudern gewonnen werden. Dazu werden Teile des Flügels etwas schräg gestellt – dadurch wird die Kraft der horizontalen Bewegung des Flügels gegen die Luft ausgenutzt und nach oben umgelenkt. Dieses Prinzip lässt sich einfach im Auto testen: Man streckt dazu einfach während der Fahrt die Hand schräg gegen die Fahrtrichtung aus dem Fenster. Je schneller das Auto fährt, umso stärker wird die Hand nach oben abgelenkt. Mit Hilfe dieses vom Vogelflug abgeschauten Flugmechanismus ist es den Brüdern Wright im Jahre 1903 erstmals gelungen, ein Motorflugzeug zu starten. Mit Hilfe eines selbst entwickelten Windkanals hatten die beiden zuvor etwa 200 verschiedene Flügelformen getestet und in einer beispiellosen Ingenieurleistung innerhalb von nur drei Jahren das erste flugfähige Motorflugzeug selbst gebaut.

Das geschah zum Erstaunen der ganzen Welt und auch Lord Kelvins, einem der bedeutendsten Physiker dieser Zeit. Dieser hatte noch 1895 gesagt: »Flugmaschinen, die schwerer als die Luft sind, sind unmöglich.«

Das erste Motorflugzeug

1902 starteten die Brüder Wright einen Gleiter, der schwerer als die Luft war. Die beiden waren daraufhin nicht mehr zu stoppen: Sie entwickelten den ersten Propeller sowie ein Seitenruder und bauten einen Motor für ihr erstes Motorflugzeug. Mit diesem Flugzeug namens Flyer 1 standen sie am 17.12.1903 auf ihrem Fluggelände bei Kitty Hawk in North Carolina mit mehr als 40 Stundenkilometern Gegenwind. Trotzdem wagten sie den Start. Durch einen Münzwurf wurde Orville Wright zum ersten Motorpiloten der Menschheit bestimmt. Das Flugzeug war zwölf Sekunden lang in der Luft und legte dabei 37 Meter zurück. Am selben Tag flogen die beiden noch mehrere Male und steigerten die Bestleistung auf 59 Sekunden bzw. 260 zurückgelegte Meter. Die Flyer 1 ist noch heute im National Air and Space Museum in Washington unter ihrem neuen Namen Kitty Hawk zu sehen. Da bei diesem historischen Ereignis nur fünf Zeugen anwesend waren, dauerte es lange, bis die Brüder Anerkennung fanden. Ihr Technologievorsprung war aber so groß, dass sie noch im Jahre 1908 weltweit führend waren und gefeierte Flugvorführungen auch in Europa zeigen konnten. Allerdings mussten sie die Flugzeugteile dazu noch eigens mit dem Schiff nach Europa bringen.

Hubschrauber und Lindensamen

Jan befindet sich in seinem Traum vom Fliegen jetzt im Jahre 1907: Am 13.11.1907 gelang dem Franzosen Paul Cornu der erste Hubschrauberflug ohne fremde Hilfe. Das Prinzip des Hubschrauberflugs beruht ebenfalls auf Tragflügeln. Die Flügel sind kreisförmig angeordnet und werden durch einen

Wer waren die Brüder Wright?

Die Geschichte des ersten Motorflugs ist der Prototyp des amerikanischen Traums.
Sie handelt von den Brüdern Wilbur und Orville Wright, beheimatet in Dayton, Ohio. Schon in jungen Jahren zeigte sich ihr handwerkliches Geschick.
Orville (1871–1948) baute zunächst einfache mechanische Spielzeuge, später baute er eine Druckpresse und Fahrräder.
Wilbur (1867–1912) gab schon als Jugendlicher eine Zeitung, die »Dayton Ohio West Side News«, auf der neuen Druckerpresse heraus und eröffnete zusammen mit Orville einen Fahrradladen.
Um die Jahrhundertwende begannen die Brüder sich für die Luftfahrt zu interessieren. Genau und kritisch studierten sie den aktuellen Stand der Technik. Im Jahre 1900 konstruierten sie Drachen und Fluggleiter. Als wichtigste Vorleistungen dienten ihnen die Erkenntnisse des deutschen Ingenieurs Otto Lilienthal und des Amerikaners Octave Chanute. Lilienthal war es 1891 erstmals gelungen, mit einem Fluggleiter zu fliegen, starb aber kurz darauf bei einem Flugunfall. Im Verlauf des Jahres 1901 untersuchten die Brüder Wright in einem eigens von Orville neu entwickelten Windkanal etwa 200 verschiedene Flügelformen, was ihnen einen riesigen technologischen Wissensvorsprung einbrachte und zum ersten Motorflug 1903 führte.

Triumphzug des Motorflugs

Der nächste große Flug blieb dem Amerikaner Charles Lindbergh vorbehalten, der am 21. 5. 1927 (Start: 20. Mai, Flugzeit 33 Stunden 30 Minuten) zum ersten Mal den Atlantik nonstop mit einem Flug von New York nach Paris überquerte.
Damit hatte der Triumphzug des Motorflugs begonnen.

Motor in Drehung versetzt. Dieses Prinzip war schon im alten China als Spielzeug bekannt. Dabei handelte es sich um einen senkrecht nach oben startenden Kreisel mit kreisförmig angeordneten Flügeln. Solche Spielzeuge gibt es auch heute noch. Sie können einfach nachgebaut werden.

Im Herbst gibt es einen Hubschrauberflügel frei Haus in der Form von Lindensamen oder Ahornsamen. Wenn man sie zum Beispiel von einer hohen Brücke fallen lässt, kann man schön ihre wunderbaren Drehungen beobachten. Durch die Form ihrer Flügel erhalten die Samen wie bei einem Hubschrauber einen

Durch seine besonderen Flugeigenschaften kann der Hubschrauber Aufgaben erfüllen, die mit normalen Flugzeugen nicht zu bewältigen sind; er ist jedoch gegenüber diesen durch seine geringere Reichweite und Geschwindigkeit benachteiligt.

kräftigen Auftrieb, der ihre Fallbewegung stark abbremst. Allerdings ist der Auftrieb nie größer als die Schwerkraft. Deshalb schrauben sie sich sanft wie ein landender Hubschrauber zu Boden. Das zeigt sich auch, wenn man die Flügelchen ganz ohne Drehung hoch in die Luft wirft. Rotierend kommen sie wieder unten an. Besonders gut lässt sich die Flugbahn verfolgen, wenn man farbige Kleckse auf die beiden Enden der Samen malt.

Einen Hubschrauber selbst basteln

Du benötigst einen Luftballon, drei Trinkhalme mit Glied zum Umknicken, Seidenpapier, einen Korken, ein Plastikröhrchen mit etwa ein bis zwei Zentimetern Durchmesser, eine Schere, Klebstoff und ein Feuerzeug.

1. Schritt
Schneide zunächst das Plastikröhrchen so ab, dass es nur noch etwa drei Zentimeter lang ist. Bohre mit der Schere seitlich drei Löcher in das Röhrchen. Sie sollen so groß sein, dass die Trinkhalme gerade hineinpassen.

2. Schritt
Verschließe das eine Ende des Röhrchens nun fest mit einem Korken. Verkürze die Trinkhalme an ihrer langen Seite jeweils auf etwa die Hälfte, und klebe sie in die Öffnungen des Plastikröhrchens. Die anderen Enden werden etwa vier Zentimeter von der Knickstelle entfernt über der Flamme eines Feuerzeugs geschmolzen. Dazu wird der Trinkhalm leicht erhitzt, bis er sich langziehen lässt – dann abdrehen.

3. Schritt
Warte, bis die Schmelzstellen erkaltet sind. Schneide dann mit einer Schere etwa einen halben Zentimeter weiter innen von der Schmelzstelle ein Stückchen ab, so dass sich eine sehr kleine Öffnung ergibt. Die Enden der Trinkhalme haben nun die Form einer Düse.

4. Schritt
Stelle das Plastikröhrchen mit der Öffnung nach unten auf. Knicke die Trinkhalme um ihre Gelenke um 90 Grad, und biege sie jeweils leicht nach unten.

5. Schritt

Schneide drei Stückchen Seidenpapier so aus, dass sie genau auf die Halme passen, und klebe sie darauf mit Klebstoff fest. Damit ist der Hubschrauber startklar.

6. Schritt

Blase den Luftballon auf, und schiebe ihn über das offene Ende des Plastikröhrchens! Sobald du den Hubschrauber loslässt, beginnt er sich schnell zu drehen und steigt nach oben. Die Luft entweicht mit hoher Geschwindigkeit durch die verengten Enden der Trinkhalme und hält die Rotorblätter für einige Zeit in Bewegung.

Wie funktioniert ein Hubschrauber?

Erste Zeichnungen von Hubschraubern stammen von Leonardo da Vinci aus dem Jahre 1480. Er konstruierte eine Luftschraube, die – zumindest auf dem Papier – in der Lage war, nach einer Drehung senkrecht nach oben zu fliegen. Den ersten wirklich flugfähigen Hubschrauber entwickelte 1939 der Russe Igor Sikorsky in Amerika. Das Geheimnis des Hubschraubers ist wieder eng mit dem Bernoulli'schen Prinzip verbunden. Die Flügel sind kreisförmig angeordnet und werden durch einen Motor in hoher Geschwindigkeit in Umdrehung gebracht. Die Flügel beim Hubschrauber sind so gebaut, dass die Luft oberhalb des Flügels einen längeren Weg in höherer Geschwindigkeit zurücklegt als unten. Deshalb entsteht ein Auftrieb auf den Hubschrauber. Im Unterschied zum Flugzeug ist beim Helikopter keine horizontale Beschleunigung beim Start nötig. Deshalb kann ein Hubschrauber senkrecht starten, benötigt keine Start- und Landebahn und kann in der Luft sogar stillstehen, ohne abzustürzen. Er kann vorwärts, seitwärts und rückwärts fliegen oder sich sogar um die eigene Achse drehen. Dies wird durch die bewegliche Achse der Rotorblätter und die beweglichen Blätter selbst möglich. Durch diese Vorzüge eignet sich ein Hubschrauber besonders als Transportmittel und für Rettungsflüge in schwer zugänglichem Gelände.

»Warum dreht sich ein Hubschrauber eigentlich nicht um seine Achse?«, fragt Jan.

»Das ist eine gute Frage«, sagt der Großvater.

Jan ist selbst über seine gute Frage erstaunt, sogar im Traum. »Nach Newton und der Erhaltung des Drehimpulses müsste sich der Hubschrauber eigentlich in die entgegengesetzte Richtung zur Rotordrehung drehen«, sagt Jan.

»Stimmt genau, ein einfacher Hubschrauber würde sich tatsächlich drehen. Diese störende Drehung des Hubschrauberkörpers wird aber durch einen zusätzlichen senkrechten Propeller am Heck – den so genannten Heckrotor – verhindert. Er wird so konstruiert, dass er genau die Drehbewegung ausgleicht. Manchmal gibt es auch Hubschrauber mit zwei horizontalen Propellern, die sich entgegengesetzt drehen.«

Two, one, zero … Lift off!

Jans Traum vom Fliegen ist an seinem Höhepunkt angelangt. Er träumt inzwischen von Raketen. Wie Hubschrauber starten auch Raketen senkrecht nach oben. Eine Rakete steht gerade im Garten von Effie Goddard in Auburn Massachusetts startbereit. Sie ist die Tante von Robert Goddard, dem Vater des Raketenflugs. Die Rakete fliegt mit einem Flüssigkeitsantrieb aus Sauerstoff und Benzin und fliegt an diesem Tag 2,4 Sekunden lang und etwa 14 Meter hoch, bis sie in einem benachbarten Kohlfeld landet. Dieser Flug geschah am 16.3.1926 und gilt als die Geburtsstunde des Raketenflugs der Neuzeit. Zum ersten Mal wurde eine flüssigkeitsgetriebene Rakete gestartet.

Das Space Shuttle

Bei einem Raketenstart wie beim Start eines Space Shuttle wird keinerlei Kraft auf den Boden oder die Aufhängung der Startrampe übertragen. Für die Beschleunigung eines Raumschiffs auf eine Erdumlaufbahn ist eine enorme Schubkraft nötig, was ungeheuren Brenntemperaturen des Treibstoffs entspricht. Die Brennkammer kann aber nur ganz bestimmte Temperaturen aushalten. Es zeigte sich, dass die erforderliche Temperatur

Vorwärts- und Rückwärtsbewegung

Nach vorne geneigte Blätter sorgen für die Vorwärtsbewegung, nach hinten geneigte Blätter für die Rückwärtsbewegung des Hubschraubers und schräg gestellte Blätter für seitliche Bewegung.

Hermann-Oberth-Museum

Im mittelfränkischen Feucht bei Nürnberg gibt es im ehemaligen Wohnhaus von Hermann Oberth ein Museum, in dem alle Ausstellungsstücke des bekannten Physikers zu besichtigen sind.

Raketen im luftleeren Raum

Am besten funktionieren Raketen, wenn sie sich im luftleeren Raum befinden, also keinerlei Luftreibung ihrer Bewegung entgegensteht. Die Beschleunigung erfolgt durch den Ausstoß von verbranntem Treibstoff.

Wie funktioniert der Raketenantrieb?

Lange Zeit dachten Menschen, dass Raketen im luftleeren Raum des Weltalls nicht funktionieren können, da sie »nichts zum Dagegendrücken mehr hätten«.
Aber genau das Gegenteil ist der Fall: Raketen arbeiten am besten, wenn sie im luftleeren Raum sind! Keinerlei Luftreibung steht ihrer Bewegung entgegen. Eine Rakete wird durch den Ausstoß von verbranntem Treibstoff beschleunigt, der sich innerhalb eines großen Hohlraums, der Brennkammer der Rakete, befindet. Durch speziell konstruierte Düsen, die nach außen hin immer weiter werden, wird ein möglichst schneller Ausstoß des Treibstoffs erzielt. Dieser ausgestoßene Treibstoff hat einen bestimmten hohen Impuls. Da der Gesamtimpuls konstant bleiben muss, wird die Rakete entsprechend stark nach vorne beschleunigt. Das geschieht ganz unabhängig von der Umgebung der Rakete, sogar ein Unterwasserstart von U-Booten ist kein Problem.

des Brennstoffs für eine Beschleunigung in die Umlaufbahn bei weitem zu hoch für das Material der Brennkammer ist. Die Brennkammer würde einfach verglühen.

Das Space Shuttle ist ein Raketenfahrzeug, das mit zwei Feststoff-Raketentriebwerken von 45 Metern Länge ausgestattet ist und von drei Flüssigkeitstriebwerken angetrieben wird. Der erste bemannte Testflug fand 1981 statt.

Die Rettung für den Weltraumflug war die Verwendung von mehreren Raketenstufen. Das sind mehrere eigenen Raketen aufeinander. Beim Start wird zunächst nur die unterste, größte und schwerste Stufe gezündet. Sobald eine Stufe ausgebrannt ist, wird sie abgeworfen. Auf der letzten, normalerweise kleinsten Raketenstufe sitzt das Raumschiff. So hat die bisher mächtigste Rakete, die amerikanische Saturn-V-Rakete, die alle Apollo-Raumschiffe zum Mond brachte, drei Stufen, die nacheinander gezündet werden. Der Vorteil des Stufenprinzips ist, dass mit zunehmender Flugzeit nicht mehr die gesamte Masse der Rakete beschleunigt werden muss.

Eine selbst gebaute Luftdruckrakete

Vorübung
Blase einen Luftballon auf, und halte ihn mit dem Finger zu. Die Luft innerhalb des Luftballons hat den Ballon ausgedehnt. Lasse nun den Ballon los. Die Luftballonhaut zieht sich wieder zusammen und drückt die Luft schlagartig durch die Öffnung hinaus. Wie bei einer Rakete wird der Luftballon dadurch in die entgegengesetzte Richtung beschleunigt. Der Unterschied zur Rakete ist, dass die Luft nicht kontrolliert durch Düsen ausströmt. Deshalb ist der Flug des Ballons unkontrolliert.

Die Luft-Wasser-Rakete
Die Rakete besteht aus einer alten, großen Plastikflasche (eineinhalb bis zwei Liter). Zur Startvorbereitung benötigst du lediglich einen Korken, der genau in die Öffnung passt, eine Fahrradpumpe, ein Ventil mit langer Spitze zum Aufpumpen eines Fußballs oder eines Volleyballs, eine Schere, einen festen Karton und Klebeband. Damit kann der Countdown beginnen:

Five: Bohre mit der Schere ein Loch in den Flaschenkorken für das Ventil. Stecke das Ventil mit der Spitze voraus hinein, und dichte es notfalls mit Knetmasse oder Kaugummi ab.

Four: Zeichne drei Flügel auf einen festen Karton, und schneide sie aus. Befestige sie mit Klebeband am oberen Ende der Flasche.

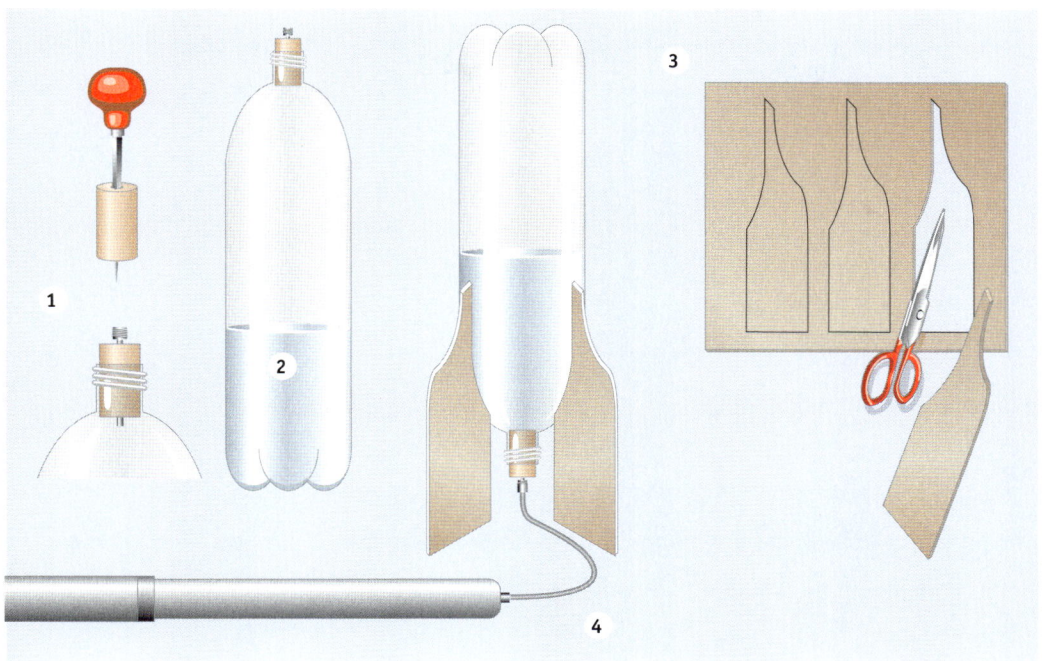

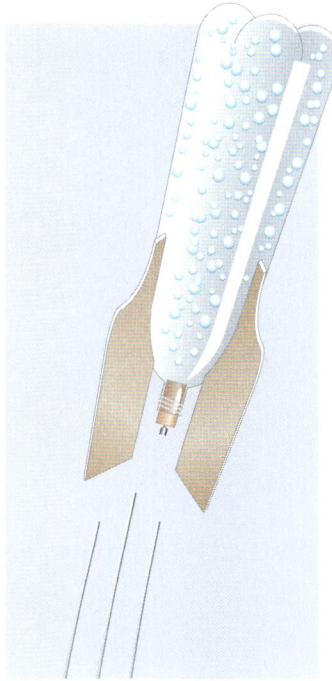

Three: *Fülle die Flasche zu einem Viertel mit Wasser auf. Stecke den Korken mit dem Ventil fest in die Öffnung, und verbinde es über den Schlauch mit der Luftpumpe.*

Two: *Stelle die Rakete im Freien in einer sicheren Umgebung auf – zum Beispiel auf einem freien Feld, weit entfernt von Menschen, Häusern und elektrischen Leitungen. Stelle die Flasche auf den Kopf, so dass sie auf ihren Flügeln steht.*

One: *Pumpe vorsichtig Luft in die Rakete. Bleibe auf jeden Fall in ausreichendem Sicherheitsabstand von der Rakete! Der Luftdruck der Rakete nimmt mehr und mehr zu, bis schließlich der Korken herausgepresst wird.*

… Zero: *Lift off! Die Rakete schießt in den Himmel, angetrieben durch den Rückstoß der Luft und des Wassers.*
Houston, bitte übernehmen Sie …!

Das Wasser ist wichtig für den Antrieb, da es eine viel größere Masse besitzt als die Luft, die ansonsten durch den hohen Druck ausgestoßen würde. Dadurch ist der Impuls nach hinten viel größer – und dadurch auch die Reaktionskraft auf die Rakete.

Die Eroberung des Weltalls

Der Siegeszug der bemannten Raumfahrt wurde durch die Sowjetunion eingeleitet: Sie schickte den ersten Satelliten (Sputnik 1, 4. 10. 1957) und den ersten Menschen ins Weltall (Jury Gagarin, Wostok 1, 12. 4. 1961). Damit war das Rennen um das Weltall eröffnet. So landete schon bald der erste Mensch auf dem Mond, diesmal ein Amerikaner (Neil Armstrong, Apollo 11, 21. 7. 1969). Die Einführung des Raumgleiters Space Shuttle, Erstflug »Columbia«, 12. 4. 1981) machte den Aufbau der ersten internationalen Raumstation »ISS« unter der Zusammenarbeit von 16 Nationen – darunter USA und Russland – technisch möglich. Ein weiterer Eckpunkt: Im Mai 2001 war der erste »Weltraumtourist« Dennis Tito (USA, 60) im All, Kostenpunkt ca. 22,5 Mio. €. Und das nächste Ziel ist die Landung von Menschen auf dem Mars!

Mit der Rakete fliegen Jan und der Großvater hinaus aus dem Traum vom Fliegen und aus diesem Kapitel. Aus großer Höhe blicken sie noch einmal hinunter auf die Erde, den blauen Planeten. Blau deshalb, weil ca. 71 Prozent der Erdoberfläche aus Wasser bestehen. Der Flug führt an eine Stelle, die am weitesten von jedem Festland entfernt ist und inmitten des Pazifischen Ozeans liegt: Hawaii.

Die selbst gebastelte Rakete wird durch den Rückstoß der Luft und des Wassers angetrieben.

Gefährliches Selbstexperiment

Eine interessante Geschichte stammt aus der Zeit um 1500: Der Chinese Wan Hu war vielleicht der erste Astronaut der Menschheit. Er band um einen Stuhl einige Drachen zusammen und befestigte viele Militärraketen an ihm. Nach dem Anzünden gab es eine riesige Explosion. Die Rauchschwaden verschwanden – und mit ihnen auch Wan Hu mitsamt seinem Stuhl. Laut dieser Geschichte ward er nie mehr gesehen …

Ein Tag am Strand von Hawaii

U-BOOTE,
WASSERFÄLLE,
RIESENWELLEN.
EXPERIMENTE
MIT WASSER
UND ANDEREN
FLÜSSIGKEITEN

Besonderheiten beim Kaffeetrinken und Zähneputzen

»Jan, wieso starrst du so nach oben? Du siehst aus, als wärst du gerade vom Himmel gefallen!«, sagt der Großvater.

»Wir sind doch gerade mit einer Rakete hier in Hawaii gelandet, oder nicht?«, erwidert Jan, noch ziemlich benommen von der Landung. Der Großvater schaut ihn fragend an und hofft, dass der Zirkusbesuch gestern nicht zu viel des Guten für Jan war. »Noch nicht einmal eine fliegende Untertasse habe ich landen gesehen«, antwortet der Großvater. Er ist im Augenblick viel zu wach für Jan. Eine fliegende Untertasse hätte tatsächlich gut in seinen Traum vom Fliegen gepasst, denkt er sich und schließt noch einmal die Augen. Ganz weit im Nebel sieht er tatsächlich eine fliegende Untertasse. Bei genauerem Hinsehen ist es aber eher die Untertasse zur Tasse Kaffee, die ihm der Großvater gerade vor die Augen hält.

»Fliegende Untertassen gibt es nicht, zumindest bisher noch nicht«, sagt der Großvater. »Vielleicht stellt sich ja irgendwann einmal heraus, dass unser ganzes Leben nur der Traum eines kleinen Jungen ist, dem es nur nicht gereicht hat, von fliegenden Untertassen zu träumen. Auf jeden Fall schadet es nichts, dass du und die ganze Menschheit aufwachst, bevor die Marsmenschen kommen.« Jan schaut dem Großvater zu, wie er seinen Kaffee mit einem Löffel umrührt und etwas kalte Milch in seine Tasse gießt. Es geschieht etwas Bemerkenswertes: Wie von selbst entwickelt sich ein Wirbel mit einer Vertiefung in der Mitte der Tasse! Das kann man auch leicht zu Hause nachmachen.

Der Wirbel in der Kaffeetasse

Rühre mit einem Löffel langsam in einer heißen Tasse Kaffee. Dabei entsteht zunächst in der Mitte ein kleiner Wirbel. Nimm den Löffel aus der Tasse und warte, bis er sich aufgelöst hat und der Kaffee sich von selbst

und gleichmäßig weiterdreht. Gieße langsam etwas kalte Dosenmilch in die Mitte der Tasse. Was passiert? Es bildet sich ein Wirbel mit einer deutlichen Vertiefung im Zentrum!

Die kalte Milch ist schwerer als der heiße Kaffee – deshalb sackt sie nach unten durch, wo sie sich seitlich ausdehnt, nachdem sie etwas aufgewärmt ist, und bewirkt einen Sog in der Mitte.

Der Grund ist, dass die kalte Milch schwerer ist als der heiße Kaffee. Sie versucht deshalb schnellstmöglich nach unten zu gelangen. Weiter unten beginnt die inzwischen etwas aufgewärmte Milch, sich seitlich auszudehnen. Dadurch weitet sich der Strudel unten aus und bewirkt einen Sog auf die Mitte der Kaffeeoberfläche. Wird heiße anstatt kalter Milch verwendet, klappt der Trick nicht mehr. Die Milch ist dann leichter als der Kaffee und drängt nicht mehr in dem Ausmaß nach unten. Dadurch lässt der Wirbel bald nach.

Zaubertricks mit Wasser

Der Großvater ist bester Dinge und freut sich auf einen Spaziergang mit Jan am Strand. Dort sollte ja nicht zu viel Physik auf den Jungen zukommen, so dass er nach dem Zirkus einmal richtig entspannen kann. Jan ist durch den Kaffee inzwischen aufgewacht und schaut dem Großvater beim Zähneputzen zu. »Ich kenne auch einen Trick – und zwar mit deinem gefüllten Zahnputzbecher und einem Korken«, sagt Jan. »Ich lege jetzt den Korken

Ein in die Mitte gesetzter Korken schwimmt immer an den Rand des Bechers – es sei denn, man füllt etwas Wasser nach.

in den gefüllten Becher, und er wird wie von selbst an den Rand schwimmen!« Jan setzt den Korken in die Mitte des Bechers, und der

Wundersamer Korken

Wenn man versucht, den Korken im Wasser vom Rand in die Mitte zu blasen, passiert überhaupt nichts. Erst wenn man etwas Wasser nachgießt, wandert der Korken in die Mitte.

Großvater beobachtet erstaunt, wie sich dieser schnurstracks auf den Rand zubewegt und dort schließlich hängen bleibt.

»Ich wette mit dir, dass du im Gegensatz zu mir den Korken nicht in die Mitte des Bechers zurückbringen und ihn dort halten kannst, ohne ihn zu berühren!«

Der Großvater versucht sofort, den Korken in die Mitte zu blasen. Aber sobald er zu blasen aufhört, bewegt sich der Korken – wie von einer Geisterhand bewegt – wieder an den Becherrand.

»Achtung, jetzt kommt mein Trick!«, sagt Jan mit wichtiger Stimme. Kein Wunder nach all den Vorführungen des Zirkusdirektors von gestern! Er gießt vorsichtig Wasser in den Becher – so lange, bis nichts mehr hineinzugehen scheint. Nach einigen weiteren Tropfen biegt sich die Oberfläche des Wassers sogar nach oben über das Glas hinaus. Und plötzlich löst sich der Korken ganz von selbst vom Rand des Zahnputzbechers und setzt sich in Bewegung. Er landet genau in der Mitte des Bechers, der Großvater klatscht begeistert Beifall.

»Den Trick kannte ich tatsächlich noch nicht, obwohl ich von meiner Zeit als Matrose schon viele ähnliche Tricks mit dem Wasser gesehen habe. Vieles kann man ganz einfach im Badezimmer nachmachen. Zum Beispiel kann ich meine Rasierklinge auf dem Wasser schwimmen lassen, obwohl sie viel schwerer ist als Wasser.«

Die Oberflächenspannung des Wassers

Die schwimmende Rasierklinge

Fülle ein Waschbecken oder eine Schüssel mit Wasser, und lege eine Rasierklinge auf ein kleines Stückchen Löschpapier. Setze beides mit einer Gabel vorsichtig auf die Wasseroberfläche. Was passiert nun?

Auch wenn das Blatt längst abgesunken ist, geht die Rasierklinge nicht unter, obwohl sie schwerer ist als das Wasser.

Nach einiger Zeit ist das Papier mit Wasser vollgesogen und sinkt nach unten. Die Rasierklinge bleibt dagegen weiter auf der Wasseroberfläche liegen, obwohl sie viel schwerer ist als das Wasser! Dieser Trick klappt auch mit allen möglichen anderen Metallgegenständen, zum Beispiel mit einer Büroklammer, einer Nadel oder einem leichten Metallknopf. Das Wasser bildet an seiner Oberfläche eine feste Haut, die die Gegenstände bis zu einem bestimmten Gewicht trägt. Die Haut entsteht durch die Anziehung der Wassermoleküle untereinander. Diese Anziehung lässt sich außer Kraft setzen, indem man einen kleinen Tupfer Seife oder Spülmittel auf das Wasser bringt. Die Haut wird dadurch zerstört, und die Metallteilchen sinken nach unten.

Läuft das Glas über?

Fülle ein Trinkglas randvoll mit Leitungswasser, so dass es gerade noch nicht überläuft! Wetten, dass du trotzdem noch mindestens fünf Geldstücke in dem Glas unterbringst, ohne dass Wasser überläuft? Tauche dazu eine Münze nach der anderen vorsichtig in das Glas ein. Der Wasserspiegel erhöht sich immer weiter und biegt sich beträchtlich über den eigentlichen Glasrand. Dieser Wasserberg wird wieder durch die Anziehung der Wassermoleküle untereinander zusammengehalten: die so genannte Oberflächenspannung. Schließlich ist die Biegung des Wasserbergs zu stark ... und das Wasser läuft über. Die Oberflächenspannung ist nicht mehr stark genug, um den Wasserberg zusammenzuhalten. Das lässt sich auch eher erreichen, indem man etwas Seife auf die Wasseroberfläche bringt: Sofort läuft das Wasser über!

Ein Fadentrick

Für diese beeindruckende Vorführung benötigst du wieder eine Schale mit Wasser und einen Bindfaden oder Zahnseide.

Verknote den Faden zu einer Schlinge, und lege ihn vorsichtig auf die Wasseroberfläche! Er wird dort in einer gekringelten Form auf der Wasseroberfläche liegen. Bringe mit einer Nadel oder einem Streichholz etwas Seife in die Mitte der Schlinge! Sofort wird die Schlinge kreisrund! Der Grund dafür ist die Aufhebung der Oberflächenspannung des Wassers.

Die Wassermoleküle halten nach Zugabe der Seife nicht mehr zusammen und driften schnell auseinander. Dabei stoßen sie an die Schlinge und dehnen sie in alle Richtungen gleichmäßig aus, so dass ein perfekter Kreis entsteht.

Die magischen Streichhölzer

Fülle zunächst wieder einen flachen runden Behälter mit sauberem Wasser. Lege dann einige Streichhölzer im Kreis auf die Wasseroberfläche, so dass alle mit der Spitze in die Mitte zeigen. Lege nun ein Stück Würfelzucker vorsichtig in die Mitte des Behälters.

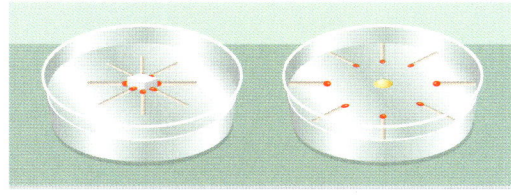

Was geschieht mit den Streichhölzern? Alle Streichhölzer bewegen sich auf den Würfelzucker zu! Der Trick dieser Vorführung ist, dass der Würfelzucker etwas Wasser aufnimmt. Dadurch entsteht ein Sog auf den Würfel zu, der auch die Streichhölzer mit sich zieht. Die Streichhölzer kann man wieder auseinander bewegen, wenn man danach etwas Seife in die Mitte bringt. Am überraschendsten wirkt das Streichholzkunststück, wenn du vorher heimlich etwas Seife auf die eine Hälfte des Zuckers gebracht hast. So kannst du mit ein und demselben Zucker die Streichhölzer anziehen und abstoßen – je nachdem, in welcher Richtung du den Zucker eintauchst.

Mit etwas Geschick kannst du den Zucker ungesehen von deinen Zuschauern umdrehen – und der Trick ist perfekt.

Ein Raketenantrieb mit Seife

Aus den Erkenntnissen der bisherigen Vorführungen kannst du einen einfachen Raketenantrieb bauen. Spalte dazu ein Streichholz mit einem Taschenmesser oder einer Schere vorsichtig an seinem hinteren Ende. Drücke als Treibstoff etwas Seife in den entstandenen Schlitz – und die Wasserrakete ist startklar.

Wenn man ein Hölzchen vorsichtig spaltet und etwas Seife in den Schlitz drückt, bewegt es sich im Wasser vorwärts. Noch besser funktioniert der Antrieb mit etwas Spülmittel.

Sobald du das Streichholz auf eine Wasseroberfläche legst, bewegt es sich eine ganze Weile schnell vorwärts. Noch besser ist der Antrieb mit etwas Spülmittel. In der Badewanne, einem See oder einem Bach mit etwas größeren, raketenförmig zugesägten Hölzern lassen sich so phantastische Wettrennen veranstalten. Der Antrieb der Rennboote geschieht genauso wie bei einer Rakete. Die Seife oder das Spülmittel löst sich innerhalb des Schlitzes im Wasser auf und zerstört so dessen Oberflächenspannung und Zusammenhalt. Deshalb versuchen die Wassermoleküle auseinander zu driften. Der einzige Ausweg ist der offene Keil nach hinten. Wie bei der Rakete erfährt das Hölzchen eine entgegengesetzte Reaktionskraft und wird nach vorne geschleudert.

Physik beim Strandspaziergang

Jan und der Großvater haben ihre Morgentoilette inzwischen trotz all der Vorführungen im Badezimmer beendet und spazieren gemütlich zusammen an den Strand. Direkt an der

Promenade sehen sie einen roten Ferrari stehen. Auf dem Beifahrersitz schläft eine Katze, der es noch viel zu früh am Morgen ist. Und tatsächlich: Unser allwissender Zirkusdirektor steht am Strand und schaut versonnen auf das fast unbewegte Meer.

Wasser hat Balken

»Hallo, guten Morgen, das ist aber eine Überraschung! Wir haben heute unseren freien Tag«, sagt er zu den beiden. Er wirft ein paar kleine Steine ins Meer. Es gelingt ihm tatsächlich, sie auf der Wasseroberfläche mehrmals aufspringen zu lassen. Sobald die Steine die Wasseroberfläche berühren, springen sie – als ob das Wasser ein fester Untergrund wäre – wieder nach oben … immer wieder.

Manchmal kommen seine Steine auf mehr als fünf Sprünge.
»Wie funktioniert das denn?«, will Jan wissen. »Der Trick funktioniert nur deshalb, weil ich eine Katze und keinen Hund als Haustier habe. Ein Hund wäre schon längst im Wasser und würde versuchen, die Steine aufzufangen. Falls du den Grund für das Aufspringen der Steine meinst, so kann ich nur sagen, dass man etwas Training dazu braucht – und einen schönen flachen, runden Stein. Am besten ist es, ihn ziemlich flach mit hoher Geschwindigkeit zu werfen. Das Wasser besteht – wie die Luft und Gase – aus vielen kleinen Teilchen: den Molekülen. Im Unterschied zu Gasmolekülen ziehen sie sich gegenseitig etwas an. Diese Anziehungskraft zeigt sich in der Oberflächenspannung des Wassers. Berührt ein Stein in hoher Geschwindigkeit für einen kurzen Augenblick die Oberfläche des Wassers,

Die Moleküle des Wassers

Das Wasser besteht aus vielen kleinen Molekülen, die sich im Unterschied zu Gasmolekülen leicht anziehen. Dies zeigt sich in der Oberflächenspannung des Wassers.

so nimmt er die Wasseroberfläche geradezu als Wand wahr. Bis er sich genügend Platz zwischen den Wassermolekülen nach unten verschafft hätte, ist er schon längst wieder nach oben abgeprallt.«
»Aha. Deshalb sagt man wohl auch: Wasser hat Balken«, vermutet der Großvater. Wegen der paar Jahre, die er als junger Mann mal zur See gefahren ist, hält er sich für einen Experten in Sachen Wasser. Er fährt deshalb fort: »Diese Balken merkt man immer, wenn man mit hoher Geschwindigkeit auf das Wasser auftrifft. Schon bei einem missglückten Sprung wie einem ›Bauchplatscher‹ vom Ein-Meter-Sprungbrett spürt man schmerzhaft die Oberflächenspannung des Wassers. Um sauber und schmerzfrei einzutauchen, ist es wichtig, dem Wasser möglichst wenig Widerstandsfläche zu bieten, am besten in der Form eines Keils. Je keilförmiger man die Wasseroberfläche berührt, umso mehr Druck ist auf dieser einen Stelle. Dadurch wird die Oberflächenspannung am besten überwunden.«

Wie funktioniert Wasserskifahren?

Jan hat es inzwischen aufgegeben, Steine ins Wasser zu werfen. Dafür hat er ein ganz besonderes Tier entdeckt: einen Wasserläufer. Was für den Turmspringer gefährlich ist, ist für dieses Insekt überlebenswichtig. Durch die Oberflächenspannung des Wassers ist es in der Lage, mit seinen Beinen auf der Wasseroberfläche zu laufen und nach Nahrung zu suchen. Um das Thema Oberflächenspannung abzurunden, fährt wie durch einen Zufall gerade ein Wasserskifahrer vorbei, der von einem Boot gezogen wird.

Wasserdampf und Eis

Erhitzt man das flüssige Wasser, so beginnt es zu sieden und zu Wasserdampf zu werden; Wasserdampf ist ein Gas. Kühlt man das Wasser dagegen ab, zum Beispiel in einem Kühlschrank, so wird es zu Eis, einem festen Körper. Diese verschiedenen Zustände – der feste, der flüssige und der gasförmige Zustand – heißen auch »Aggregatzustände eines Stoffes«. Wie wir wissen, besteht jeder Stoff aus einer riesigen Menge winziger kleiner Teilchen: den Molekülen. Diese Moleküle haben bei jedem Stoff eine ganz bestimmte chemische Zusammensetzung. So bestehen Wassermoleküle aus zwei Teilen Wasserstoff (chemisches Kürzel: H) und einem Teil Sauerstoff (Kürzel O) – deshalb auch die Bezeichnung H_2O. Zuerst hat das der französische Chemiker Antoine Laurent Lavoisier herausgefunden.

»Schau mal, der fährt auch auf den Balken des Wassers!«, ruft Jan so laut, dass sogar die Katze kurz aufschaut. Ansonsten ist ihr die ganze Aufregung über das Wasser aber egal. Sie hasst nämlich Wasser – außer in einem Goldfischglas mit Fischen darin, die langsam genug sind, dass man sie fangen kann. Deshalb schläft sie weiter und verpasst so die folgende Erklärung für die Oberflächenspannung des Wassers und alles Weitere.

Verschiedene Aggregatzustände

Je nach Aggregatzustand ziehen sich Wassermoleküle unterschiedlich stark gegenseitig an und besitzen eine unterschiedliche Dichte. In festem Zustand ist die Anziehungskraft zwischen den Molekülen so stark, dass sie sich in festen Gitterstrukturen anordnen. Bei einer Flüssigkeit besitzen die einzelnen Moleküle eine höhere Bewegungsenergie und bewegen sich deshalb unabhängiger voneinander. Trotzdem ziehen sich die Moleküle noch stark untereinander an. Deshalb hält Wasser gut zusammen und besitzt eine starke Oberflächenspannung.
In Gasen sind die Moleküle so energiereich und schnell, dass eine Wechselwirkung mit anderen Molekülen immer geringer wird. Sie bewegen sich dann so gut wie unabhängig voneinander.

Die Molekülanziehung

Auf der Ebene der Moleküle lässt sich das Verhalten von Stoffen in verschiedenen Aggregatzuständen gut verstehen. In festen Körpern herrscht eine große Anziehung unter den Molekülen im Gitter. Deshalb sind sie elastisch und bestrebt, ihre Form und ihr Volumen auch unter Einwirkung äußerer Kräfte so gut wie möglich zu erhalten. Gase dagegen sind das andere Extrem. Ihre Moleküle besitzen so gut wie keinen Zusammenhalt untereinander. Deshalb haben sie auch keinerlei Bestreben, ihre ursprüngliche Form zu erhalten; sie füllen deshalb jeden vorhandenen Platz gleichmäßig aus. Gase sind bestrebt, sich so weit und gleichmäßig wie nur möglich auszudehnen. Auch ihr Volumen ist unter der Einwirkung äußerer Kräfte keine Konstante: Je stärker der Außendruck ist, desto stärker schrumpft das Gasvolumen. Diesem Druck steht ein Gegendruck des Gases entgegen, der aus dessen Ausdehnungsstreben entsteht.

Die Inkompressibilität

Flüssigkeiten schließlich liegen genau zwischen diesen beiden Extremen: Sie sind in der Lage, sehr einfach ihre Form zu verändern, aber keinesfalls ihr Volumen! Diese Eigenschaft, das Volumen zu erhalten, wird als Inkompressibilität von Flüssigkeiten bezeichnet. Durch die unterschiedlichen Wechselwirkungen der Moleküle in den verschiedenen Aggregatzuständen lässt sich auch die Dichte und damit das Gewicht der Zustände erklären. Normalerweise ist der feste Zustand der dichteste und schwerste, gefolgt vom flüssigen und mit weitem Abstand vom gasförmigen Zustand. Eine lebenswichtige Ausnahme von dieser Regel ist das Wasser.

Aggregatzustände im Stadion

»Die Gegebenheiten der Moleküle in den verschiedenen Aggregatzuständen lässt sich mit den Gegebenheiten in einem Fußballstadion vergleichen«, sagt der Direktor.

Wer war Lavoisier?

Der französische Chemiker Antoine Lavoisier (1743–1794) wurde am 26.8.1743 in Paris geboren und war sehr vielseitig begabt. Unter anderem absolvierte er ein Geologiestudium, veröffentlichte Arbeiten über Landwirtschaft oder die Verbesserung der Straßenbeleuchtung in Paris und war als Ökonom und Staatsbeamter beschäftigt.
Er entdeckte die bedeutende Rolle des Sauerstoffs bei der Verbrennung und Atmung und der Zusammensetzung des Wassers. Er widerlegte zudem das damals vorherrschende Weltbild der Chemie, das auf einem mysteriösen Stoff namens Phlogiston beruhte, der bei jeder Art von Verbrennung beteiligt sein sollte.
In den Wirren der Französischen Revolution endete er schließlich ungerechtfertigterweise auf der Guillotine. Seine Verhandlung dauerte weniger als einen Tag. Zum Tode verurteilt, bat er um Aufschub, um seine wissenschaftlichen Arbeiten beenden zu können. Das wurde ihm vom Richter aber verwehrt mit den bekannten Worten: »Die Republik braucht keine Wissenschaftler.«

Individuelle Anziehungskraft

Die individuelle Anziehungskraft der Moleküle untereinander zusammen mit ihrer großen Beweglichkeit bewirkt die ganz besonderen Eigenschaften von Flüssigkeiten.

Verknoteter Wasserstrahl

Wenn man mit einem Finger seitlich über die fünf Löcher des Behälters fährt (Bild rechts), vereinigen sich die Wasserstrahlen auf wundersame Weise. Der Grund hierfür liegt in der gegenseitigen Anziehungskraft der Wassermoleküle.

»Während des Spiels sind alle Zuschauer normalerweise auf ihren vorgeschriebenen Steh- oder Sitzplätzen und bewegen sich nur wenig, höchstens einmal für eine La-Ola-Welle oder um sich eine Bratwurst zu kaufen. Die Zuschauer verhalten sich dabei genauso wie die einzelnen Moleküle in einem festen Körper. Sobald das Spiel vorüber ist, versucht jeder so schnell wie möglich aus dem Stadion zu kommen. Die feste Ordnung während des Spiels kommt dann urplötzlich in starke Bewegung. Die Zuschauermassen fließen durch die Ausgänge zu den Autos und den öffentlichen Verkehrsmitteln, immer wieder behindert durch schmale Wege oder Ausgangstore.«

»Das ist dann wie bei einer Flüssigkeit«, vermutet Jan.

»Ja, genauso verhält sich auch eine Flüssigkeit. Das Gitter des festen Körpers ist aufgebrochen, und die einzelnen Moleküle sind nun in Bewegung, jedes für sich. Trotzdem ziehen sie sich noch untereinander an. Genauso wie die einzelnen Zuschauer des Fußballspiels, die vielleicht gerade miteinander über den schlechten Schiedsrichter schimpfen.«

»Und wie sieht der gasförmige Zustand aus?«, will der Großvater wissen.

»Der Gaszustand ist erreicht, sobald die Zuschauer das Stadion verlassen haben und in ihren Autos sitzen. Dann bewegen sie sich mit hoher Geschwindigkeit auseinander und mischen sich schnell wieder unter alle anderen Nichtfußballer. Das ist genauso wie bei den Gasen: Die Moleküle sind so energiereich, dass sie sehr schnell und so gut wie unabhängig voneinander im zur Verfügung stehenden Raum hin und her fliegen. Bei diesen hohen Geschwindigkeiten ist eine Wechselwirkung zwischen den einzelnen Molekülen sehr selten. Deshalb ziehen sich die einzelnen Gasmoleküle so gut wie nicht an, und Gase haben eine sehr geringe Dichte. Genauso wie die Menschen in den Autos nach dem Fußballspiel. Denn Kontakt und Kommunikation zu den anderen Autofahrern ist dann fast nicht mehr möglich. Die einzigen verbleibenden Wechselwirkungen sind noch gelegentliche Signale und Handzeichen der verschiedensten Art und – noch drastischer und noch viel unerfreulicher – gelegentliche Unfälle.«

Wasser ist nicht gern allein

»Warum ist eigentlich Wasser nie allein, zumindest nicht lange?«, fragt Jan, als er auf den großen Ozean vor sich schaut.

»Lässt man zum Beispiel frisch gekochte Spaghetti eine Weile im Topf stehen, dann sammelt sich das Wasser von selbst am Boden.«

»Genau«, sagt der Großvater. »Oder wie in der Sauna: Viele kleine Schweißtropfen vereinigen sich schnell zu einem Schweißrinnsal.«

»Das ist doch ganz einfach«, sagt der Direktor. »Wasser zieht sich eben an. Das ist genauso wie mit dem Geld. Wer kein Geld hat« – dabei vermeidet er geflissentlich, in Richtung seines Ferraris zu blicken –, »der kommt nur sehr schwer an neues Geld und muss viel dafür arbeiten. Wer aber viel Geld hat, der kann sein Geld für sich arbeiten lassen. Es vermehrt sich fast von alleine. Genauso ist es mit dem Wasser: Die kleine Pfütze trocknet aus, und der Tropfen rinnt in einen Fluss, und alles fließt in einen großen See oder ins Meer. Dazu kenne ich einige gute Vorführungen auch für zu Hause«, sagt er.

Wasser ist nicht gern allein – der Beweis

1. Schritt

Stich mit einem Nagel fünf Löcher seitlich knapp über dem Rand in eine alte Plastikflasche oder Konservendose. Die Löcher sollten etwa einen halben Zentimeter voneinander entfernt sein.

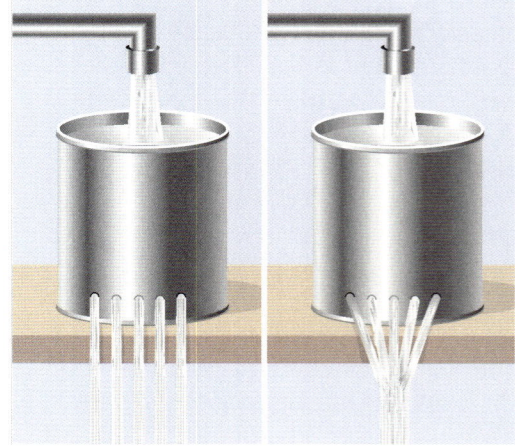

2. Schritt

Stelle dann den Behälter unter einen Wasserhahn, und öffne den Hahn. Das Wasser fließt zunächst schön gleichmäßig durch die fünf Löcher ab, aus jedem Loch kommt ein Strahl in eine andere Richtung. Diese fünf Strahlen lassen sich sehr einfach zu einem einzigen großen Strahl verbinden, ohne die Dose überhaupt zu berühren.

3. Schritt

Dieser wunderbare Trick klappt, indem du die fünf Strahlen mit deinen Fingern verbindest. Lässt du nun wieder los, so sind die fünf Strahlen miteinander zu einem großen Strahl »verknotet«, als ob sie zusammenkleben würden. Die Strahlen werden also durch die Anziehungskraft der Wassermoleküle aus ihrer ursprünglichen Richtung abgelenkt. Der gleiche Trick klappt auch, wenn du mit einem Finger seitlich über die Löcher fährst. Wieder vereinigen sich die Strahlen wundersamerweise. Den Wasserknoten kannst du wieder rückgängig machen, indem du mit dem Finger von oben nach unten über die Löcher bürstest.

Wasser zieht eine Postkarte an

Flüssigkeiten ziehen auch andere Stoffe an. Zum Beispiel zieht Wasser eine Postkarte an. Für diese Vorführung benötigst du nur ein Trinkglas, das du bis zum Rand mit Wasser auffüllst, und eine Postkarte.
Lege die Karte mit der Bildseite auf die Wasseroberfläche. Versuche nun, die Postkarte anzuheben. Es ist gar nicht so einfach. Das kannst du sehr schön vorführen, indem du mehr und mehr Münzen auf eine überstehende Seite der Postkarte legst. Es zeigt sich, dass du eine beachtliche Anzahl von Münzen brauchst, bis die Karte schließlich herunterkippt. Der Grund dafür ist die Anziehungskraft zwischen den Molekülen des Wassers und der Pappe. Diese Kraft wird Adhäsion genannt. Wiederhole den Versuch noch einmal, und tropfe nach einigen Münzen etwas Spülmittel in das Wasser! Sofort löst sich die Karte und fällt hinunter. Das Spülmittel verringert die Adhäsion deutlich.

Regen im Zelt

Meistens regnet es ja genau dann, wenn man gerade mit dem Zelt unterwegs ist. Die Zelt-wand besteht normalerweise aus einem Synthetikgewebe, das genügend Löcher hat, um Luft durchzulassen. Warum kommt dann aber der Regen nicht durch die Zeltwand?

Die Erklärung: Die Oberflächenspannung des Wassers ist so groß, dass der Regen im Normalfall nicht durch das Zeltdach tropft. Erst wenn man die Finger einige Zeit an die Zeltwand presst, entsteht ein Durchbruch – denn die Oberflächenspannung ist jetzt überwunden. Das Zelt bleibt an dieser Stelle ab jetzt undicht – so lange, bis es wieder getrocknet ist. Aus dem gleichen Grund hält sich Wasser bei vorsichtigem Eingießen in einem Sieb und kommt auch nicht durch einen Regenschirm.

Wasser ist überall

Während der Vorführung des Direktors denkt der Großvater an seine ganzen Freunde, die jetzt zu Hause vermutlich *Schnee* schippen müssen, denn es ist gerade Winter. Hier in Hawaii herrscht statt dessen eine hohe *Luftfeuchtigkeit*. Das *Meer* ist sogar noch im *Nebel*, und die Brille des Großvaters ist ganz beschlagen mit *Wasserdampf*. Immerhin sind keine *Wolken* am Himmel, und es wird wohl nicht *regnen* heute. Zur Erfrischung trinken die drei erst einmal etwas von seinem mitgebrachten *Wasser* mit *Eiswürfeln* und denken daran, wie wichtig *Wasser* für das Leben und unsere Erde ist. Es ist so wichtig, dass man in fünf Sätzen problemlos zehnmal Wörter in Bezug auf Wasser einfügen kann, ohne dass das groß auffällt – außer, sie werden hervorgehoben. Je wichtiger etwas für unser Leben ist, umso mehr verschiedene Wörter gibt es natürlich dafür. So haben Eskimos beispielsweise die verschiedensten Wörter für Schnee, die Engländer die verschiedensten Wörter für Regen und Nebel.

Die Seifenblasenwand

Die Haut von Seifenblasen entsteht ebenfalls durch die starke Anziehungskraft der Flüssigkeitsmoleküle. Seifenblasen kann man aus einem Gemisch von Wasser und Spülmittel im Verhältnis 3:1 herstellen. Taucht man eine Drahtschlinge kurz in dieses Seifenlaugen-

Verschiedene Formen des Wassers

Wasser gibt es in den verschiedensten physikalischen Formen: als Schnee, als Nebel, als Wasserdampf, als Eis, als Hagel und als Regen.

Was ist Adhäsion?

Unter Adhäsion (von lat. »adhaerere« = anhaften) versteht der Physiker das Aneinanderhaften von Stoffen infolge molekularer Anziehungskräfte.

Spezialmischung

Die Flüssigkeitsmischung, die wir für dieses Experiment benötigen, besteht aus drei Gläsern Wasser, einem Glas Spülmittel und drei Gläsern Glyzerin.

gemisch und bläst hinein, lösen sich die Seifenblasen in schönen Kugeln von dem Draht. Eine beeindruckendere Demonstration ist allerdings die Seifenblasenwand.

Dafür benötigst du einen langen, flachen Wasserbehälter und einen alten Besenstiel, der darin Platz haben muss; außerdem Reißnägel, eine Schnur, zwei Gewichte, etwas Glyzerin und eine Handbohrmaschine.

1. Schritt

Bohre zunächst vorsichtig je zwei Löcher durch die Enden des Besenstiels. Ziehe durch die beiden Löcher jeweils eine etwa zwei Meter lange Schnur, und verknote sie am Ende.

2. Schritt

Befestige die beiden Enden an einem Türrahmen oder an der Stange des Duschvorhangs. Hänge zwei Gewichte, zum Beispiel zwei Steine, an die Enden der Schnüre – und zwar so, dass die Gewichte gerade noch auf dem Boden liegen. Dadurch werden die Schnüre straff gespannt.

3. Schritt

Befestige oben am Besenstiel mit Reißnägeln zwei kleine Schnurschlingen als Griffe. Lege die Gewichte in den Behälter.

Wo bekommt man Glyzerin?

Glyzerin ist für wenig Geld in der Apotheke erhältlich. Man darf es allerdings nicht in die Augen bringen!

4. Schritt

Rühre nun eine Spezialseifenmischung an mit dem Mischungsverhältnis: drei Gläser Wasser, ein Glas Spülmittel und drei Gläser Glyzerin.

5. Schritt

Tauche den Besenstiel in das Becken, und ziehe ihn behutsam an den beiden Griffen nach oben. Aus dem Behälter wächst tatsächlich eine Seifenwand heraus. Sie wird immer größer, je höher du den Besenstiel hochziehst!

Der Wasserkreislauf

Sobald äußere Kräfte wirken, wird Wasser bewegt. Diese äußeren Kräfte können der Wind, die Gezeiten oder die Wärme der Sonne sein. Das Wasser ist ständig in Bewegung und trotzdem immer im Gleichgewicht, hervorgegangen aus Jahrmillionen der Erdentwicklung. Während große Teile des Wassers im Ozean

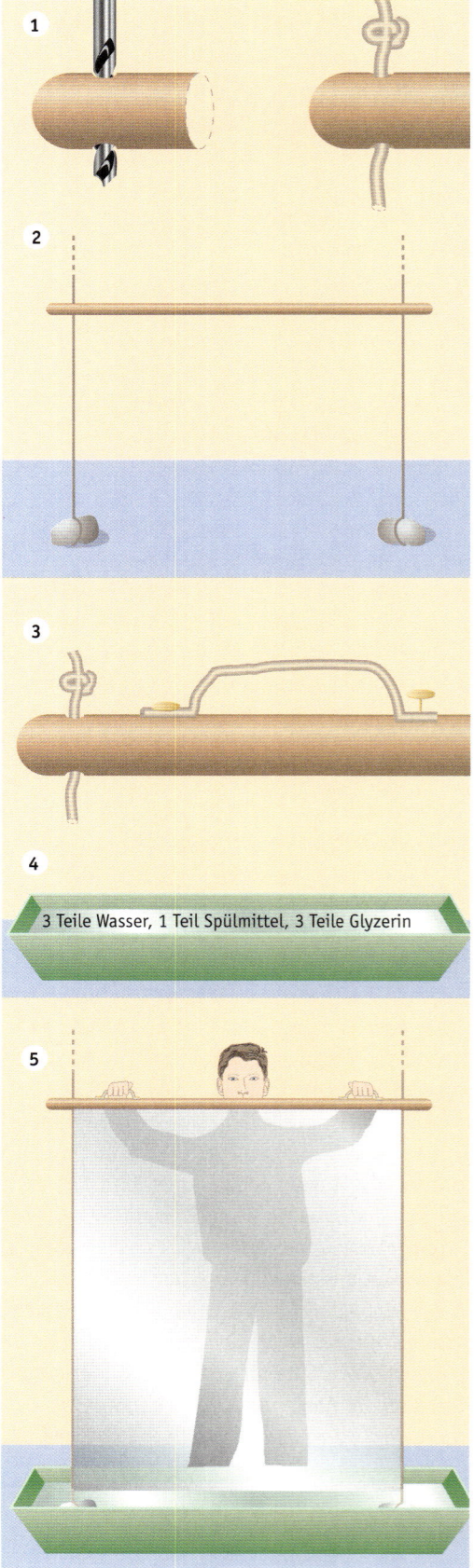

3 Teile Wasser, 1 Teil Spülmittel, 3 Teile Glyzerin

Am Anfang war das Wasser

Wasser ist das am häufigsten vorkommende Element auf der Erde. Es ist einfach überall: in Flüssen, Wasserfällen, Seen, Gletschern, Eisbergen und natürlich den Ozeanen. Auch in Wolken, in Hagel, Eis und Schnee, in allen unseren Getränken und Nahrungsmitteln. 71 Prozent der Erdoberfläche sind mit Wasser bedeckt, wegen dessen wunderbarer Farbe – vom Weltall aus gesehen – die Erde ja auch blauer Planet genannt wird. Das Leben entsprang aus dem Wasser, und sogar wir selbst bestehen zu großen Teilen aus Wasser. Die Gesamtmenge an Wasser auf der Erde ist gigantisch: etwa 1,4 Milliarden Kubikkilometer. Wenn die Erde eine perfekte runde Kugel wäre, so wäre die gesamte Erde überdeckt von einem einzigen riesigen Ozean von drei Kilometern Tiefe! Zum Glück für uns gibt es tiefe Unterwassergräben, die große Wassermengen aufnehmen, und hohe Gebirge und Kontinentalplatten, die trocken über dem Wasserspiegel stehen. Der Löwenanteil von 97,2 Prozent dieser gigantischen Wassermengen ist Bestandteil der Weltozeane. Weitere 2,15 Prozent verteilen sich auf gefrorenes Wasser wie Gletscher, Eisberge und Eisfelder. Somit bleiben noch 0,65 Prozent übrig – für Seen, Flüsse, Grundwasser und die Atmosphäre. Das ist natürlich immer noch eine riesige Menge an Wasser – nämlich rund 8,4 Millionen Kubikkilometer.

bleiben, ist ein weiterer Teil am so genannten Wasserkreislauf beteiligt, der für das Leben von entscheidender Wichtigkeit ist.
Wasser aus den Ozeanen (und zu einem geringeren Anteil auch vom Land) wird durch die Wärme der Sonne erhitzt und verdunstet als Wasserdampf in die Atmosphäre. Winde transportieren diese feuchte Luft oft über weite Strecken, bis der Wasserdampf abkühlt und kondensiert, also wieder flüssig oder sogar fest wird. Dadurch bilden sich Wolken, die schließlich niederschlagen. Das kann in der

Form von Regen, Schnee, Hagel, Graupel oder Nebel geschehen. Fällt der Niederschlag über den Ozeanen, so ist der Wasserkreislauf been-

Das Wasser kreist in einem endlosen Zyklus zwischen den Ozeanen, der Atmosphäre und dem Land hin und her. Dieses gigantische zyklische System wird durch die Energie der Sonne in Bewegung gehalten.

det und kann von vorne beginnen. Fällt das Wasser dagegen auf das Festland, muss es zunächst seinen Weg zurück ins Meer finden. Was hat das Wasser für Möglichkeiten? Die treibende Kraft ist die Schwerkraft. Ein Teil des Wassers versickert einfach im Boden und sucht sich unterirdisch seinen Weg – ins Grundwasser, in Seen, Flüsse oder ins Meer. Falls der Niederschlag größer ist, als die Erdoberfläche an Wasser aufnehmen kann, dann sucht sich das Wasser seinen Weg bergab und mündet in Bäche, Flüsse und Seen. Dabei können sich die wunderbarsten Strukturen ausbilden: zum Beispiel Wasserfälle oder die Kurven und Mäander von Flüssen.

Kurvige Flüsse

Warum haben Flüsse fast immer Kurven? Die Antwort: weil die kurvige Form stabiler ist.

Mehrere Flusskurven und -biegungen hintereinander bezeichnet der Geograf als Mäander.

Die Niagarafälle

Wie entstehen eigentlich Wasserfälle? Die Niagarafälle sind wie viele andere Wasserfälle durch die besondere Beschaffenheit ihres Flussbetts entstanden. Es besteht nämlich aus zwei verschiedenen Gesteinsschichten. Oben befindet sich eine sehr harte Schicht. Darunter liegt eine tiefe zweite Schicht, die aus weicherem Gestein besteht und der Kraft des Wassers weniger Widerstand entgegensetzt. Deshalb wird zunächst diese Schicht vom Wasser abgelöst und weggeschwemmt. Dadurch wird die feste obere Schicht mehr und mehr unterhöhlt – bis diese schließlich abbricht. Dadurch entsteht die Kante für den Wasserfall ... und so weiter.

Sobald sich eine auch noch so leichte Kurve ausbildet, wird sie von selbst zu einer immer größeren Kurve.

Durch die Zentrifugalkraft fließt das Wasser am weiten Kurvenende schneller als innen. Deshalb trifft das Wasser dort mit einer größeren Kraft auf das Gestein des Flussbetts und erodiert es leichter. Das so aufgelöste Gestein oder Sand setzt sich dafür bevorzugt an der Innenseite der Kurve wieder ab, wo das Wasser deutlich langsamer fließt. Deshalb wird an der Außenseite Grund abgetragen und an der Innenseite Grund angeschwemmt: Die Kurve wächst und wächst, ohne dass der Fluss seine Breite verändert!

In seltenen Fällen bekommt man da ganz phantastische neue Flussformen zu sehen. Manche Kurven sind beispielsweise so scharf, dass der Fluss bei sehr hoher Fließgeschwindigkeit seine eigene Kurve nicht mehr richtig bekommt.

Durch das herabstürzende Wasser wird die weiche untere Schicht weiter abgetragen, und das nächste feste Stück bröckelt ab. Deshalb wandert die Lage der Wasserfallkante auch immer weiter den Flusslauf hinauf. Die Kante der Niagarafälle ist seit der Entstehung der Fälle schon um sage und schreibe elf Kilometer flussaufwärts gewandert!

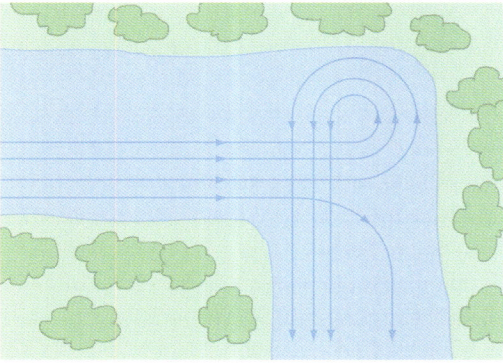

Die Natur hat sich dafür einen einfachen, aber genialen Ausweg einfallen lassen: Der Fluss macht eine Kurve in die entgegengesetzte Richtung, um das Wasser in einem Wirbel

abzubremsen. Manchmal erst nach einigen Umdrehungen setzt das Wasser oberhalb oder unterhalb des nachfließenden neuen schnellen Wassers seine Reise fort.

Das kann zum Beispiel an den Flussschnellen der Argen kurz vor dem Bodensee oder auch am Auslauf der berühmten Niagarafälle beobachtet werden.

Die Verdunstung

Ein großer Teil des Wassers verdunstet bereits von den Flüssen oder Seen wieder in die Atmosphäre, und nur der kleine Rest fließt auf dem Landweg bis ins Meer zurück. Dieses komplizierte Fließgleichgewicht ist seit vielen Jahrmillionen extrem stabil. Die Oberfläche der Ozeane ist mit Ausnahme der Eiszeiten sehr konstant. Darüber kann man sich gar nicht genug wundern, denn nur geringe Temperaturunterschiede würden ausreichen, um das Polareis schmelzen oder anwachsen zu lassen.

Die folgende Tabelle zeigt die jährliche Statistik dieses wunderbaren Gleichgewichts, das Soll und Haben des Wasserkreislaufs (Zahlen in Kubikkilometer, Erhebungszeitraum: ein Jahr).

Bilanz der Ozeane	Bilanz des Festlands
– 320.000 Verdunstung	– 60.000 Verdunstung
+ 284.000 Niederschläge	+ 96.000 Niederschläge
– 36.000	+ 36.000

Damit muss also das Land über Flüsse usw. 36.000 Kubikkilometer wieder an das Meer abgeben. Das ist in etwa ein Drittel der jährlichen Niederschläge auf dem Land.

Der Wasserkreislauf lässt sich einfach nachbauen. Hitze sorgt für die Verdunstung des Wassers, Kälte für die Kondensation und den folgenden Niederschlag.

Der Wasserkreislauf im Badezimmer

Dazu benötigst du eine Plastikflasche, einen schmalen Behälter (wie zum Beispiel eine Aluminiumform), einen Schuhkarton, etwas Draht oder Schnur und Klebeband.

1. Schritt

Stelle die Aluminiumform im hochgestellten Karton auf, und biege zwei Drähte zu zwei Halterungen für die Plastikflasche zurecht.

2. Schritt

Befestige die Drähte mit Klebeband oben auf dem Schuhkarton, und lege die Flasche so in die Halterungen, dass sie etwa 20 Zentimeter über der Aluminiumform hängt. Genauso kann die Flasche auch mit Schnüren befestigt werden.

3. Schritt

Schneide den Flaschenhals mit einer Schere knapp ab, und fülle Eiswürfel in die Flasche – fertig ist die Wolke.

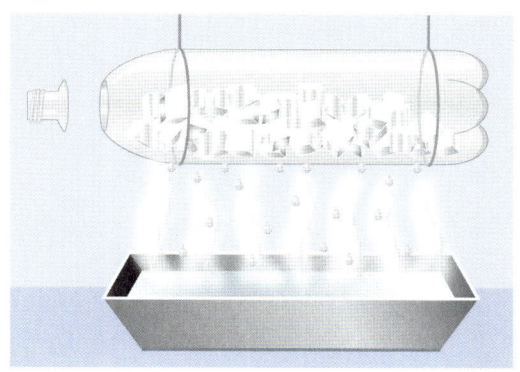

Mit Hilfe dieser mit Eiswürfeln gefüllten Flasche lassen sich über dem warmen Wasser kleine Wolken erzeugen.

4. Schritt

Erhitze etwas Wasser auf dem Herd, und gieße es in die Aluminiumform. Zur Verschönerung der Vorführung kannst du auch noch einen Vordergrund malen (zum Beispiel einen Berg oder Bäume) und vor die Aluminiumform stellen. Teile des erhitzten Wassers verdunsten aus der Aluminiumform genauso wie aus dem Meer und steigen als Wasserdampf empor. An der kalten Wasserflasche kühlt dieser Dampf wieder ab und kondensiert dort als Wassertropfen. Diese Tropfen fallen schließlich von der Plastikwolke wieder nach unten: Es regnet! Das geht so lange, bis das Wasser in der Aluminiumform zu kalt ist, um noch zu verdampfen.

Eine einfache Wolke

Zu diesem einfachen Versuch benötigst du ein hitzebeständiges Glasgefäß, eine Schale mit Eiswürfeln und heißes Wasser.

1. Schritt

Gieße das heiße Wasser langsam und vorsichtig in das Gefäß. Aus dem Gefäß steigt sofort Wasserdampf auf.

2. Schritt

Halte über die Gefäßöffnung eine Schale mit frischen Eiswürfeln aus dem Eisfach. Sofort kondensiert der Wasserdampf und verwandelt sich in sehr kleine Wassertropfen. Diese schweben größtenteils deutlich sichtbar in der Luft, genauso wie in einer Wolke.

Wasser ist überaus wertvoll

Obwohl es unglaublich viel Wasser auf der Erde gibt, ist es trotzdem kostbar und knapp. Zum Beispiel, wenn es als Trinkwasser oder zur Bewässerung der Ernte benötigt wird. In vielen Gegenden der Erde herrschen Trockenheit und Dürre. Aber auch inmitten des Meeres kann Trinkwasser knapp werden, denn das Wasser der Ozeane besitzt einen sehr hohen Salzgehalt, so dass es nicht genießbar ist. So sind auch die Seefahrer auf ihre mitgebrachten Trinkwasserreserven und auf Regenwasser angewiesen.

Ein Schiff versinkt

»Großvater, wie war das damals mit der
Titanic? Warst du da mit dabei?«
»Zum Glück nicht, dann wäre ich jetzt wahrscheinlich nicht mehr hier. Außerdem war es
vor meiner Zeit, genau genommen im Jahre
1912. Die Titanic war damals das größte Schiff
der Weltmeere. Sie galt sogar als unsinkbar.
Bis zu jener Nacht, als sie im Polarmeer auf
einen riesigen Eisberg traf und sank.«

Weil der Kapitän der Titanic
mehrere Eisbergwarnungen igno-
rierte, ging der als unsinkbar
geltende britische Schnelldampfer
auf seiner Jungfernfahrt am
14.4.1912 unter, nachdem er
mit einem Eisberg kollidiert war.

Die Anomalie des Wassers

Fast alle Stoffe schrumpfen zusammen, wenn
sie vom flüssigen zum festen Zustand über-
gehen. Die Moleküle sind dann in einem
festen, geordneten Gitter und ziehen sich
stark an. Nicht so das Wasser. Es dehnt sich
beim Gefrieren aus! Wasser hat seine dichteste Molekülpackung bei vier Grad Celsius.
Wird es von diesem Punkt aus erwärmt oder
abgekühlt, so dehnt es sich aus. Damit wird
seine Dichte abgesenkt. Diese seltsame
Eigenschaft des Wassers hat zur Erhaltung des
Lebens einen entscheidenden Beitrag geleistet. Sie verhindert zum Beispiel, dass Seen im
Winter völlig zufrieren, und sorgt dadurch
für das Überleben von Fischen und anderen
Wassertieren. Durch die Anomalie friert jeder
See von oben und nur ganz langsam zu. Denn
das Eis ist leichter und bildet eine Schutz-
schicht für die unteren Wasserschichten.
Dass Eis mehr Platz braucht, sieht man, wenn
versehentlich eine Getränkedose oder Flasche
im Eisfach gelegen hat. Innerhalb kurzer Zeit
platzt das Gefäß.

Die platzende Eisflasche

Eis braucht mehr Platz als Wasser.
Wenn man eine mit Wasser gefüllte
Flasche ins Eisfach legt, wird das
Gefäß innerhalb kurzer Zeit
platzen, da sich das entstehende
Eis mit großer Kraft ausbreitet.

INFOBOX

Das Drama der Titanic

Am 10.4.1912 brach die gerade fertig gestellte Titanic der Reederei White Star Lines
von Southhampton in England zu ihrer
Jungfernfahrt nach New York auf. Sie
hatte 2 208 Menschen an Bord und galt als
unsinkbar. Der Grund war seine besondere
Konstruktion mit einem doppelten Boden.
Dieser Doppelboden bestand aus sechs
getrennten wasserdichten Lufttanks. Bei
einem eventuellen Zusammenstoß würde
nach dem Plan der Konstrukteure lediglich
einer dieser Tanks mit Wasser volllaufen
und das Schiff durch die anderen Tanks
weiterschwimmen.
Die Titanic war so ausgelegt, dass sie sogar mit zwei überfluteten Bodentanks
nicht untergegangen wäre. Die scheinbare
Unsinkbarkeit war allerdings eine große
Täuschung.

Eisbergwarnungen ignoriert

Nach Zwischenstopps in Frankreich und
Irland machte sich die Titanic mit ihrer
Höchstgeschwindigkeit von ca. 25 Knoten
auf zu ihrer ersten Atlantiküberquerung.
Bald wurden dem erfahrenen Kapitän
Edward Smith erste Eisbergwarnungen
übermittelt. Er schlug alle Warnungen in
den Wind und vertraute mit unverminder-
ter Geschwindigkeit auf seinen Ausguck
und die Unsinkbarkeit des Schiffes. Um
23.40 Uhr waren nur noch zwei Matrosen
ohne Fernglas auf dem Ausguck, als sie
in 500 Metern Abstand einen riesigen treibenden Eisberg ausmachten.
Zu spät, um noch gegensteuern zu können:
Das Schiff rammte den Eisberg und wurde
seitlich aufgeschlitzt.

Unterbesetzte Rettungsboote

Viele Passagiere vertrauten aber weiterhin
auf die Unsinkbarkeit des Schiffs und wei-
gerten sich anfangs, in die Rettungsboote
zu steigen. So waren die ersten auslaufen-
den Boote stark unterbesetzt. Das ist mit
ein Grund dafür, dass nur 711 Menschen
überlebten – bei 1 178 Rettungsbootsitzen.

Der Grund: Das entstehende Eis versucht sich mit großer Kraft auszudehnen, bis das Gefäß nicht mehr stark genug ist und dem Ausbreitungsdruck des Eises nachgibt.

Warum Salzwasser trägt

Jan hat genug von dem Seemannsgarn und läuft ans Meer. Nach einiger Zeit im Wasser fällt Jan auf, dass es viel leichter ist, im Meer zu schwimmen, als er es vom Schwimmbad her kennt. Genau genommen braucht Jan sich nur treiben zu lassen, er schwimmt fast von selbst. Außerdem fällt ihm auf, dass das Wasser des Pazifik ziemlich salzig ist. Es scheint ihm fast so, als ob das irgendwie zusammenhinge.

Mal sehen, ob einer seiner beiden »Aufpasser« eine Antwort darauf weiß.

Der Großvater und der Direktor tuscheln gerade heimlich. Und Jan sieht, wie der Direktor dem Großvater gerade zwei Eintrittskarten für eine Zaubervorstellung gibt.

»Dusche dich bitte gut ab, Jan. Das Wasser ist sehr salzig, und das Wasser greift die Haut an«, sagt der Großvater.

»Außerdem ist dir vielleicht aufgefallen, dass du viel leichter schwimmen kannst«, sagt der Zirkusdirektor.

Jan traut seinen Ohren nicht. Können die beiden inzwischen schon Gedanken lesen?

»Salzwasser trägt viel besser als das Süßwasser in Seen, Flüssen oder dem Freibad. Der Grund ist, dass das Meerwasser durch den hohen Salzgehalt eine höhere Dichte hat. Je höher der Salzgehalt ist, umso besser trägt das Wasser.«

»Und wieso trägt mich das Salzwasser besser, und wieso schwimme ich überhaupt?«, fragt Jan nach.

»Die genaue Antwort ist: Du schwimmst durch den Auftrieb, den du im Wasser erhältst«, erklärt der Direktor.

Was schwimmt, was geht unter?

Der Direktor hebt eine Plastikflasche vom Boden auf. Er sticht ein paar Löcher hinein und führt damit die Ursache des Auftriebs vor. Das lässt sich auch einfach zu Hause demonstrieren.

Das magische Ei

Lege ein Ei in ein Glas, das zur Hälfte mit Wasser gefüllt ist. Sofort geht das Ei unter und bleibt am Glasboden liegen, denn es ist schwerer als das Wasser. Wetten, dass du das Ei vom Boden heben kannst, ohne es mit den Händen zu berühren?

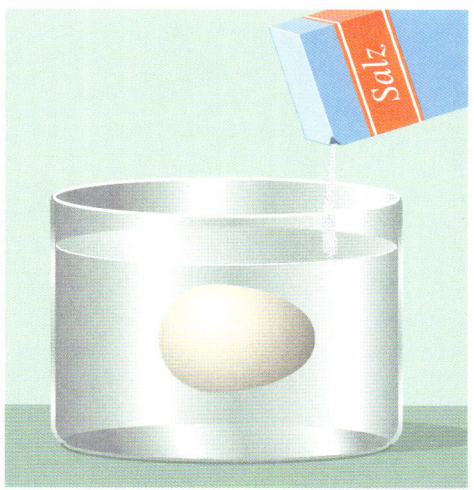

Der Trick ist: Salz. Gib mehr und mehr Salz in das Wasser, und rühre immer wieder um. Wenn der Salzgehalt hoch genug ist, beginnt das Ei zu schweben. Das Salzwasser hat nun die gleiche Dichte wie das Ei. Gibst du noch etwas mehr Salz zu, schwimmt das Ei schließlich an der Oberfläche. Die Dichte des Wassers ist jetzt größer als die Dichte des Eis. Gieße nun vorsichtig normales Wasser über das Salzwasser. Achte darauf, dass die beiden Flüssigkeiten sich nicht vermischen. Das klappt gut, wenn du das Wasser sehr langsam und flach über einen Löffel einlaufen lässt. Das Ei befindet sich dann stabil zwischen den beiden Wasserschichten. Es sieht aus, als ob das Ei festgeklebt wäre.

Wenn man genügend Salz in das Wasser einrührt, beginnt das Ei im Glas zu schweben. Der Grund: Das Salzwasser hat jetzt die gleiche Dichte wie das Ei.

Im Meer Zeitung lesen

Das Wasser mit dem höchsten Salzgehalt befindet sich im Toten Meer in Israel. Es hat einen so hohen Salzanteil, dass nicht einmal mehr Fische darin überleben können. Dafür kann man faul auf dem Wasser liegen und Zeitung lesen, ohne unterzugehen.

Der Ursache des Auftriebs auf der Spur

Wasser setzt jedem Körper, der in ihm treibt, eine Kraft entgegen. Diese physikalische Kraft lässt sich mit Hilfe einer großen Plastikflasche oder Konservendose im folgenden Experiment beobachten.

Variante

Fülle die Flasche wieder mit Wasser auf. Gib diesmal aber nur das unterste Loch frei. Beobachte den Wasserstrahl – was passiert im Laufe der Zeit? Zunächst spritzt das Wasser sehr weit. Je niedriger der Wasserstand in der Flasche wird, umso kürzer wird er. Der Grund dafür ist wieder der Schweredruck des Wassers. Er wird umso geringer, je mehr der Wasserspiegel sinkt. Diese Unterschiede im Schweredruck einer Flüssigkeit sind die Ursache für eine Kraft, die auf alle Körper wirkt, die in ihr treiben. Denn diese Körper erfahren an ihrem unteren Ende einen höheren Wasserdruck als an ihrem oberen Ende. Seitlich ist der Druck gleich, so dass der höhere Druck unter dem Körper eine Kraft nach oben bewirkt, den so genannten Auftrieb.

Dass das Wasser aus dem obersten Loch am kürzesten und aus dem untersten Loch am weitesten spritzt, liegt im unterschiedlichen Schweredruck des Wassers begründet.

1. Schritt
Stich mit einer Schere oder einem Nagel Löcher in vier verschiedenen Höhen übereinander in die Flasche, und verschließe die Löcher zunächst mit etwas Kaugummi, einem Klebestreifen oder mit deinen Fingern.

2. Schritt
Stelle die Flasche in einen Wasserbehälter oder in die Dusche, und fülle sie mit Wasser. Sobald die Löcher freigegeben werden, kann die Wasservorführung beginnen. Aus jedem Loch kommt ein Wasserstrahl, allerdings mit großen Unterschieden in ihrer Spritzweite!

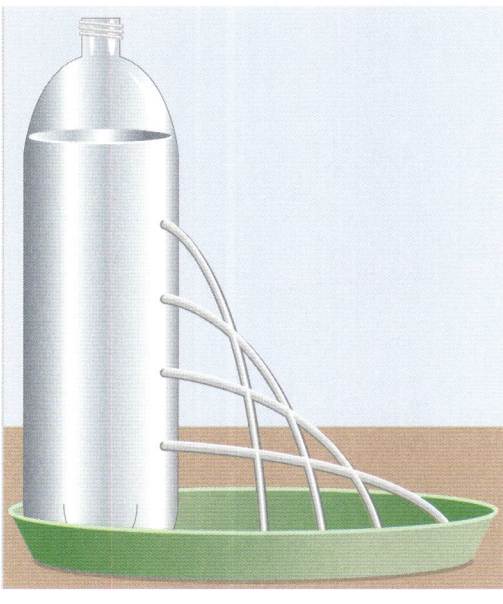

Das Wasser aus dem untersten Loch spritzt am weitesten, das aus dem obersten am kürzesten. Der Grund dafür ist der unterschiedliche Schweredruck des Wassers. Das Wasser ganz oben spürt nämlich nur den Luftdruck von weiter oben. Je tiefer dagegen eine Wasserschicht liegt, umso größere Wassermengen lasten zusätzlich auf ihr. Deshalb ist der Druck hier viel höher. Sobald eine Öffnung frei wird, schießt das Wasser mit hoher Geschwindigkeit heraus. Je tiefer die Schicht ist, umso höher der Druck und die Geschwindigkeit.

Vor den Augen der drei Freunde wird gerade eine Kokosnuss angeschwemmt.
»Und wieso schwimmen dann manche Dinge, wie beispielsweise Schiffe oder Kokosnüsse, und andere gehen unter, wie Schiffswracks oder Steine?«, fragt Jan weiter.
»Das hängt ganz allein von der Stärke der Auftriebskraft ab, die sie im Wasser erfahren. Sobald der Auftrieb stärker ist als ihr Gewicht, schwimmen sie. Und wenn die beiden Kräfte gleich groß sind, dann schweben sie, genauso wie ein Ballon in der Luft«, antwortet der Direktor.
»Aber wovon hängt der Auftrieb ab?«, fragt jetzt auch der Großvater, denn Schiffe und Schiffswracks sind sein Lieblingsthema.
»Das Gewicht allein kann es ja nicht sein, denn ein Schiff und ein gesunkenes Schiff haben ja immer noch das gleiche Gewicht.«
»Stimmt genau, das Gewicht ist nur ein Faktor, der den Auftrieb bestimmt. Erstmals wurde die Stärke des Auftriebs übrigens vom Griechen Archimedes richtig bestimmt, während er in seiner Badewanne saß.

Geistesblitz in der Badewanne
Seine berühmteste Entdeckung vollbrachte Archimedes also in der Badewanne: Archimedes war schon einige Zeit durch König Hiero von Syrakus beauftragt, die Echtheit seiner Goldkrone zu überprüfen. Der König war misstrauisch gegenüber seinem Goldschmied und vermutete, dass sie nicht völlig aus Gold bestünde. Da die Krone nicht beschädigt werden durfte, war das aber schwierig nachzuweisen – außer von seinem genialen Untertanen Archimedes.
In besagter Badewanne kam ihm die Erleuchtung. Er hatte die Wanne so hoch mit Wasser gefüllt, dass beim Einsteigen durch sein Gewicht einiges an Wasser über den Rand schwappte. Er erkannte, dass der Wasserspiegel anstieg, sobald er in die Wanne stieg. Er verdrängte also durch seinen Körper gegen die Schwerkraft Wasser nach oben. Dieser Teil des Wassers versucht natürlich wieder an seine alte Stelle zurückzukehren. Deshalb ist es bestrebt, Archimedes nach oben aus dem Wasser zu drücken, was ihm natürlich nicht gelingt, da Archimedes viel zu schwer für das Wasser ist. Aber immerhin drückte es mit einer solchen Kraft, dass sich Archimedes (und jeder Schwimmer) im Wasser deutlich leichter vorkommt als ohne Wasser. Da funkte es bei Archimedes. Er war von seiner Idee

so begeistert, dass er angeblich nackt durch die Straßen von Syrakus lief und laut rief: »Heureka, heureka!« Das heißt so viel wie: »Ich habe es gefunden!«

Diese Geschichte ist leider nirgendwo sicher verbürgt, aber viel zu schön, um nicht erzählt zu werden.

Der Goldtest des Archimedes

Die Idee, die Archimedes im Badezimmer hatte, ist dagegen auch heute noch allgemein verbürgt und anerkannt: Ein Gewicht wie der Körper des Archimedes verdrängt Wasser, sobald es darin eingetaucht wird. Und die Menge des verdrängten Wassers ist von der Größe, also dem Volumen des eingetauchten Gewichts, abhängig.

Daraus folgt: Je größer das Volumen des eingetauchten Gewichts ist, umso mehr Wasser wird verdrängt. Damit hatte Archimedes eine einfache Methode gefunden, um das Volumen von Stoffen zu vermessen – und das Rätsel der Krone war gelöst: Archimedes benötigte zum Vergleich lediglich einen Barren reinen Goldes von genau gleichem Gewicht wie die Krone. Sollte die Krone mehr Wasser als der Goldbarren verdrängen, so hatte sie ein größeres Volumen als das Gold und deshalb eine geringere Dichte. Es zeigte sich tatsächlich, dass das der Fall war. Der Goldschmied hatte billigeres – und weniger dichtes – Silber beigemischt.

Das Gewicht des verdrängten Wasservolumens entspricht der Auftriebskraft, die jeder Körper im Wasser verspürt. Diese Verhältnisse werden auch heute noch das Archimedische Prinzip genannt.

Anwendungen des Archimedischen Prinzips

Das Volumen von Stoffen kann durch die Messung ihres verdrängten Wasservolumens bestimmt werden. Damit kannst du die verschiedensten Größenmessungen durchführen.

Wer hat die größte Faust?
Tauche deine Faust in ein Glas Wasser ein! Um wie viel wird der Wasserstand angehoben, wenn sich die Faust bis zum Handgelenk unter Wasser befindet? Je höher der Wasserstand ist, umso größer ist die Faust – oder natürlich jeder andere Gegenstand, den man ins Wasser taucht!

Eine Faustgröße exakt vermessen
Stelle das Glas mit dem Wasser auf eine Küchenwaage, und messe sein Gewicht. Tauche nun deine Faust noch einmal in das Glas. Die Waage zeigt jetzt ein größeres Gewicht an. Denn das Wasser und somit der Boden erfährt eine Gegenkraft von der Faust, die deren Auftrieb entspricht. Das zusätzlich gemessene Gewicht ist deshalb genauso groß wie das Gewicht des von der Faust verdrängten Wassers. Es ist also ein genauer Maßstab für das Volumen der Faust.

Eine dritte Methode zur Volumenmessung
Stelle dich dazu auf eine normale Personenwaage, die du in die Nähe der Badewanne oder des Waschbeckens gestellt hast. Was passiert, wenn du einen Arm oder einen Fuß in die mit Wasser gefüllte Wanne untertauchst, ohne den Boden zu berühren? Du wirst leichter. Und zwar genau um das Gewicht des verdrängten Wassers. Dein Gewicht wird genau um den Auftrieb des eingetauchten Körperteils verringert.

Neben den drei Freunden steht ein Angler. Er beginnt gerade, an seiner Angelrute zu ziehen. Es sieht so aus, als ob ein Fisch angebissen hat.

»Das scheint ein ziemlich kleiner Fisch zu sein, die Angelrute biegt sich ja überhaupt nicht durch«, bemerkt der Großvater. Vorsichtig zieht der Angler weiter an der Schnur. Sobald der Fisch aus dem Wasser ist, biegt sich die Rute deutlich stärker durch, und es stellt sich heraus, dass der Fisch gar nicht so klein ist.

»Klar, die Rute biegt sich weniger durch, wenn der Fisch im Wasser ist«, sagt Jan. Die beiden Erwachsenen blicken sich erstaunt an. »Im Wasser bekommt er doch den Auftrieb durch das Wasser und ist damit leichter, das habt ihr mir doch gerade erklärt.« Stimmt, denken die beiden, irgendwie denken sie immer nur in Schiffen und U-Booten! Plötzlich ist – wie durch ein Wunder – auch

Wer war Archimedes?

Archimedes (287–212 v. Chr.) wurde in Syrakus auf Sizilien geboren, das damals zu Griechenland gehörte. Er lebte in der Zeit der Punischen Kriege, die von 287 bis 212 v. Chr. zwischen Karthago und Rom tobten. Er war sicherlich der größte Wissenschaftler seiner Zeit und leistete bedeutende Beiträge zu Geometrie, Analysis, Physik, Ingenieurwissenschaften und Militärtechnik.

Er berechnete als Erster das Verhältnis des Umfangs eines Kreises zu seinem Durchmesser.

Während der Punischen Kriege wurde Syrakus von den Römern angegriffen. Dieser Angriff wurde aber zunächst durch besondere, von Archimedes ersonnene Verteidigungsmaschinen abgewehrt. Er erfand das Katapult und besondere Brennspiegel, durch die er die Sonnenstrahlen geschickt bündelte und auf angreifende Schiffe lenkte, so dass diese in Brand gerieten. Die Römer begnügten sich deshalb zunächst damit, Syrakus nur zu belagern. Erst im Jahre 212 v. Chr. fiel Syrakus. Das war auch der Todestag des Archimedes. Obwohl die römischen Truppen Anweisung hatten, Archimedes nicht zu töten, geschah es doch. Der Sage nach fand ein römischer Soldat Archimedes bei wissenschaftlichen Studien vor und wollte ihn gefangen nehmen. Archimedes weigerte sich aber, da er zuerst noch seine Arbeit vollenden wollte. Dadurch machte er den Soldaten so wütend, dass der ihn schließlich erstach.

die Katze des Direktors aufgewacht und schaut interessiert zu. Allerdings weniger interessiert an der Biegung der Angelrute als an dem doch ganz schön großen Fisch. Jan ist dafür mehr daran interessiert, wie die Fische im Wasser schwimmen.

Der U-Boot-Trick

»Fische schwimmen mit Hilfe einer Luftblase. Je mehr Luft sie in dieser Blase haben, umso größer ist ihr Volumen – und umso größer ist das dadurch verdrängte Wasser und der Auftrieb auf den Fisch. Das heißt, wenn ein Fisch nach oben steigen will, so lässt er etwas Luft aus seiner Luftblase«, sagt der Direktor. »Den gleichen Trick verwenden übrigens auch U-Boote«, sagt der Großvater, froh, schon wieder etwas aus seiner Matrosenzeit zum Besten geben zu können. Er beschreibt auch, wie man ganz einfach ein U-Boot-Modell zu Hause selbst bauen und es dann steigen und sinken lassen kann.

U-Boote in Aktion

Yellow Submarine aus Zitrone

1. Schritt

Schneide mit einem Taschenmesser aus einer Zitronen- oder Orangenschale ein kleines U-Boot zurecht. Achte darauf, dass es noch in die Öffnung eines Wasserbehälters passt.

Das Archimedische Prinzip

Wie wir wissen, entspricht das Gewicht des verdrängten Wasservolumens der Auftriebskraft, die jeder Körper im Wasser verspürt. Dieses Phänomen wird auch heute noch das Archimedische Prinzip genannt.

Je nachdem, wie fest man mit dem Finger auf die Verschlusskappe drückt, taucht die Zitronenschale auf oder ab.

2. Schritt

Fülle den Behälter randvoll mit Wasser, und verschließe ihn mit einer Gummikappe oder einem Luftballon mit Gummi. Sofort dreht sich die gelbe/orangefarbene Schalenseite nach unten, da sie schwerer ist.

3. Schritt

Drücke mit dem Finger auf die Verschlusskappe. Je nach Stärke des Fingerdrucks taucht das U-Boot ab oder auf, genauso wie ein richtiges U-Boot.
Der Trick dabei ist, dass sich in der Orangenschale winzige Luftbläschen befinden. Durch den zunehmenden Fingerdruck steigt der Druck auf die Bläschen, so dass sie immer weiter zusammengedrückt werden. Deshalb wird ihr Auftrieb geringer, und das U-Boot taucht weiter in die Tiefe. Umgekehrt steigt das Boot, sobald der Fingerdruck nachlässt und die Luftbläschen sich wieder vergrößern.
Genauso funktioniert eine Erweiterung der Vorführung: Brich einige Streichholzköpfe ab, und lege sie zum U-Boot in die Flasche. Sie verhalten sich genau gleich und sinken mit dem U-Boot wie Taucher auf und ab.

Das Kugelschreiber-U-Boot

1. Schritt

Beschwere die Kapsel eines Kugelschreibers mit etwas Knetmasse oder Kaugummi, so dass sie in Wasser mit ihrer Öffnung nach unten gerade schwimmt. Das genaue Austarieren erfordert etwas Zeit und Genauigkeit.

2. Schritt

Fülle die Flasche aus dem vorigen Versuch wieder mit Wasser randvoll auf. Bringe die Tauchkapsel mit der Öffnung vorsichtig nach unten in die Flasche. Verschließe die Flasche mit einer Gummikappe. Durch leichten Fingerdruck kannst du wieder die Höhe der Tauchkapsel steuern. Plastik ist nur wenig schwerer als das Wasser. Da eine Luftblase innerhalb der Kapsel eingeschlossen ist, kann das Ganze schweben.

3. Schritt

Durch den Druck auf den Gummideckel drückst du die Luftblase auf einen kleineren Platz zusammen, und das Wasser rückt weiter in Rich-

Flasche mit Wasser vollaufen, bis sie untergeht. Zum Heben dieses Flaschenschiffswracks
musst du lediglich den Luftschlauch in die
Flasche schieben, bis er den Flaschenboden
erreicht. Blase mit dem Mund mehr und mehr
Luft in die Flasche, bis sie mit dem Boden
nach oben auftaucht. Das Wrack ist gehoben!
Das ist ein langsames, sanftes Verfahren im
Vergleich zur Hebung eines Wracks mit einem
Kran oder einem Hubschrauber. Trotzdem
wurde natürlich am Ende genau die gleiche
Energie zum Heben aufgewandt, ganz egal,
ob durch den Kran oder durch die Luft, die
wir oder Maschinen hineinpumpen.

Auf dem Wasser schweben

Gegenstände schwimmen im Wasser, wenn ihre Gewichtskraft kleiner ist als die Auftriebskraft durch das Wasser. Sind diese beiden Kräfte genau gleich groß, so schweben die Gegenstände.

tung Deckel vor. Auf diese Weise wird der
Auftrieb verringert, und die Tauchkapsel sinkt
nach unten. Umgekehrt steigt die Kapsel,
sobald du den Druck verringerst. Die Wasser-
blase kann sich wieder ausdehnen, der Auftrieb nimmt zu.

»Durch das Archimedische Prinzip lassen
sich auch gesunkene Schiffswracks anheben«,
sagt der Großvater.
»Wie geht das denn?«, fragt Jan neugierig.
»Ich kann das am besten mit Hilfe einer
Getränkedose vorführen.« – Der Großvater
hebt eine alte Dose von der Straße auf und
legt sie auf das Wasser. Die Dose beginnt auf
der Oberfläche wie ein Schiff zu schwimmen.
Nun drückt der Großvater die Dose immer
wieder unter Wasser und lässt sie nach und
nach mit Wasser vollaufen. Schließlich geht
die Dose unter, denn das Aluminium ist
schwerer als Wasser.
»Das ist jetzt wie ein gesunkenes Schiff.«
»Und wie willst du das Schiffswrack jetzt
wieder heben?«, fragt Jan.
»Indem ich mit einem Schlauch Luft in die
Dose einblase. Das kann man am besten wieder zu Hause nachmachen.«

So hebt man ein Schiffswrack

Am besten führt man dieses Experiment in
der Badewanne oder im Waschbecken durch.
Du benötigst nur eine am besten durchsichtige
Flasche und einen Luftschlauch. Lasse die

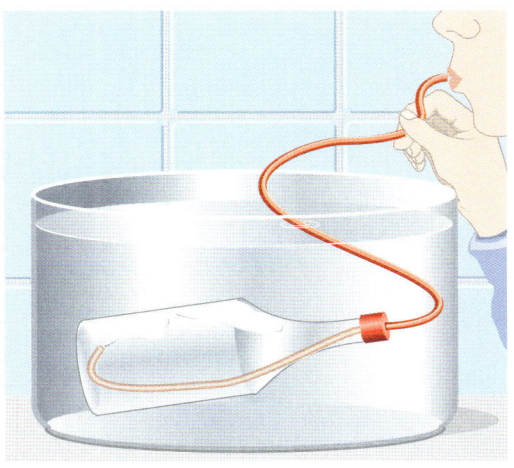

Der Großvater und Jan haben inzwischen
für zwanzig Minuten ein kleines Kanu gemie-
tet. Auch auf ihm steht »unsinkbar«. Im
Gegensatz zur Titanic ist das Kanu aber aus
Vollplastik, dessen Material leichter als Wasser
ist. Deshalb ist das Boot in der Tat unsinkbar.
Allerdings kann es immer noch jederzeit
umkippen und seine Passagiere über Bord
werfen. Deshalb tragen Jan und der Großvater
auch Schwimmwesten. Während der ganzen
Ausfahrt erzählt der Großvater von seinen
Seereisen und der Geschichte der Schifffahrt.

Wie schwimmt ein Schiff?

Ein Schiff funktioniert folgendermaßen:
Sein Auftrieb muss größer sein als sein
Gewicht. Da der Auftrieb dem Gewicht des
verdrängten Wassers entspricht, ist es am
besten, eine Form zu verwenden, die sehr viel
Wasser verdrängt – zum Beispiel mit einem

Wenn man durch einen Schlauch Luft in die Flasche bläst, taucht diese langsam aus dem Wasser auf. Nach demselben Prinzip werden auch Schiffswracks geborgen – allerdings wird dann die Luft durch starke Maschinen hineingepumpt.

Die ersten Seeleute

Die ersten berühmten Seeleute waren die Phönizier. Sie stammten aus dem heutigen Libanon. Mit ihren leichten Booten umsegelten sie bereits Afrika, erreichten England und vermutlich auch schon Amerika.

Hohlraum in der Mitte. Damit ist jedes Material in der Lage zu schwimmen – egal, wie schwer es auch ist. Das Prinzip des Schwimmens kann man mit etwas Knetmasse zeigen. Legt man einen Klumpen in einen Behälter mit Wasser, geht er sofort unter, weil Knetmasse dichter ist als das Wasser. Formt man hingegen die Knetmasse in Schiffsform mit langen Seiten und einem Hohlraum in der Mitte, so schwimmt sie auf dem Wasser! Der Wasserstand im Behälter ist deutlich höher als vorhin, da ein größeres Wasservolumen durch die Knetmasse verdrängt wurde.

Dampfschiff mit Schaufelantrieb

Im Jahre 1803 baute Robert Fulton das erste reine Dampfschiff mit Schaufelradantrieb. Sein erstes Schiff ging aber bei einer Vorführung auf der Seine in Paris unter.
1807 startete Fulton eine zweite Fahrt mit der »Clermont«, diesmal auf dem Hudson River in Amerika. Zwischen New York und Albany legte die »Clermont« in 32 Stunden sage und schreibe 287 Kilometer zurück. Die »Clermont« war 39 Meter lang und 5,4 Meter breit. Die Schaufelräder wurden durch Dampfkraft in Bewegung versetzt. In der Bootsmitte thronte ein riesiger schwarzer Schornstein, der den entstandenen Dampf wegblies.

Im Jahre 1819 überquerte das erste Schiff mit Hilfe eines Dampfmotors den Atlantik von England nach New York. Die Fahrtzeit betrug 25 Tage. Ab 1829 wurde die Schiffsschraube eingesetzt. Damit wurden Dampfschiffe hochseetauglich. Als Fortentwicklung wurden später Benzinmotoren und noch wirksamere Dieselmotoren in die Schiffe eingebaut.

INFOBOX

Der Beginn der Schifffahrt

Einfache Schiffe gibt es schon sehr lange. Wie sie entstanden, ist nicht exakt nachzuvollziehen. Möglicherweise sah jemand zuerst einen Baumstamm im Wasser treiben. Daraus entwickelte sich das erste Floß, das mit einer langen Stange gesteuert wurde. Die Baumstämme wurden später durch Feuer ausgehöhlt – so entstanden die ersten Kanus. Ihr Vorteil war, dass sie leichter und deshalb besser manövrierbar waren. Die Steuerstange wurde im Lauf der Zeit durch Ruder ersetzt. Als natürliches Fortbewegungsmittel wurde bald der Wind entdeckt – und das Segel erfunden. Erst ab dem 17. Jahrhundert gab es bemerkenswerte Verbesserungen am bisherigen Antrieb von Schiffen durch Segel und Ruder.

U-Boote

Das erste U-Boot, das gezielt auf- und abtauchen konnte, wurde im Jahre 1775 von David Bushnell in Amerika zu Kriegszwecken gebaut und hatte den Namen »Turtle«. Es war ein winziges Boot für eine Person und wurde mit zwei handgetriebenen Antriebsschrauben bewegt und auch gesteuert.
Im Jahre 1859 fuhr das Unterseeboot des Spaniers Monturiol zu Wasser. In sein U-Boot, das er »Ictineo« nannte, passten fünf Menschen hinein, die zur Fortbewegung einen Propeller bewegen mussten. Das Boot war sieben Meter lang, dreieinhalb Meter hoch und zweieinhalb Meter breit.
Ab 1866 wurde die Dampfkraft auch für U-Boote als Fortbewegungsenergie eingeführt. Außerdem wurde die Besatzung durch eine chemische Umwandlung des erzeugten Dampfs gleichzeitig mit genügend Sauerstoff versorgt, um längere Tauchfahrten durchführen zu können.
Heute werden U-Boote bevorzugt mit Atomenergie oder Diesel angetrieben und können monatelang unter Wasser bleiben.
1960 umkreiste die amerikanische »Triton« erstmals die gesamte Erde unter Wasser.

Wann sinkt der Wasserpegel?

Während der Großvater noch begeistert von der Schifffahrt erzählt, wirft Jan Steine aus dem Kanu ins Wasser. »Was meinst du, Großvater: Wird der Wasserspiegel des Meeres durch den Steinwurf erhöht oder erniedrigt? Oder bleibt er gleich?«

Der Großvater weiß es nicht, und sie beschließen daher, den Direktor zu fragen, der am Ufer auf sie wartet. Da sich auch der Direktor nicht ganz sicher ist, beschließen die drei, diese Frage mit Hilfe eines Experiments zu lösen. Dazu gehen sie in das nächste Café und bestellen sich ein Glas Wasser. Der Großvater kramt eine leere Filmdose hervor – und schon kann der Versuch losgehen.

Ein Boot voller Steine

Frage: Was passiert, wenn von einem Boot aus Gewichte in einen See geworfen werden: Steigt der Wasserspiegel, fällt er, oder bleibt er gleich?

Die Antwort auf diese Frage kannst du leicht aus einem Experiment erhalten:

Verwende eine leere Filmdose als Boot. Lege ein paar Geldstücke oder Steine in die Dose, und lasse sie in einem Gefäß im Wasser schwimmen. Dafür darf das Boot natürlich nicht mit zu vielen Geldstücken beladen sein. Markiere mit einem Filzstift den Wasserstand bei vollgeladenem Boot. Reduziere dann das Gewicht der Filmrolle, indem du ein paar Münzen ins Wasser wirfst. Was passiert mit dem Wasserstand? Der Wasserstand sinkt! Der Grund ist, dass das Gewicht innerhalb des Boots eine deutlich größere Menge an Wasser verdrängen muss als außerhalb. Sobald das Gewicht im Wasser ist, verdrängt es lediglich noch sein eigenes Volumen. Deshalb ist dann der Wasserspiegel niedriger.

Während Jan im Café eine Cola trinkt, beobachtet er die Eiswürfel, die darin schwimmen: »Was passiert mit dem Wasserstand, wenn der Eiswürfel schmilzt?«

»Das ist eine gute Frage«, sagt der Großvater. »Die Antwort würde uns auch sagen, was passiert, wenn die Eisberge schmelzen. Wird es eine Flut geben, nimmt der Wasserstand der Ozeane ab, oder bleibt alles beim Alten?«

Nicht einmal der Direktor weiß darauf eine Antwort. Außer, dass sie abwarten könnten, bis das Eis in Jans Glas geschmolzen ist. Da die drei aber nicht genügend Zeit dazu haben, trinkt Jan die Cola aus. Dann brechen sie gemeinsam an das Nordende der Insel auf. Der Direktor hat sie nämlich zu einer Fahrt dorthin mit seinem Ferrari eingeladen. Dort soll es riesige Wellen geben.

Die Fahrt an die Nordküste

Inzwischen sind die drei Freunde auf großer Fahrt im Ferrari des Zirkusdirektors. In rasantem Tempo fahren sie an der Küste entlang. Jan und die Katze sind auf den hinteren Notsitzen ziemlich eingeklemmt. Vor allem der Katze scheint das alles andere als angenehm zu sein. Ihr Schnurren wird durch das gewaltige Brummen des kräftigen Motors allerdings bei weitem übertönt. Noch viel gewaltiger ist aber die Kraft des Wassers, die sie aus dem Fenster beobachten können: Je mehr sich die drei der Nordküste nähern, desto gigantischer werden die Wellen.

Die Inkompressibilität und die Stärke des Wassers

Der Direktor spricht gerade über die Stärke des Wassers: »Die gewaltige Stärke des Wassers beruht vor allem auf seiner Inkompressibilität. Die Wellen versuchen, ihr Volumen unter allen Umständen zu erhalten. Da sie dagegen keinerlei Wert auf die Erhaltung ihrer Form legen, weichen sie einem Druck von außen aus, so gut es geht. Flüssigkeiten können darum den auf sie ausgeübten Druck unvermindert an alle ihre Kontaktstellen mit der Umgebung weitergeben. Das wurde von dem französischen Mathematiker Blaise Pascal im 17. Jahrhundert entdeckt und kann für technische Maschinen hervorragend verwendet werden.«

Der Direktor beschreibt anschließend einige Tricks für zu Hause, bei denen die gewaltige Stärke des Wassers deutlich wird.

Was passiert, wenn die Eisberge schmelzen?

Wenn die Eiswürfel in Jans Glas geschmolzen sind, dann verändert sich der Wasserstand dabei nicht, genauso wenig wie der Meeresspiegel beim Schmelzen aller treibenden Eisberge. Allerdings wird sich der Meeresspiegel gewaltig erhöhen, sollten die Gletscher schmelzen, die Kontakt mit dem Boden haben, zum Beispiel auf dem Festland der Antarktis.

Was heißt »inkompressibel«?

Als inkompressibel bezeichnet der Physiker Körper, deren Volumen durch äußeren Druck nicht (nennenswert) verringert werden kann. Zu ihnen gehören vor allem flüssige Körper, z. B. Wasser.

Die Inkompressibilität

Die kommunizierenden Röhren

Für diese Vorführung benötigst du zwei verschieden dicke Plastikflaschen, von denen du jeweils das obere Drittel so abschneidest, dass beide etwa die gleiche Höhe haben.

1. Schritt

Stich in beide Flaschen in etwa drei Zentimetern Höhe ein Loch. Das Loch soll so groß sein, dass ein Strohhalm hineinpasst.

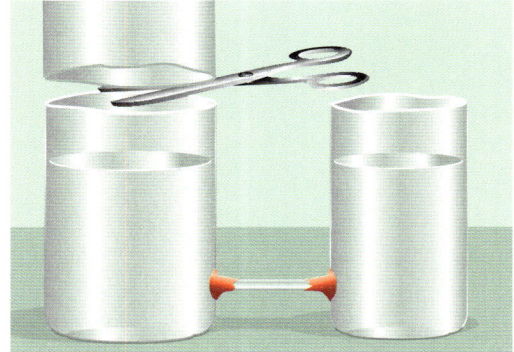

Obwohl die beiden Flaschen verschieden groß sind, läuft das Wasser durch den Trinkhalm in das andere noch leere Gefäß, bis sich der Wasserstand angeglichen hat.

2. Schritt

Verbinde die beiden Gefäße mit dem Strohhalm, und dichte die Löcher von außen mit Knetmasse oder Kaugummi ab. Damit ist der Aufbau beendet.

Was passiert, wenn du einen dieser Behälter randvoll mit Wasser auffüllst?

Die Antwort ist dir vermutlich aus der Alltagserfahrung mit dem Wasser bekannt: Das Wasser läuft so lange durch den Trinkhalm in das andere noch leere Gefäß, bis der Wasserstand in beiden Gefäßen gleich groß ist, obwohl die beiden Flaschen verschieden groß sind! Dieser Trick klappt mit Gefäßen der verschiedensten Formen und Grundrisse. Am Ende sind beide Wasserstände immer gleich hoch! Der Grund ist, dass an beiden offenen Enden der gleiche Druck auf die Wasseroberfläche ausgeübt wird.

Der Trick mit der Hydraulik

Verwende noch einmal die im ersten Teil aufgebauten Wasserbehälter, die mit dem Strohhalm verbunden sind.

1. Schritt

Lasse auf der Oberfläche in der großen Flasche ein Gewicht, zum Beispiel einen kleinen Plastik-

Was ist Hydraulik?

Das Prinzip der Druckweiterleitung durch Flüssigkeiten wird Hydraulik genannt. Lasten können durch dieses Prinzip hydraulisch angehoben werden. Genauso arbeiten Bagger oder die Bremsen eines Autos hydraulisch.

becher mit Steinen, auf der Wasseroberfläche schwimmen. Das ist das Gewicht, das durch das hydraulische Prinzip angehoben werden soll.

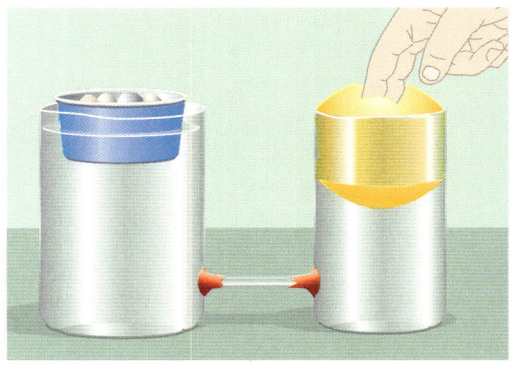

2. Schritt

Schiebe dann auf der Seite der schmalen Flasche einen leicht aufgeblasenen Luftballon vorsichtig von oben in den Wasserbehälter.

3. Schritt

Presse mit den Fingern auf den Luftballon. Was geschieht jetzt? Durch unterschiedliches Pressen kann man einen unterschiedlichen Druck auf die Wasseroberfläche erzielen. Das Wasser gibt nach dem Pascal'schen Gesetz diesen Druck durch den Strohhalm auf das Wasser im anderen Behälter weiter. Dadurch steigt die Last nach oben! Der Luftballon wirkt genauso wie der Kolben einer hydraulischen Presse. Abhängig von der Stärke des Drucks wird der Wasserstand in den beiden verbundenen Gefäßen verändert.

Was geschieht nun im umgekehrten Fall, wenn du den Luftballon in die große, breite Flasche und das Gewicht in die schmale Flasche bringst? Vergleiche den Unterschied!

Du benötigst jetzt deutlich weniger Kraft als vorhin, um das Gewicht anzuheben! Die wirkende Kraft auf die Flüssigkeit hängt nämlich zum einen vom Druck des Luftballons und zum anderen von der Fläche ab, auf der sie auf die Flüssigkeit wirkt. Und die ist in diesem Fall um einiges größer als vorhin.

Wasser läuft bergauf

Die Abhängigkeit der Flüssigkeiten vom äußeren Druck kann sogar so weit führen, dass sie bergauf laufen, zumindest zeitweise.

Stelle zur Vorführung dieses Tricks einen Wassereimer auf einen Tisch und einen zweiten Eimer etwas tiefer auf den Boden.

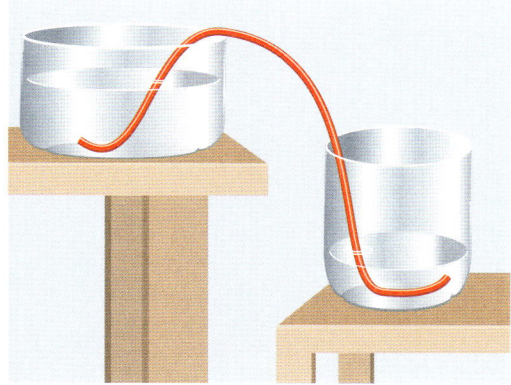

Fülle den oberen Eimer mit Wasser auf. Tauche einen Schlauch mit einem Ende unter das Wasser. Halte das andere Ende in den tiefen Eimer, sauge daran und beobachte ...

Pascal untersuchte unter anderem die Hydrostatik und entwarf den ersten hydraulischen Kolben. Noch heute wird die Druckausbreitung in Flüssigkeiten das Pascal'sche Gesetz genannt. Nach einem beinahe tödlichen Pferdewagenunfall widmete sich Pascal mehrere Jahre der Religion. Er entwickelte einen rationalen Gottesglauben, wie auch das Zitat zu Beginn der Randspalte auf Seite 98 deutlich macht.

Bekannt wurde er auch durch seine Kritik am Jesuitenorden, der im 17. Jahrhundert mit allen Mitteln die Gegenreformation vorantrieb. Schließlich kehrte Pascal zur Wissenschaft zurück, starb aber bereits im Alter von 39 Jahren.

»Von Pascal gibt es ein schönes Zitat über die Forschung und das Meer«, sagt der Direktor. »Meine Übertragung ins Deutsche lautet so: Bevor wir über das Meer fahren, gehen wir auf dem Land; bevor wir erfinden, gebrauchen wir den Verstand.«

Wellen, Wellen, Wellen ...

Die Wellen hinter den Autofenstern werden jetzt immer größer und erreichen schätzungsweise eine Höhe von sechs Metern. Vor einem Schild mit der Aufschrift *»Sunset Beach –*

Achtung: Surfer überqueren die Straße!« hält der Direktor an, die Freunde steigen aus. Riesige Brandungswellen werden hier an das Ufer gespült. Ganz klein erscheinen dagegen ein paar Surfer, die sich mutig in die Wellen stürzen.

Ein Surfer, der im Begriff ist, in Kürze den Kampf gegen die Wellen aufzunehmen, hantiert gerade an seinem Surfbrett herum. Jan stellt sich daneben und fragt ihn: »Was war denn deine höchste Welle, die du je gesehen hast?«

Der Surfer freut sich über das Interesse und sagt: »Die höchste Welle, die wir hier in Hawaii hatten, war mehr als 15 Meter hoch. Die habe ich aber leider nicht gesehen. Oder vielleicht: zum Glück! Denn sonst hätte ich vielleicht noch versucht, auf ihr zu reiten. Genau genommen war ich damals noch nicht einmal auf der Welt. Es war nämlich im Jahre 1946. Solche Riesenwellen heißen Tsunamis und richten unheimlichen Schaden auf dem Land an. Viele Küstenorte wurden damals vollständig zerstört.«

»Wie entstehen denn eigentlich solche Tsunamis?«, will der Großvater wissen.

»Durch gewaltige Erdbeben irgendwo auf der Welt. Heutzutage kann man solche Riesenwellen und ihren Weg ziemlich genau voraussagen. Durch ihre Stärke legen sie riesige Strecken zurück. So gab es 1960 eine Tsunamiwelle durch ein Erdbeben in Chile, das zunächst die Besiedlung eines 800 Kilometer langen Küstenstreifens von Südamerika komplett zerstörte. Die entstandene Tsunamiwelle legte die wahnwitzige Strecke von 17 000 Kilometer über den gesamten Pazifik zurück, bis sie auf Japan stieß. Das war 22 Stunden später! Das bedeutet, die Welle hat sich mit der gigantischen Geschwindigkeit von mehr als 770 Stundenkilometern ausgebreitet. Selbst in Japan richtete sie noch eine beachtliche Zerstörung in der Küstenregion von Honshu, der japanischen Hauptinsel, an. Zum Glück gibt es solche Erdbeben, die zerstörerische Tsunamis erzeugen, nur ein- bis zweimal pro Jahr. Und von diesen ist nur eine Tsunami alle zehn Jahre gefährlich. Jetzt muss ich aber ins Wasser, bevor die nächste Tsunami kommt«, sagt der Surfer und schnappt sein Brett.

Wasser absaugen

Du kannst das bergauf laufende Wasser in Bewegung bringen, indem du vorsichtig am unteren Schlauchende saugst. Aber Vorsicht: Plötzlich kommt das Wasser wie von selbst durch den Schlauch geschossen! Dabei überwindet es tatsächlich die Schwerkraft und läuft innerhalb des Schlauchs nach oben über den Eimerrand. Aber natürlich nur zeitweise, denn der Trick funktioniert nur, wenn der Schlauchausgang unterhalb des Eingangs ist. Somit liegt das Wasser am Ende doch wieder tiefer und gehorcht letztendlich der Schwerkraft. Dieser Trick wird oft zum Absaugen von Wasser aus Aquarien verwendet.

Tsunamiwellen

Diese gigantischen Wellen, die bis zu 20 000 Kilometer zurücklegen können, entstehen oft durch Erdbeben. Glücklicherweise sind derartig gewaltige Erdstöße jedoch ziemlich selten.

Wer war Pascal?

»Falls Gott nicht existiert, so verliert man nichts, trotzdem an ihn zu glauben; sollte er aber existieren, dann verliert man alles, wenn man nicht an ihn glaubt.« Der französische Denker, Mathematiker und Wissenschaftler Blaise Pascal (1623–1662) war auf den verschiedensten Wissensgebieten tätig. Er erfand und baute 1645 eine Rechenmaschine, die seinem Vater das Steuereintreiben erleichterte. Er leistete wichtige Beiträge zur Geometrie und Analysis und begründete zusammen mit Pierre de Fermat die Wahrscheinlichkeitstheorie. Sein Vater, der gleichzeitig sein Lehrer war, wollte ihn bis zum Alter von 15 Jahren von der Mathematik fernhalten. Deshalb entfernte er sogar alle mathematischen Schriften aus seinem Haus. Das jedoch erweckte erst recht die Neugier des jungen Blaise. Er begann damit, sich selbst Geometrie beizubringen. Als Zwölfjähriger bewies er bereits, dass die Summe der drei Winkel im Dreieck 180 Grad beträgt. Der Vater erkannte das aufkommende Genie, änderte seine Meinung und ließ ihm nun alle Unterstützung zukommen. Neben der Mathematik hatte Pascal ein großes Interesse an der Physik der Atmosphäre. Unter anderem experimentierte er mit dem Luftdruck und bewies, dass der luftleere Raum existiert. Das war damals ein sehr mutiger Gedanke, der allgemeinen Widerspruch weckte. So besuchte ihn 1647 sogar der berühmte Philosoph René Descartes (»Ich denke, also bin ich«) für zwei Tage und versuchte ihn davon abzubringen. Nach seiner Rückkehr schrieb Descartes resigniert: »Er hat zu viel Vakuum im Hirn.«

Die Entstehung einer Tsunamiwelle ist dem Effekt ganz ähnlich, wenn man einen Stein in einen See wirft. Die vorher unbewegliche Wasseroberfläche wird dadurch zu Schwingungen angeregt. Diese Schwingung breitet sich wellenförmig in alle Richtungen aus. Die Schwingung einer solchen Wasserwelle ist ein Prototyp für die elektromagnetischen Wellen und von großer Wichtigkeit für die Physik.

Wie entstehen die Wellen?

Die Surfer von Sunset Beach versammeln sich alle um einen kleinen Küstenabschnitt von etwa 200 Metern Länge: die so genannte Banzai Pipeline. Dabei brechen sich die Wellen in den Wintermonaten so, dass sie eine geschlossene Röhre bilden.

Unsere drei Freunde stehen mit offenem Mund und schauen bewundernd in die Wellen. Neben ihnen drängelt ein geschäftiges Filmteam, das gerade dabei ist, die Wellen und die Surfer auf Zelluloid zu bannen.

»Wir machen gerade eine wissenschaftliche Untersuchung über die Wellenformen und -größen«, sagt einer der beiden Leute hinter der Kamera. Er sieht braun gebrannt und zufrieden aus – kein Wunder bei dem Beruf! »Wie ist es möglich, dass solch große Wellen entstehen?«, will Jan von dem »Strandarbeiter« wissen.

»Das Wasser der Ozeane ist in ständiger Bewegung. Die Bewegung an der Oberfläche der Meere wird durch Winde hervorgerufen.«

Dazu bläst er Jan kräftig ins Gesicht. »Wenn ein Wind über die Wasseroberfläche bläst, so nimmt er die oberste Wasserschicht durch die Reibung ein Stückchen weit in seine Richtung mit. Die Wassermoleküle an der Oberfläche bekommen ihre Energie also von der Windkraft. Die einzelnen Wassermoleküle bewegen sich aber trotzdem kaum. Sie geben ihre gewonnene Bewegungsenergie vielmehr einfach an ihre Nachbarn weiter. So bewegt sich zwar die Energie entlang der Welle, nicht aber bewegen sich die Wassermoleküle selbst. Sie werden vielmehr abgebremst und durch die nachfolgenden vom Wind beschleunigten Teilchen nach unten gedrängt. Sie kehren um und tauchen schließlich eine Wellenlänge weiter hinten wieder auf. Dann beginnt das Spiel erneut. Die Wassermoleküle bewegen sich also wie auf vielen kleinen unsichtbaren Wasserrädern mit dem Durchmesser von einer Wellenlänge. Dieser Effekt setzt sich übrigens auch noch weiter in die Tiefe fort, dort gibt es weitere Wasserräder, die durch die Bewegung der höher liegenden Wasserräder angetrieben werden und so fort. Allerdings verringert sich die Geschwindigkeit der Teilchen in der Tiefe sehr schnell durch Reibung. Man kann daher mit gutem Grund annehmen, dass schon in der Tiefe von ein, zwei Wellenlängen das Wasser von dem Oberflächenwind bereits so gut wie nichts mehr mitbekommt.«

Die Windwirbel

»Und wie ist es möglich, dass solche Wellen entstehen?« fragt Jan noch einmal.

»Die Wellenberge und Wellentäler auf dem Meer entstehen durch die Windwirbel. Wenn der Wind über einen kleinen Wellenberg bläst, so wird er sehr schnell. Durch das Bernoulli'sche Prinzip entsteht somit ein Unterdruck, der die Welle noch weiter hochsaugt. Hinter dem Wellengipfel der Kante entsteht dagegen ein Windwirbel, was zu einer Verlangsamung der Windgeschwindigkeit führt. Deshalb ergibt sich diesmal nach Bernoulli ein Überdruck, der das Wellental noch tiefer macht.

Das Ganze läuft übrigens so ähnlich wie die Entstehung der Flussmäander (siehe Seite 86) ab.«

Wann sind Wellen groß, wann klein?

Der Wissenschaftler kommt so langsam in Fahrt, aber er ist noch immer nicht zum eigentlichen Thema gekommen. Es fehlen ihm noch die Overheadfolien zu einem richtigen Vortrag. Immerhin ist die Erklärung bisher für Jan so interessant, dass er noch einmal nachfragt:

»Und warum gibt es manchmal solche große und manchmal nur ganz kleine Wellen?«

»Nun, es hat sich gezeigt, dass drei Dinge für die Wellengröße besonders wichtig sind:

1. Die Windgeschwindigkeit,
2. die Zeitdauer, wie lange der Wind über dem Wellengebiet weht,
3. die Strecke, die der Wind zuvor ungehindert über den offenen Ozean geblasen hat.

Sowohl die Energie der Wellen als auch ihre Größe und Wellenlänge nehmen zu, wenn einer dieser drei Faktoren zunimmt. Außerdem wird die Wellengröße durch die jeweilige Meeresströmung und natürlich die Gezeiten beeinflusst. So gibt es bei Voll- und Neumond zum Beispiel immer die größten Wellen, weil da die Gezeiten am stärksten sind. Die Gewalt der Wellen zeigt sich letztendlich erst richtig, wenn sie auf Land treffen.«

Jan lauscht aufmerksam dem Vortrag des Wissenschaftlers, der schon wieder weitererzählt: »Sobald die Wassertiefe weniger als die halbe Wellenlänge beträgt, kann sich die Welle nicht mehr ungehindert ausbreiten. Sie bemerkt am unteren Ende ihres Wasserrads das Hindernis. Die Wassermoleküle können den Kreis nicht mehr schließen und nicht mehr nach hinten zurückkehren. Deshalb können sie sich an der nächsten Welle nicht aufs Neue beteiligen. Somit fehlt den Wellen ab dieser kritischen Wasserhöhe der Nachschub. Schließlich brechen sie. Das ist so ähnlich, wie wenn man einen Wasserhahn plötzlich mit einem Schlag abdreht. Und für die nächste Welle wieder auf und zu. Von der bisherigen Drehbewegung der rollenden Welle bleibt also kurzzeitig nur der obere Teil übrig. Dieser hat keine Nachbarn mehr zum Abbremsen. So wird aus der Drehgeschwindigkeit eine starke Vorwärtsgeschwindigkeit. Die obersten schnellsten Wasserfronten kippen durch die Schwerkraft nach unten und brechen mit einem riesigen Schlag an Land.

INFOBOX

Schwingungen

Ein Schaukelpferd oder ein Schaukelstuhl schwingen in einem ständigen Wechselspiel ihrer beteiligten Energien hin und her. Beteiligte »Spieler« sind die Energie der Bewegung (die kinetische Energie) und die Energie der Höhe des Gewichts (die potenzielle Energie). Die kinetische Energie geht in die potenzielle Energie über und umgekehrt. An ihrem höchsten Auslenkungspunkt hat die Schaukel nur noch potenzielle Energie und keine Geschwindigkeit mehr. Und an ihrer geringsten Auslenkung hat sie die höchste Geschwindigkeit und damit die höchste kinetische Energie. Dieses Wechselspiel wird durch die Energieerhaltung geregelt, zumindest solange keine Reibung vorliegt.

Genauso verhält es sich auch auf der Wasseroberfläche: Die durch den Steinwurf ausgelösten Schwingungen breiten sich kreisförmig um das Zentrum in alle Richtungen entlang der Wasseroberfläche aus. Die Wassermoleküle schwingen dabei nach oben und unten, also transversal zur Ausbreitungsrichtung der Welle. Deshalb werden diese Schwingungen auch Transversalwellen genannt. Im Gegensatz dazu gibt es so genannte Longitudinalwellen. Hier schwingen die Elemente der Welle entlang der Ausbreitungsrichtung. Ein Beispiel dafür ist die Ausbreitung von Wellen entlang einer Feder. Der räumliche Abstand zweier Auslenkungsberge wird die Wellenlänge einer Schwingung genannt. Die Frequenz einer Schwingung zählt die Zahl von Wellenbergen innerhalb der Zeitdauer einer Sekunde.

Wenn die Energie der Wellen hoch genug war, bilden sie einen Tunnel bzw. eine Pipeline. Dabei ist die Höhe natürlich im Surferdeutsch auch wieder von der Energie der Wellen abhängig.«

Jan ist sehr beeindruckt, der Wissenschaftler ist tatsächlich auf seine Frage eingegangen. Der Direktor bedankt sich und verfrachtet seine Freunde in das Auto zur Heimfahrt.

Ein Surfer im Kampf gegen die Wellen.

Transversal und longitudinal

Transversal (von lat. »transversare« = wiederholt umwenden) bedeutet »quer zur Längsrichtung«, longitudinal (von lat. »longitudo« = Länge) bedeutet »in Längsrichtung«.

Wellengröße

Die Energie und Größe der Wellen hängt von mehreren Faktoren ab: von der Windgeschwindigkeit, der Winddauer, der Meeresströmung und den Gezeiten. Da die Gezeiten bei Vollmond und Neumond am stärksten sind, gibt es dann auch die größten Wellen.

Die Faszination des Elektro-magnetismus

STRÖME,

BLITZE,

MAGNETEN,

TELEFONE.

DAS ARBEITSZIMMER

DES ZIRKUSDIREKTORS

Neuronen, PCs und Kaffee

Die Katze atmet auf, als Jan, der Großvater und der Direktor wieder im Auto sitzen und zurück in Richtung Heimat fahren. Dort kann sie sich endlich wieder auf ihr Sofa in der Mitte des Wohnzimmers legen und fernsehen. Der Direktor lädt Jan und den Großvater zu sich nach Hause ein. Da das Sofa im Wohnzimmer sofort durch die Katze belegt ist, bittet er die beiden in sein Arbeitszimmer. Jan traut seinen Augen nicht: Wie unaufgeräumt es hier ist! Alles steht voll mit irgendwelchen technischen Gerätschaften.

»Nehmt einfach irgendwo Platz, ich bringe gleich einen Kaffee«, sagt der Direktor und verschwindet in die Küche.

»Ich wäre eigentlich lieber auf der Katze gesessen als auf so einer Kuchenform – oder was das da ist«, sagt der Großvater leise. Jan gefällt es hier trotz der Unordnung – oder vielleicht sogar gerade deswegen!? Genauso würde sein Zimmer nach einem Jahr ohne Aufräumen auch aussehen. Er hat einen Luftballon gefunden und bläst ihn auf.

Ohne Strom kein Kaffee

»Ihr fragt euch sicher, warum es hier so aussieht«, entschuldigt sich der Direktor, als er wieder zurück ist. »Normalerweise könnte man das ja auf die Katze schieben, aber die meine ist viel zu faul, um so eine Unordnung anzurichten. Der Grund für das Durcheinander ist vielmehr, dass ich gerade eine neue Zirkusvorführung vorbereite. Es soll um die Faszination von elektrischem Strom und Magneten gehen. Dabei handelt es sich um eine ganz neue Welt, die vor 300 Jahren noch fast unbekannt war. Die Entdeckung der Elektrizität und des Magnetismus bzw. ihres Zusammenhangs veränderte unsere Welt nachhaltig. Ohne Strom kein Licht, kein Fernsehen, keine PCs, kein Telefon und keinen Weltraumflug – nicht einmal Kaffee!«

Der Direktor bringt daraufhin den versprochenen Kaffee, und alle sind froh, dass es elektrischen Strom gibt.

Elektrische Impulse im Gehirn

Noch nicht einmal der Mensch selbst würde ohne Elektrizität funktionieren. Und das, obwohl er von außen sowohl elektrisch als auch magnetisch neutral ist. Von innen sieht aber alles – wie so oft – völlig anders aus. Das ganze »Nachrichtensystem« im Menschen beruht auf dem Austausch von elektrischen Strömen und Impulsen. So werden unsere Bewegungen, Sinneswahrnehmungen oder Gedanken über elektrische Pulse gesteuert. Trotzdem besitzen wir vermutlich keine Sinnesorgane für elektrische oder magnetische Kräfte. Unsere Bekanntschaft mit elektrischen Ladungen beschränkt sich in der Regel auf einen gelegentlichen elektrischen Schlag – zum Beispiel von einer geladenen Türklinke.

»Deshalb mussten sich die Menschen zuerst Messgeräte bauen«, bemerkt der Großvater.

»Genau. Und davon liegen einige in meinem Arbeitszimmer herum«, bestätigt der Direktor. »Die Größen, die damit gemessen werden, sind keine Begriffe aus unserem Sinnesalltag: Ladung, Stromstärke, Spannung, Widerstand, magnetische Feldstärke, Kapazität oder Induktivität. Und noch exotischer hören sich deren Maßeinheiten an: Anstatt Meter und Kilogramm heißt es jetzt Coulomb, Ampere, Volt, Ohm, Gauß, Farad, Henry und so weiter. So unübersichtlich diese in so kurzer Zeit gewachsene Namensvielfalt zunächst wirkt, so hat sie doch einen großen Vorteil gegenüber den Maßsystemen der Mechanik: Es gibt nur ein System von Messgrößen. Man braucht auf keine britischen Längeneinheiten wie Meile, Fuß, Unze oder Yard und auf ihre Umrechnung in Meter Rücksicht zu nehmen. Und man braucht ebenso keine Umrechnungstabellen für die Temperatur von unseren Grad Celsius in die amerikanischen Grad Fahrenheit.«

»Und auf welcher Straßenseite fließen die englischen Ströme?«, fragt Jan.

»Ausnahmsweise fließen alle elektrischen Ströme in die gleiche Richtung wie die deutschen! Die Welt der Elektrizität und des Magnetismus ist also gar nicht so kompliziert, wie sie auf den ersten Blick erscheint. Und es gibt viele einfache Tricks für meinen Zirkus, die jeder nachvollziehen kann.«

Die Neuronen

Die Bausteine unseres Gehirns, die Neuronen, verständigen sich mit Hilfe elektrischer Pulse untereinander – genauso wie alle PCs des Internets, des gigantischen weltweiten Datennetzwerks. Trotzdem tun die Menschen und ihr gesunder Menschenverstand sich immer noch schwer, die Welt der Elektrizität zu begreifen. Der Hauptgrund hierfür ist, dass wir keinerlei Sinnesorgane für elektrische oder magnetische Kräfte besitzen. Zumindest wurde bisher keines gefunden.

Maßeinheiten des Elektromagnetismus

Alle Maßeinheiten sind nach bekannten Wissenschaftlern benannt, die sich in den letzten Jahrhunderten um die Erforschung der Elektrizität und des Magnetismus verdient gemacht haben.

Die elektrische Ladung

Der Zauberkamm

Wetten, dass man ein paar Papierschnipsel aufheben kann, ohne sie zu berühren? Fahre dir dazu mit einem Kamm ein paar Mal durch deine Haare. Sicher ist dir schon einmal beim Kämmen aufgefallen, dass du mit dem Kamm die Haare etwas nach oben ziehen kannst, ohne sie zu berühren. Manchmal knistert es sogar richtig, wenn du durch das Haar streichst – vor allem, wenn die Luft sehr trocken ist. Halte den durch die Haare aufgeladenen Kamm über die Papierschnipsel! Die Papierschnipsel kleben am Kamm fest und lassen sich ganz einfach abheben. Noch besser klappt der Trick, wenn du den Kamm vorher ein paar Mal kräftig an Wolle reibst.

Der Direktor nimmt den inzwischen aufgeblasenen Ballon von Jan. Er reibt ihn einige Male an seinem Wollpullover und hält ihn sich dann knapp über den Kopf. Plötzlich heben sich die Haare an und stehen senkrecht vom Kopf ab. Wenn sie dem Ballon zu nahe kommen, dann knistern sie etwas, was aber durch Jans Lachen übertönt wird.

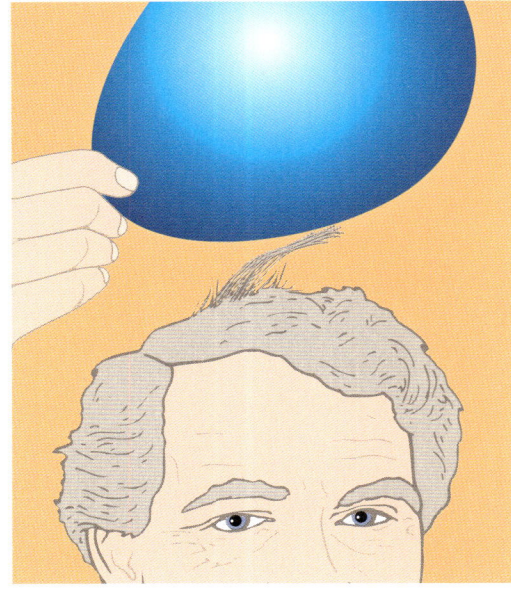

Zieht man sich den Luftballon knapp über den Kopf, stehen einem die Haare zu Berg.

»Der Ballon hat durch das Reiben am Wollpullover eine elektrische Ladung bekommen. Und diese Ladung geht teilweise auf die Haare über. Dadurch werden sie von dem Ballon angezogen«, erklärt der Direktor.
Er hält den Ballon nun an die Zimmerdecke und lässt ihn los. Wie von selbst bleibt er an der Decke kleben. Ungläubig schauen Jan und der Großvater nach oben. Selbst die Katze ist hergekommen und versucht zum Ballon hochzuspringen.
»Das gehört nicht mehr zur Vorführung. Außerdem kann es dauern, bis die Katze aufhört – und erst recht, bis der Ballon herunterfällt«, sagt der Direktor. »Solange zeige ich euch lieber noch einige weitere Tricks mit elektrischen Ladungen, die man auch leicht zu Hause vorführen kann.«

Wie funktionieren Wünschelruten?

Die Anziehungskraft zwischen aufgeladenen Isolatoren und Wasser ist auch eine Erklärungsmöglichkeit für das umstrittene Funktionieren von Wünschelruten. Dabei wird angeblich Wasser im Boden durch den leichten Ausschlag einer in den Händen gehaltenen Wünschelrute aufgefunden. Es könnte sein, dass die Rute vorher durch Reibung etwas aufgeladen wurde und dann vom guten Leiter Wasser geringfügig angezogen wird.

Anziehungstricks mit elektrischen Ladungen

Kleben ohne Klebstoff

Die verschiedensten Gegenstände lassen sich ohne Klebstoff zusammenkleben. Zumindest kleben sie für einige Zeit. Dazu benötigst du lediglich etwas Wolle, zum Beispiel einen Wollpullover. Reibe einen Trinkhalm ein paar Mal an ihm. Bringe ihn dann in die Nähe einer Zimmerwand. Du wirst sehen, dass er ganz von selbst daran haften bleibt! Genauso funktioniert der Trick mit einem Blatt Papier oder einem Luftballon. Du kannst sie auch an die Decke, deine Kleidung, die Tür und so weiter kleben. Je kühler und trockener die Luft ist, umso besser klappt der Trick. Der Luftballon bekommt durch das Reiben eine elektrische Ladung. Diese übt eine Anziehungskraft auf die Wand aus und sorgt dafür, dass er daran haften bleibt.

Wasser wird abgelenkt

Reibe einen Kamm oder einen Plastiklöffel an Wolle. Öffne vorsichtig einen Wasserhahn, und halte den Kamm in die Nähe des Wasserstrahls! Was geschieht mit dem Strahl? Er wird vom Kamm angezogen. Deshalb wird er zu einem Bogen ausgelenkt. Je näher du den Kamm an den Strahl annäherst, umso stärker wird er von der Ladung des Kamms angezogen und von seiner ursprünglichen Bewegung abgelenkt. Sobald du dem Wasserstrahl aber zu nahe 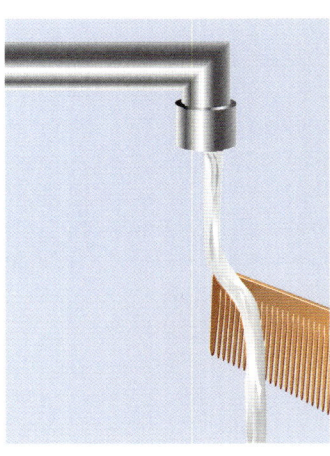 *kommst und der Kamm und das Wasser sich berühren, ist der Zauber vorbei. Der Strahl fällt nun wieder senkrecht nach unten. Durch den Kontakt mit dem Wasser verliert der Kamm seine Ladung an das fließende Wasser – und ruck, zuck ist sie weggeschwemmt. Denn Wasser ist ein guter Leiter für Ladungen.*

Das ist auch die Erklärung dafür, dass Vorführungen mit elektrischen Ladungen in Trockenheit viel besser gelingen. Denn durch den Kontakt mit den Wassertropfen in feuchter Luft wird die Ladung ähnlich abgeleitet wie durch den Wasserstrahl.

Wie trennt man Pfeffer und Salz?

Die Lösung: natürlich wieder mit elektrischer Ladung! Schütte etwas Salz und gemahlenen Pfeffer auf den Tisch, und vermische sie. Es wäre ein aussichtsloses Unterfangen, die beiden wieder zu trennen, gäbe es nicht die Anziehungskraft elektrischer Ladungen!

Reibe einen Plastiklöffel kräftig an Wolle, und nähere ihn langsam von oben dem Durcheinander. Plötzlich springen die Pfefferkörnchen an den Löffel hoch, und du kannst sie einzeln entfernen. Der Grund ist, dass die Pfefferstückchen leichter sind als das Salz und deshalb schon in größerem Abstand zum Löffel ihre Schwerkraft überwinden. Der Löffel zieht auch das Salz an. Allerdings musst du dafür den Löffel näher an den Salzhügel halten. Dadurch wird die elektrische Anziehungskraft auf das Salz schließlich größer als dessen Gewichtskraft. Dann springt auch das Salz auf den Löffel.

Sich abstoßende Ladungen

Der Luftballon hängt immer noch an der Decke. Die Katze hat allerdings ihre Sprungvorführung inzwischen resigniert eingestellt und schaut sich jetzt mit großen Augen im Fernsehen Werbung für Katzenfutter an. Der Direktor hat zwischenzeitlich zwei weitere Luftballone aufgeblasen und beide an einem Faden befestigt. Er reibt beide eine Weile an seinem Wollpullover. Anschließend lässt er sie an ihren Fäden nach unten baumeln. Diesmal stoßen sich die Ballone ab!

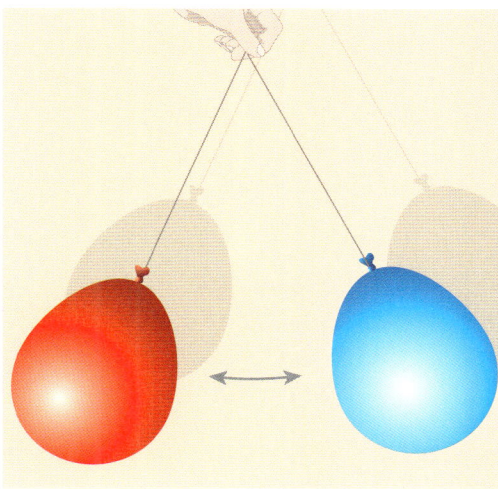

»Wie ist so etwas möglich?«, fragt Jan. »Gerade hat der Luftballon doch noch an allem Möglichen festgeklebt!«

Die Entdeckung der Elektrizität

»Das Gleiche hat sich vor mehr als 2 500 Jahren auch schon der griechische Universalgelehrte Thales von Milet gefragt«, antwortet der Direktor. »Er hat im Jahre 560 v. Chr. zum ersten Mal die wunderbaren Eigenschaften der Elektrizität entdeckt, indem er Bernstein an einem Stoff rieb. Der Bernstein zog dann kleine Teilchen aus Stroh an. Dieser Versuch gab der Elektrizität auch ihren Namen, denn der griechische Name für Bernstein ist »elektron«. Der eigentliche Namensgeber war aber erst der englische Arzt Gilbert, der diese neuartige, manchmal anziehende, manchmal abstoßende Kraft im Jahre 1590 erstmals als Elektrizität bezeichnete.«

Die Entdeckung der Elektrizität durch Thales blieb – wie viele andere große Erfindungen – über mehrere Jahrhunderte hinweg wenig beachtet und wurde vielfach als Spielerei abgetan. Daneben machte Thales viele wichtige Entdeckungen in Geometrie und Mathematik.

Wer war Milet?

Der griechische Mathematiker, Philosoph und Astronom Thales von Milet (etwa 640–560 v. Chr.) war vielleicht der erste Naturwissenschaftler überhaupt. Vor seiner Zeit wurden die Götter für die meisten Naturerscheinungen verantwortlich gemacht. So wurde der Blitz durch Verärgerung des Göttervaters Zeus erklärt und Erdbeben durch Verärgerung des Meeresgottes Poseidon. Thales entwickelte dagegen eine neue Theorie der Erdbeben: Er sah die Erde als Scheibe an, die auf einem endlosen Ozean aus Wasser schwimmt. Er stellte sich die Erde als ein Boot vor, das ab und zu im Wasser schaukelt, was wie ein Erdbeben wirkt.

Seine wahrscheinlich spektakulärste Tat war die Vorhersage einer Sonnenfinsternis im Jahre 585 v. Chr., die dann auch tatsächlich eintrat. Die Vorhersage beruhte wohl rein auf der Untersuchung der Regelmäßigkeit der vorigen Sonnenfinsternisse. Daraus lässt sich zwar vorhersagen, wann eine Finsternis eintrifft, aber nicht, wo – und auch nicht, wie stark sie ist. Die von Thales vorhergesagte Sonnenfinsternis war auf jeden Fall total und fand tatsächlich in Griechenland statt. Man kann diese Vorhersage deshalb »glücklich« nennen, aber auch »genial«.

Wieso ziehen sich Stoffe an?

Wir wissen bereits, dass alle Stoffe aus winzig kleinen Bestandteilen bestehen, den Molekülen. Diese bestehen aus kleineren Einzelbestandteilen, den Atomen.

Am Anfang war das Wasser

Thales war der Ansicht, dass Wasser der Urstoff aller Dinge ist und alle Dinge des Universums aus Wasser gemacht sind. Neben anderen wichtigen Entdeckungen in der Geometrie und Mathematik wird Thales auch die Entdeckung der Elektrizität zugeschrieben. Thales war außerdem sehr geschäftstüchtig. Zum Beispiel sah er (durch nicht näher geschilderte astronomische Beobachtungen) eine exzellente Olivenernte für Milet im nächsten Sommer voraus. Deshalb mietete er schon im Winter alle verfügbaren Olivenölpressen der Stadt und näheren Umgebung. Nachdem die gute Ernte tatsächlich eingetroffen war, konnte er die Pressen zur Erntezeit zu Höchstpreisen untervermieten – womit sein Ausspruch »Ein Philosoph kann jederzeit reich werden« bewiesen sein dürfte.

Moleküle und Atome spüren im Normalzustand keine elektrischen Kräfte. Man sagt auch, sie sind elektrisch neutral. Atome sind zwar sehr klein, aber noch lange nicht die kleinsten Teilchen. Vielmehr sind auch die Atome wieder aus Bestandteilen zusammengesetzt – und zwar dem Atomkern und den ihn umgebenden Elektronen. Im Atomkern ist fast die ganze Masse der Atome versammelt. Die Elektronen sind viel leichter und dafür auch viel beweglicher als der Kern. Durch das Reiben an Wolle werden deshalb einfach einige der Elektronen von der Wolle abgestreift und zum Beispiel auf den Luftballon übertragen. Und plötzlich ist der Luftballon elektrisch aufgeladen. Deshalb muss diese elektrische Ladung mit den Elektronen auf den Ballon übertragen worden sein.

Das bedeutet, dass jedes Elektron eine elektrische Ladung besitzen muss. Und der Atomkern muss eine entgegengesetzte Ladung besitzen, da die Atome neutral sind. Die Wolle ist deshalb ebenfalls aufgeladen. Da ihr Elektronen weggenommen wurden, muss sie natürlich ebenfalls die umgekehrte Ladung besitzen.

Ladung kann also positiv oder negativ sein. Man hat festgelegt, dass die Elektronen eine negative Ladung besitzen und der Atomkern eine positive.

Die elektrische Ladung zweier Stoffe ist die Ursache für die elektrische Anziehungskraft zwischen ihnen. Wie wir gesehen haben, stoßen sich gleich geladene Stoffe ab. Entgegengesetzt geladene Stoffe ziehen sich dagegen an. Das ist ein großer Unterschied zur Schwerkraft, die nur anziehend wirkt. »Ich verstehe nur noch nicht so richtig, warum der Luftballon von der Decke angezogen wird«, fragt der Großvater.

»Genau! Ich verstehe das auch nicht, denn die Decke ist doch eigentlich elektrisch neutral – und neutrale Stoffe spüren keine elektrische Anziehung«, bemerkt Jan.

»Das stimmt natürlich, aber die Ladungen in der Decke werden durch den Luftballon leicht

Die Coulombkraft

Je größer die Ladungen und je kleiner deren Abstand ist, umso größer ist die Stärke dieser Kraft. Diese Zusammenhänge der elektrischen Kraft werden nach einem ihrer Mitentdecker Charles Augustin Coulomb (1736–1806) Coulombkraft genannt. Genauso wie der Impuls, die Energie oder Masse kann sich die Ladung innerhalb eines Systems nicht verändern. Man sagt, sie ist eine Erhaltungsgröße. Deshalb ist es wichtig, die Ladung zu messen. Ähnlich wie die Masse in Kilogramm gemessen werden kann, misst man die Ladung in der Maßeinheit Coulomb.

verschoben. Die beweglichen Elektronen in der Decke werden durch die negative Ladung des Luftballons abgestoßen und etwas von der Kontaktfläche weggedrückt. Man sagt auch: Die Moleküle der Decke werden polarisiert. Dadurch ist an der Oberfläche eine leichte positive Ladung entstanden. Und deshalb wird der Luftballon angezogen. Das kann man übrigens mit einem so genannten Elektroskop nachmessen. Ein einfaches Elektroskop zum Vermessen von elektrischen Ladungen kann man auch zu Hause aufbauen.«

Ein Elektroskop selbst basteln

Der Bau
Um die Stärke einer elektrischen Ladung zu messen, kannst du nach dieser Anweisung ein einfaches Elektroskop bauen. Dazu benötigst du eine Glasflasche – zum Beispiel eine leere Schnapsflasche, die man durch einen Korken verschließen kann. Außerdem benötigst du einen festen Draht, zum Beispiel aus Kupfer.

1. Schritt
Biege zuerst den Draht in die Form eines langen »L«, und stecke ihn durch den Korken.

2. Schritt
Lege dann ein schmales, in der Mitte gefaltetes Stückchen Aluminiumfolie über den quer stehenden kleinen Teil des Drahtes.

3. Schritt

Bringe das Ganze vorsichtig in die Flasche, und befestige den Korken gut in der Öffnung.

4. Schritt

Stecke auf den herausschauenden Rest des Drahtes eine zu einer kleinen Kugel zusammengedrückte Aluminiumfolie – und fertig ist das Elektroskop!

Messungen mit dem Elektroskop

a) Polarisationsladung

Lade einen Kamm durch kräftiges Reiben mit einem Wolltuch stark negativ auf. Nähere den Kamm vorsichtig der Kugel des Elektroskops. Schon bei der Annäherung werden die Aluplättchen ausgelenkt.

Der Grund ist die Polarisation des Elektroskops. Die negativen Elektronen werden abgestoßen und weg vom Kamm entlang des Drahtes verschoben.

Sie bringen die Plättchen ohne jede Berührung durch den Kamm zum Ausschlag!

Entfernst du den Kamm wieder ohne Berührung, dann hört die Auslenkung wieder auf. Die abgestoßenen Elektronen sind wieder in Richtung der Alukugel zurückgekehrt, auf den Plättchen ist keine Ladung mehr.

b) Negative Ladung

Berühre dieses Mal mit dem geladenen Kamm die Alukugel!

Die negative Ladung wird auf das Elektroskop übertragen, die Plättchen schlagen aus.

Auslenkung

Sobald man einen negativ aufgeladenen Kamm in die Nähe der Aluminiumkugel bringt, wird das Aluplättchen ausgelenkt, da das Elektroskop durch den Kamm polarisiert wurde.

Sonnenbad

Um verlässliche Ergebnisse zu erzielen, musst du darauf achten, dass die Flasche und der Verschluss absolut trocken sind. Stelle deshalb die Flasche sicherheitshalber vor dem Verschließen einige Zeit in die Sonne. Ansonsten würde die Ladung ziemlich schnell über das gut leitende Restwasser abfließen.

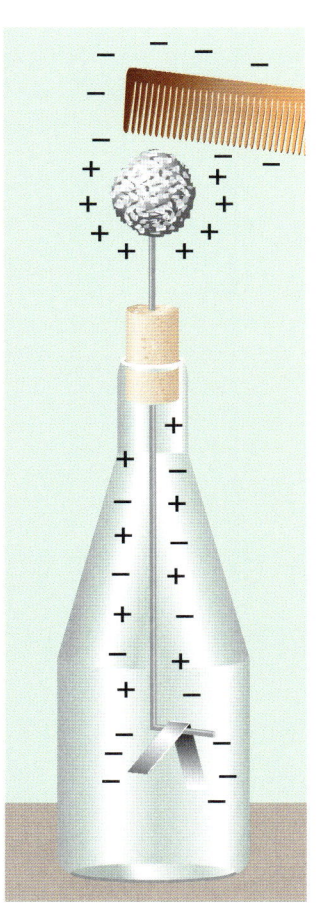

Sobald du die Aluminiumkugel mit einem Testgegenstand berührst, überträgt sich dessen Ladung über den Draht auf die beiden zunächst herunterhängenden Aluminiumstreifen. Da sich gleiche Ladungen abstoßen, werden die Streifen abgestoßen und heben sich entsprechend der Stärke der Testladungen an.

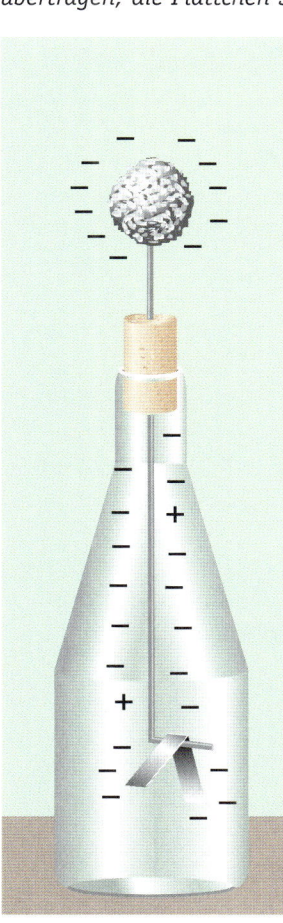

Entfernst du den Kamm wieder, so bleibt der Ausschlag erhalten, da jetzt die Ladung wirklich übertragen worden ist. Versuche nun das Elektroskop wieder zu entladen! Diese Vorführung gelingt dir erstaunlicherweise sofort, indem du beispielsweise die Kugel mit einem deiner Finger berührst.

c) Positive Ladung durch Polarisation

Das Elektroskop kann mit der folgenden raffinierten Methode positiv aufgeladen werden: Nähere den negativ aufgeladenen Kamm von der Seite der Kugel, ohne sie zu berühren. Dadurch wird die negative Ladung innerhalb des Drahts wieder weg vom Kamm verschoben. Deshalb sitzt sowohl auf den beiden dadurch ausgelenkten Plättchen als auch auf der Rückseite der Kugel eine negative Ladung. Diese Ladung kann von der Kugel entfernt werden, wenn du mit einem Finger deiner anderen Hand für etwa eine Sekunde die Rückseite der Alukugel berührst. Einige Elektronen fließen dadurch auf den neutralen Finger, die verbleibende Gesamtladung auf dem Elektroskop ist damit positiv.

Dies bemerkst du, wenn du den Kamm entfernst: Die Plättchen sind nun weiterhin ausgelenkt. Dass es sich hierbei um eine positive Ladung handelt, kannst du ganz leicht zeigen, indem du die Kugel einfach ein paar Mal kurz mit dem schwach negativ aufgeladenen Kamm berührst. Dadurch verschwindet die Auslenkung der Plättchen schließlich. Deshalb muss die Ladung vorher positiv gewesen sein.

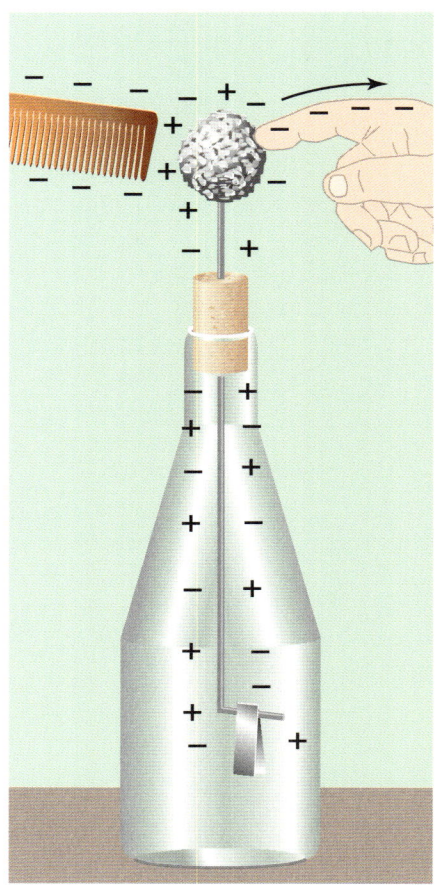

Wer war Wilcke?

Der schwedische Physiker Johan Carl Wilcke (1732–1796) lehrte an der Akademie der Wissenschaften in Stockholm. 1757 stellte er eine Spannungsreihe für die Reibungselektrizität auf, 1772 untersuchte er die spezifischen Wärmen verschiedener Körper.

d) Positive Ladung durch Reibung

Halte die Wolle, mit der du den Kamm elektrisch aufgeladen hast, an die Alukugel. Wieder schlägt das Elektroskop aus bzw. werden die Plättchen ausgelenkt, da die Wolle positiv aufgeladen ist.

Jan ist ganz begeistert von dem Elektroskop und untersucht damit die verschiedensten Gegenstände, nachdem er sie aneinander gerieben hat. Jeder Stoff hat ein unterschiedliches Bestreben, Elektronen abzugeben oder aufzunehmen.

Dieses unterschiedliche Verhalten hängt von der jeweiligen Anordnung der Moleküle in ihren Gittern und den Bedingungen auf der Oberfläche des Stoffes ab. Dabei kann man eine Reihenfolge der Stoffe aufstellen, die so genannte elektrostatische Reihe. Das machte erstmals J. C. Wilcke im Jahre 1757 (siehe Randspalte links).

Je leichter ein Stoff bei der Reibung an einem anderen Stoff Elektronen aufnimmt, umso weiter oben wird er in dieser Reihe angeordnet.

Zu dieser Stoffgruppe gehören zum Beispiel Gummi und Vinyl. Am anderen Ende der Reihe stehen zum Beispiel Glas und Wolle. Jan hat herausgefunden, dass sich die Stoffe am besten durch Reibung elektrisieren lassen, wenn sie in der elektrostatischen Reihe möglichst weit voneinander entfernt sind. Dann weiß jeder Stoff, was er »will«, und es wird ein großer Ladungsunterschied erzeugt.

Die Ladungen bewegen sich: elektrische Ströme

»Mit den elektrischen Ladungen kann man noch viel mehr anfangen, als sie auf ein Elektroskop zu bringen«, setzt der Direktor seine Vorführungen fort. »Elektrische Ladungen können sich nämlich auch bewegen. Dadurch entsteht ein elektrischer Strom.

Die elektrostatische Reihe

Durch Reibung bekommen Stoffe unterschiedliche elektrische Ladungen. Einer der beiden aneinander geriebenen Stoffe gibt seine Elektronen leichter ab als der andere und wird deshalb positiv geladen, der andere entsprechend negativ.

Vergleicht man viele Stoffe miteinander, so kann man eine Reihenfolge aufstellen: die elektrostatische Reihe. Die Aufzählung beginnt mit den Stoffen, die am leichtesten Elektronen abgeben, und endet mit Stoffen, die am besten Elektronen aufnehmen: (–) Vinyl, Schallplatte, harter Gummi, Zelluloid, Schwefel, Luftballon, Polyäthylen, Bernstein, Wachs, Holz, Baumwolle, Papier, Seide, Katzenfell, Wolle, Nylon, Glas, Hasenfell, Asbest (+).

heran und sagt: »Nähere dich jetzt bitte mit einem Finger vorsichtig dem Rand des Blechs.«
Der Direktor schaltet das Licht aus, und Jan nähert sukzessive seinen Finger dem Blech. Und tatsächlich springt plötzlich ein kleiner – völlig ungefährlicher – Miniblitz vom Blech auf den Finger über!

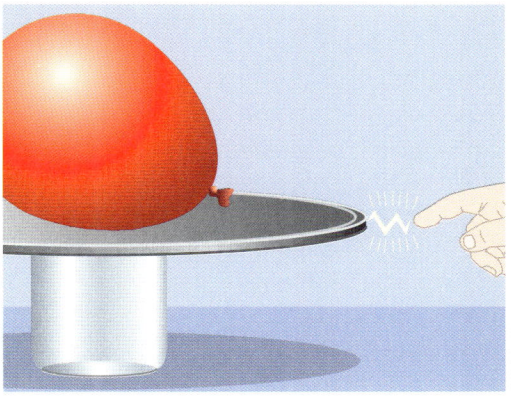

Wenn man sich mit dem Finger der Metallplatte nähert, springt die Ladung des Luftballons über, und es entsteht ein kleiner Blitz.

Für einen Strom sind elektrische Leiter nötig. Die Stoffe, die wir bisher zur Erzeugung von Ladungen durch Reiben untersucht haben, sind sehr schlechte Stromleiter. Dafür speichern sie die Ladungen. Wasser und vor allem Metalle sind hervorragende Leiter. Metalle sind so angeordnet, dass sie Elektronen nicht auf einen festen Platz im Gitter zwingen. Deshalb sind die Elektronen in Metallen extrem beweglich und können Ladungen blitzschnell und einfach transportieren. So entsteht ein elektrischer Strom oder manchmal auch ein Funke oder Blitz.«

»An diesem Blitz ist jetzt das Metall schuld, vermute ich«, sagt der Großvater.
»Da es so gut leitet, wartet es nur darauf, die Ladung des Luftballons blitzschnell irgendwohin zu transportieren. Die Luft und das trockene Glas, auf dem es steht, leiten nicht. Also kommt nur Jans Finger in Frage. Sobald der Finger nahe genug ist, springt die gesamte Ladung von der gleichen Stelle am Metall auf einmal in einem einzigen Funken über. Genauso entstehen übrigens die Funken und elektrischen Schläge an Türklinken, Autotüren oder Heizungen.«

Blitze und Funkenschlag: Gefahren elektrischer Ströme

»Ich möchte gerne einen Funken sehen«, fordert Jan.
»Nichts leichter als das!«, sagt der Direktor. »Dazu brauche ich nur ein trockenes Glas und mein Kuchenblech … Wo ist es denn?«
»Ich glaube, das liegt auf meinem Stuhl«, sagt der Großvater und kramt das eingeklemmte Blech hervor.
Der Direktor hat inzwischen das Glas auf den Tisch gestellt und legt das Blech darauf. Er lädt einen Luftballon durch Reiben kräftig auf und legt ihn auf das Blech. Nun bittet er Jan

Hochspannung – selbst gemacht

Für die Vorführung dieses selbstverständlich absolut ungefährlichen Funkenschlags benötigst du eine alte Schallplatte, die du auf eine Alufolie legst. Das ist das Unterteil der Funkenmaschine. Als Oberteil benötigst du einen möglichst großen alten Blechdeckel – zum Beispiel von einer Keksdose.

1. Schritt
Klebe ein leeres Plastikröhrchen (mindestens fünf Zentimeter hoch) an dem Deckel fest, das dir als Griff dienen wird. Nun benötigst du nur noch eine Schere oder etwas Draht.

Ladungsausgleich

Immer dann, wenn man mit einem guten Leiter in Kontakt kommt, gleichen sich die Ladungen schlagartig aus. So wird man zum Beispiel aufgeladen, wenn man mit seinen Schuhsohlen über Teppiche in einem Kaufhaus schleift. Dabei werden wieder zwei Stoffe aneinander gerieben. Wie stark die dadurch entstandene Ladung ist, kommt außer auf die Luftfeuchtigkeit natürlich auf die Materialien der Schuhsohle und des Bodens an.

2. Schritt

Reibe mit deiner Hand oder etwas Wolle einige Male kräftig auf der Schallplatte. Halte den Blechdeckel an seinem Griff, und lege ihn auf die Platte. Durch die Annäherung an die normalerweise negativ aufgeladene Schallplatte wird die Ladung innerhalb des Blechs polarisiert. In der Nachbarschaft der Platte sammelt sich mehr positive Ladung, während die Elektronen auf der anderen Seite liegen.

3. Schritt

Wenn du dich dem Deckel vorsichtig mit der Fingerspitze näherst, dann springt die Ladung in einem winzigen Funken vom Metall auf den Finger über. Ebenso gibt es einen kleinen Funken, wenn du dich der Alufolie annäherst. Auf der Alufolie liegt sogar eine echte positive Spannung, die durch das Reiben an der Schallplatte entstanden ist.

4. Schritt

Einen größeren Funken kannst du erzeugen, wenn du stattdessen das Blech mit der Alufolie leitend verbindest. Berühre dazu mit einem Draht oder einer geöffneten Schere gleichzeitig die beiden Metallgegenstände.

Da die Ladungen der Metalle sich sofort ausgleichen, springt ein kleiner Funke über. Beide Metallflächen sind also jetzt gleichmäßig positiv aufgeladen. Hebe den Blechdeckel an seinem Griff etwas von der Schallplatte ab. Da die Ladungen entgegen ihrer Anziehungskraft getrennt werden, musst du dazu Energie aufwenden. Denn die Schallplatte ist weiterhin negativ aufgeladen und der Deckel positiv.

Die Spannung messen

Die Stärke der Spannung wird in der Maßeinheit Volt gemessen. Je weiter die Platten des Kondensators voneinander entfernt sind, umso stärker ist seine Spannung, obwohl seine Ladung genau gleich bleibt.

Wenn man einen Finger dem Deckel nähert, springt die Ladung vom Metall über.

Die beiden Metallflächen mit der Platte in der Mitte bilden einen so genannten Kondensator. Je größer der Abstand der beiden leitenden Kondensatorplatten ist, umso größer die elektrische Energie und die Spannung zwischen ihnen. Wenn du dich nun mit deinen Fingern dem Blech näherst, so springt schon in einigen Zentimetern Entfernung ein kräftiger Funke über, und du erhältst einen harmlosen Schlag.

Kondensator, Spannung, Ladung, Kapazität

Ein *Kondensator* ist ein Speicherplatz für elektrische Energie und Ladung, der aus zwei entgegengesetzt geladenen Platten besteht. Entfernt man die beiden Platten voneinander, so muss man Arbeit gegen deren elektrische Anziehungskraft, die Coulombkraft, aufbringen. Das ist vergleichbar mit dem Anheben eines Steins vom Boden. Dabei gilt:

Je höher der Stein gehoben wird, umso mehr potenzielle Energie bekommt er. Und genauso bekommen die Platten des Kondensators ein höheres so genanntes elektrisches Potenzial oder – wie wir auch sagen – eine elektrische Spannung.

Die Entfernung der beiden Platten voneinander hat also die Form des Kondensators verändert. Das hat Auswirkungen auf seine so genannte Kapazität. Die Kapazität eines Kondensators besagt, wie viel Ladung ein Kondensator bei einer bestimmten Spannung aufnehmen kann. Ein Kondensator mit hoher Kapazität kann im Vergleich zu einem Kondensator mit geringer Kapazität bei der gleichen Spannung viel Ladung aufnehmen. Die Kapazität wird in der Maßeinheit Farad gemessen.

»Genauso sind übrigens auch die Vorgänge bei Blitzen in einem Gewitter«, sagt der Direktor. »Ein einziger Blitz enthält schon enorme Spannungen mit genügend Energie, um eine kleine Stadt ein Jahr lang mit Strom versorgen zu können. Innerhalb der Gewitterwolken werden gewaltige elektrische Ladungen erzeugt. Das kann man sich genauso vorstellen wie bei unseren Vorführungen mit dem Wolltuch: In der Wolke reiben sich Eiskristalle und Wassertropfen aneinander. Sie werden durch Luftströmungen so hart aufeinander gestoßen, dass sie sich elektrisch aufladen. Die geladenen Teilchen sammeln sich an verschiedenen Stellen der Wolke. Die positiv geladenen Teilchen liegen eher weiter oben, die negativ geladenen Teilchen eher am unteren Ende der Wolke. Die Wolke ist also ein gigantischer Kondensator, der darüber hinaus beweglich ist. Die Ladungen kommen sich an

manchen Stellen der Wolke durch Luftströmungen so nahe, dass sich ein riesiger Funke bildet. Dieser Funke besteht aus einem Strahl von Elektronen, der von der negativen Schicht ausgeht und sich in Richtung der positiven Ladung entlädt. Die Luft innerhalb der Wolke wird stark erhitzt und erleuchtet. Deshalb leuchtet die ganze Wolke.«
»Der Blitz mit den Elektronen geht also von unten nach oben innerhalb einer Wolke. Wie entstehen aber die schönen verästelten Blitze von der Wolke nach unten?«, fragt der Großvater nach.

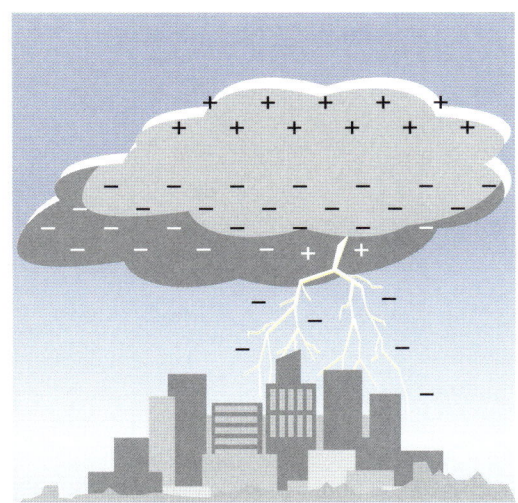

Auch darauf hat der Direktor eine Antwort parat: »Das ist ziemlich kompliziert. Vermutlich entstehen sie durch eine kleine Ansammlung von positiver Ladung ganz am Boden der Wolke«, sagt der Direktor. »Deshalb entladen sich die negativen Ladungen aus der unteren Hälfte der Wolke auch nach unten. Sie sind so gewaltig, dass sie über die positiven Ladungen am Wolkenrand hinauskommen. In einer Art elektrischem Kanal fließen sie immer in Richtung einer positiven Ladung der Luft in den unteren Luftschichten. Bei mehreren positiven Ladungsansammlungen verästeln sich deshalb die Blitze in ihrer bekannten wunderbaren Form. Schließlich entladen sie sich im Idealfall im Boden.«

Die Weiterleitung des Blitzes
Um Häuser zu schützen, gibt es Blitzableiter. Anstatt in das Haus schlägt der Blitz in den Blitzableiter ein und wird meist ohne Schaden in den Erdboden weitergeleitet. So gut dieses Prinzip für den Blitzableiter ist, so gefährlich ist es für frei stehende Bäume und Menschen.
Viel Verwirrung gibt es um die Frage, ob man unter Bäumen Schutz suchen soll. Zum Beispiel gibt es die Redensart: »Buchen sollst du suchen, Eichen sollst du weichen«. Warum sollte eine Buche bei einem heftigen Gewitter sicherer sein als eine Eiche?

Unter Bäumen unterstellen?
Ein Baum funktioniert genauso wie ein Blitzableiter. Durch den normalerweise bei Gewittern auftauchenden Regen ist der ganze Baumstamm nass und leitet elektrischen Strom genauso wie das Metall des Blitzableiters. Es hängt aber von der Beschaffenheit des Stammes und seiner Rinde ab, ob der Blitz gut zu Boden geleitet wird. Buchen haben glatte Stämme, was einen geschlossenen Wasserfilm begünstigt. Darüber kann ein Blitz sicher in den Boden gelangen. Dagegen haben Eichen eine sehr grobe, raue Rinde, die bei wenig Regen keinen zusammenhängenden Wasserfilm gewährleistet. Das Wasser verästelt sich viel mehr in das Innere des Baums – genauso wie auch der Blitz. Er jagt nun nicht mehr entlang der Rinde nach unten, sondern direkt in das Bauminnere und setzt den

Wie erhält man hohe Spannungen?

Die Kapazität eines Kondensators wird unter anderem durch die elektrischen Eigenschaften des jeweiligen Nichtleiters zwischen den Platten und den Abstand der Leiterplatten bestimmt. Wenn die Leiterplatten auseinander geschoben werden, wird die Kapazität verringert. Je mehr die Kapazität eines Kondensators verringert wird, umso mehr erhöht sich die Spannung zwischen den Leiterplatten. Deshalb erhalten wir schnell sehr hohe Spannungen, wenn wir die Platten eines Kondensators auseinander ziehen.

Was tun bei einem Gewitter?

Bei einem Gewitter flüchtet man am besten sofort an geschützte Orte, zum Beispiel in ein Auto oder ein Haus. Falls man sich tatsächlich an einem völlig ungeschützten Ort befindet, dann kauert man sich am besten auf den Boden, um nicht der höchste Punkt der Umgebung und damit Blitzfang zu sein.

Optimaler Blitzschutz

Der beste Blitzschutz ist eine geerdete metallische Abschirmung des zu schützenden Raumes (Auto, Eisenbahn, Flugzeug). In Deutschland wurde 1769 von J. A. H. Reimarus auf dem Jacobi-Kirchturm in Hamburg der erste Blitzableiter errichtet.

INFOBOX

Der Blitzableiter

Der amerikanische Aufklärer und Staatsmann Benjamin Franklin (1706–1790) erfand den ersten Blitzableiter. Dabei entzog er einer Wolke mittels eines an einem Drachen befestigten Leiters elektrische Ladung. Der negativ geladene Elektronenblitz sucht sich auf seinem Weg nach unten die nächsten positiven Ladungen als Ziel aus. Je näher diese sind, umso besser. Deshalb schlägt er meistens in den höchsten Punkt der Erdoberfläche ein, also beispielsweise in einen großen Baum. Denn durch elektrische Polarisation bekommt so gut wie jeder Gegenstand der Erdoberfläche ein positives elektrisches Feld um seine Spitze. Ein Leiter wie Metall oder Wasser wird natürlich besonders gut polarisiert. Deshalb ziehen diese Gegenstände den Blitz geradezu an. Und je höher sie gelegen sind, umso größer ist die Wahrscheinlichkeit, dass der Blitz gerade hier einschlägt.

Künstliche Blitze

Im Deutschen Museum werden für den Betrachter künstliche Blitze erzeugt, um das Wirkprinzip des Faraday'schen Käfigs zu demonstrieren. Bei dem Käfig handelt es sich um einen allseitig geschlossenen Raum aus Blech oder Maschendraht.

gesamten Baum mit einer Art Explosion in Brand. Deshalb ist es keine gute Idee, sich in die Nähe von frei stehenden Eichen zu begeben – und auch nicht unter alle anderen Bäume. Denn im Fall eines Einschlags in einen Baum breitet sich der Blitz entlang der Erdoberfläche noch ein Stück weit um den Stamm herum aus. Und dieser Bodenblitz kann immer noch durch den Körper fließen – vor allem, wenn man breitbeinig dasteht oder am Boden liegt.

Ins Auto setzen

Deshalb ist es am besten, sich bei einem gefährlichen Gewitter ohne Schutz auf den Boden zu kauern. Der sicherste Platz während eines Gewitters ist aber in einem Auto. Dort sitzt man sozusagen innerhalb eines Blitzableiters, da man von einem Käfig aus Metall umgeben ist. Ein eventuell einschlagender Blitz kommt nicht in diesen Käfig hinein. Ein solcher abschirmender Käfig wird nach seinem Entdecker Michael Faraday (1791–1867) Faraday'scher Käfig genannt und kann unter

anderem im Deutschen Museum in München beobachtet werden. Der Blitz geht über die Reifen in den Boden über, was allenfalls versengte Reifen zur Folge hat.

Funken und Blitze

»Funken und Blitze zeigen, dass sich elektrische Ladung auch bewegen kann. Sie bewegt sich sogar in den meisten Fällen. Denn Ladungen versuchen sich aufgrund des Coulomb'schen Gesetzes auszugleichen. Dies bewerkstelligen sie mit Hilfe eines elektrischen Stroms. Je größer der Strom ist, desto mehr Ladung wird transportiert. Die Einheit des elektrischen Stroms ist das Ampere, schon wieder benannt nach einem Wissenschaftler«, sagt der Direktor.
»Wie kann man sich so einen elektrischen Strom vorstellen?«, möchte Jan wissen.
»Den elektrischen Strom kann man mit dem Fluss von Wasser vergleichen. Die Elektronen bewegen sich nämlich ähnlich wie die Wassermoleküle.«
Die Elektrizität hat aber einige entscheidende technische Vorteile gegenüber der Wasserkraft. Der elektrische Strom fließt entlang von Leitern, die sehr einfach zu handhaben und überall billig verfügbar sind. Deshalb ist der Transport von Energie technisch leichter und weniger aufwändig. So wird lediglich ein leichtes Metallkabel benötigt, und schon fließt Energie ins Haus – und das mit einer gigantischen Geschwindigkeit: der Lichtgeschwindigkeit von etwa 300 000 km/sec.

Wasser und elektrischer Strom

Die Zustände in der Bewegung von Wasser und elektrischem Strom lassen sich auf vielerlei Weise miteinander vergleichen:

1. Die Antriebskraft der Wassermoleküle ist die Schwerkraft in der Form des Newton'schen Gravitationsgesetzes (siehe Seite 27). Die Treibkraft der elektrischen Ladungen ist ihre Anziehungskraft in der Form des Coulomb'schen Gesetzes. Die Rolle der Masse des Wassers entspricht dabei der elektrischen Ladung.

2. Die Höhe der Wassermoleküle und ihre potenzielle Energie entspricht dem elektrischen Potenzial oder seiner Spannung.

3. Die Höhendifferenz ist der Auslöser für einen Wasserstrom. Genauso löst die Spannungsdifferenz einen elektrischen Strom aus. Je höher die Spannung ist, desto größer ist auch der Strom.

4. Die Gegebenheit des Flussbetts wie Oberflächenbeschaffenheit und daraus folgende Reibung sowie sein Querschnitt bestimmen den Widerstand des Flussbetts gegen die Strömung. Genauso bestimmt sich der elektrische Widerstand gegen einen elektrischen Strom aus der Beschaffenheit des Stoffes.

Ein weiterer Vorteil ist, dass der elektrische Strom ein perfekter Vermittler zwischen allen anderen Energiesorten ist. So können Wind-, Sonnen-, Dampf- oder Wasserkraft einfach in elektrische Energie umgewandelt werden. Durch die hohe Geschwindigkeit und einfache Handhabbarkeit des elektrischen Stroms ist diese Energie an fast jeder beliebigen Stelle der Erde in Lichtgeschwindigkeit verfügbar.

Der Nutzen des Stroms

»Warum bewegt sich die elektrische Ladung in Blitzen so explosionsartig?«, fragt Jan. Der Direktor hat diese Frage schon erwartet und antwortet, ohne lange zu überlegen: »Der Grund dafür ist, dass die Elektronen ein Hindernis wie die Luft überwinden müssen, das keinen Strom leitet. Ein solcher Stoff wird elektrischer Nichtleiter oder Isolator genannt.

Sie setzen der Bewegung der Ladung einen sehr hohen Widerstand entgegen. Erst wenn eine ausreichende Spannung vorhanden ist, um das Hindernis zu überwinden, entlädt sich der Blitz mit einem Schlag«, sagt der Direktor. »Das ist wie beim Wasser, das sich lange an einem Damm gestaut hat und ihn dann plötzlich sprengt«, ergänzt der Großvater. »Und was passiert ohne Damm?«, will Jan wissen.

»Dann läuft die Bewegung der elektrischen Ladung in geordneten Bahnen. Genauso wie das Wasser in seinem Flussbett fließt, so fließen die freien Elektronen entlang elektrischer Leiter, die normalerweise aus Metall bestehen. Je nach den Gegebenheiten des Stromkreises verrichten die Elektronen Arbeit, bringen Glühlampen zum Leuchten, toasten Brot oder backen Lasagne.« Natürlich spitzt jetzt die Katze sofort ihre Ohren, aber der Direktor ist viel zu sehr in seinem Element, um das zu bemerken. »Jeder Stoff besitzt eine unterschiedliche elektrische Leitfähigkeit und damit einen unterschiedlichen Widerstand gegenüber der angelegten Spannung. Der Durchfluss von Elektronen durch den Stromkreis wird dadurch geregelt. Je größer der Widerstand ist, umso geringer ist der Durchfluss. Die Stärke dieses Flusses wird elektrische Stromstärke genannt.«

»Das heißt, ich kann die Stärke des Stroms vergrößern, indem ich entweder eine höhere Spannung anlege oder einen kleineren Widerstand habe?«, will der Großvater wissen. »Genau. Dieser Zusammenhang heißt nach ihrem Entdecker Georg Simon Ohm das Ohm'sche Gesetz.«

»Und wie bringt der Strom eine Glühlampe zum Leuchten?«, fragt Jan.

»Und wie und von wem wird meine Lasagne aufgewärmt?«, denkt sich die Katze bei sich.

»Manche Widerstände werden durch die Reibung des durchfließenden Stroms so erhitzt, dass sie zu glühen beginnen. Das ist zum Beispiel bei der Glühlampe der Fall. Das elektrische Licht wurde 1879 von dem amerikanischen Elektrotechniker Thomas Alva Edison (1847–1931) erfunden. Unvorstellbar, dass das gerade einmal 120 Jahre her ist! Diese Erfindung hat das alltägliche Leben

Wer war Ampere?

Der französische Physiker und Mathematiker André Marie Ampere (1775–1836) beschrieb unter anderem die Anziehung und Abstoßung elektrischer Ströme, die Richtung des Magnetfeldes eines Stromes und erklärte den Magnetismus durch Molekularströme.

Die Lichtgeschwindigkeit c

Nach genauesten Messungen hat die Lichtgeschwindigkeit c den Wert c = 299 792,458 Kilometer pro Sekunde. Die Lichtgeschwindigkeit ist nach der Einstein'schen Relativitätstheorie eine universelle Konstante.

Wer war Ohm?

Georg Simon Ohm (1789–1854) entdeckte im Jahre 1826 experimentell das nach ihm benannte Ohm'sche Gesetz der Stromleitung.

Das Ohm'sche Gesetz

Der deutsche Physiker Georg Simon Ohm (1789–1854) fand als Erster den Zusammenhang zwischen elektrischer Stromstärke und angelegter Spannung in einem Stromkreis. Er stellte fest: Je höher die Spannung, umso höher ist auch der Strom der Ladungen. Die Stromstärke wird dabei in Ampere gemessen, die Spannung in Volt. Außer von der Spannung ist der Strom auch von dem Widerstand der im Stromkreis angeschlossenen Stoffe abhängig. Dieser Widerstand hängt mit der elektrischen Leitfähigkeit dieser Gegenstände zusammen und wird in der Maßeinheit Ohm gemessen. Ein Stoff mit wenigen Ohm Widerstand besitzt eine gute Leitfähigkeit und erlaubt einen großen Stromdurchfluss. Hochohmige Widerstände begrenzen dagegen den elektrischen Strom deutlich. Geht der Widerstand eines Stoffes gegen unendlich, dann handelt es sich um einen Isolator, und ein Stromfluss ist demzufolge unmöglich.

einschneidend verändert. Das merkt man erst bei einem nächtlichen Stromausfall. Der Strom lief bei Edison durch einen dünnen Kohlefaden, welcher dreißig Jahre später durch das auch heute noch gängige Wolfram ersetzt wurde. Wolfram ist ein Metall mit besonderen Eigenschaften. Es glüht bei 2 100 Grad Celsius in weißem Licht, ohne dabei zu schmelzen. Innerhalb der Glühlampe befindet sich heutzutage anstatt Luft das für das Wolfram schonendere Gas Argon. Die Spannung wird über die Fassung durch zwei Kontakte angelegt.«

Leuchtende Glühlampe

Die Lampe leuchtet umso heller, je stärker die angelegte Spannung ist. Wird ein Widerstand zwischengeschaltet, leuchtet die Lampe entsprechend weniger hell.

»Und je höher die angelegte Spannung ist, umso stärker leuchtet die Glühbirne?« »Genau. Denn je größer die angelegte Spannung ist, umso größer ist der Strom, der durch die Wendel der Birne fließt, und umso heller leuchtet sie. Deshalb kann man eine Glühlampe als einfaches Messgerät für die elektrische Stromstärke verwenden. Das kann man auch zu Hause mit Hilfe einer Batterie und einer Glühlampe vorführen.«

Widerstände und ein Dimmer

Zur Untersuchung von Stromstärken und Widerständen von verschiedenen Gegenständen benötigst du eine Batterie und eine kleine Glühlampe mit Fassung; außerdem drei kleine Kabel mit abisolierten Enden und am besten eine 4,5-Volt-Batterie mit Metalllaschen, da sich daran die Kabel am einfachsten befestigen lassen.

Probelauf

Verbinde die beiden Pole der Batterie mit Hilfe von zwei Kabeln mit den beiden Anschlüssen der Glühlampe. Sobald der Stromkreis geschlossen ist, muss die Lampe leuchten.

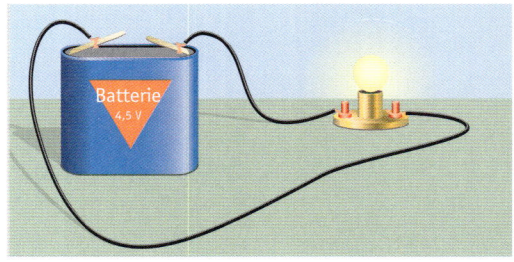

Die Elektronen fließen vom Minuspol der Batterie über das Kabel zum Lämpchen. Beim Durchfließen des Glühdrahts bringen sie diesen zum Leuchten. Der Strom fließt natürlich nur, wenn die Elektronen über das zweite Kabel zurück an den Pluspol der Batterie fließen können.

Der Widerstandstest

Löse einen Kontakt von der Glühlampe, und bringe ihn an deinen Testgegenstand. Den jetzt offenen Stromkreis musst du natürlich wieder schließen. Das geschieht durch das dritte Kabel, mit dem du die noch freien Anschlüsse

der Glühlampe und des Testgegenstands miteinander verbindest. Probiere es zum Beispiel mit einem Apfel! Das Lämpchen leuchtet auf. Je stärker das Lämpchen leuchtet, umso kleiner ist der Widerstand des Gegenstands. Wann brennt das Lämpchen am hellsten: mit einem Apfel, einem Stein, einem Kaugummi, einem Messer, deinen Fingern oder Wasser?

Spezialtest: Wasser

Besorge dir aus der Apotheke oder aus dem Supermarkt etwas destilliertes Wasser. Das ist extrem reines Wasser ohne Zusatzstoffe. Gieße das Wasser in ein Glas, und tauche die beiden Testdrahtstücke so unter Wasser, dass sie sich nicht berühren. Verblüffenderweise leuchtet die Lampe nicht! Destilliertes Wasser ist also ein Isolator. Das ändert sich schlagartig, wenn du etwas Salz zugibst und umrührst. Die Lampe leuchtet nun auf, und das Wasser leitet. Natürliches Wasser beinhaltet eine Menge von Mineralstoffen wie Salz.

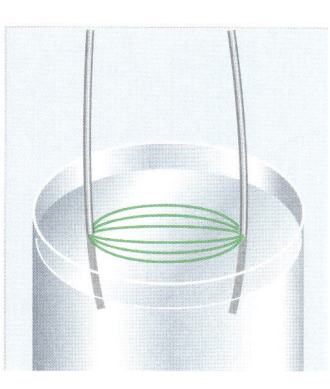

Das ist der Grund, warum Wasser normalerweise ein sehr guter Leiter ist.

Ein Dimmer aus einer Bleistiftmine

Weiche einen alten Bleistift einige Zeit in Wasser auf. Dann lässt sich das Holz vorsichtig von der Mine abstreifen. Schließe die Enden der Mine wie vorher an den Stromkreis an. Die Lampe leuchtet kaum, da der Strom über die ganze Graphitmine fließen muss. Verschiebe langsam einen Draht in Richtung Mitte.

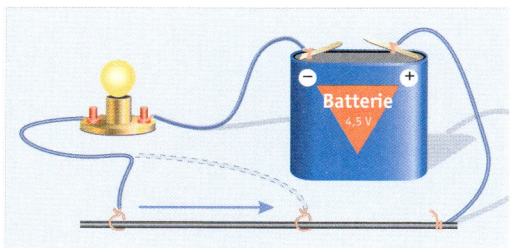

Dadurch verringert sich der Abstand der beiden Drähte. Nach und nach leuchtet das Lämpchen heller auf. Das ist das Prinzip eines Dimmers. Der Widerstand des Graphits verringert sich also mit abnehmender Länge.

»Und wie wird ein Backofen aufgeheizt?«, fragt der Großvater. Er hat inzwischen ziemlichen Hunger und weiß gar nicht genau, ob er das selbst oder ob das sein Magen gefragt hat. Der Direktor versteht und schiebt unter großer Begeisterung der Katze mehrere Schalen mit vorbereiteter Lasagne in den Ofen. »Genauso wie die Glühwendel der Lampe heizt der Strom durch die Reibung der Elektronen an der Heizspirale und deren Erhitzung den Ofen auf. Oder den Toaster oder das elektrische Bügeleisen.«

Die Batterie und der Akkumulator

»Wo bekommt man eigentlich die ganze elektrische Ladung für diese Ströme her?«, fragt Jan vor lauter Hunger schon ganz leise in den Raum hinein. Es scheint so, als ob er mehr sich selbst als die anderen fragt. Doch der Zirkusdirektor hat die Frage gehört – und natürlich prompt wieder die passende Antwort parat:

»Das ist eine sehr gute Frage, die sich auch die Entdecker immer wieder stellten. Denn ein Kondensator, wie wir ihn bisher kennen, ist nur für eine sehr kurze Zeitdauer als Ladungsspeicher ausreichend. Er verliert permanent Spannung, solange die Ladungen fließen. Die erste praktische Möglichkeit, Strom mit einer konstanten Spannungsquelle zu erzeugen, fand der italienische Physiker Alessandro Graf Volta (1745–1827) im Jahre 1800. Dabei stapelte er Kupfer und Zinkscheiben in einer Säule übereinander. Dazwischen legte er jeweils in Salzwasser getränkte Tücher. Durch eine chemische Reaktion wurde in der Säule Spannung erzeugt. Dadurch spürte Volta einen Stromschlag, als er die oberste und unterste Scheibe berührte. Das war die Geburtsstunde der Batterie. Die meisten Batterien funktionieren auch heute noch nach einem ähnlichen chemischen Verfahren. Batterien kann man auch zu Hause einfach nachbauen.«

Variante

Mit dem Rest des destillierten Wassers kannst du einen Zusatzversuch machen. Halte die beiden Testmetallstücke noch einmal in ein Glas mit destilliertem Wasser! Lege auf die Wasseroberfläche vorsichtig kleine, leichte Grassamen, und beobachte, was geschieht. Am besten steckst du die beiden Drähte durch feste Pappe, die du auf den Becher legst. Durch diese Vorrichtung kannst du sie einige Zeit stabil halten. Es bildet sich langsam ein wunderschönes Muster aus. Die Grassamen ordnen sich wie abgebildet strahlenförmig um die Eintauchpunkte der beiden Drähte an. Diese Linien sind die so genannten Feldlinien des elektrischen Kraftfelds.

Wer war Volta?

Alessandro Graf Volta (1745–1827) führte die Arbeiten Galileis fort und machte bedeutende Entdeckungen auf dem Gebiet der Elektrizität. Er erfand 1782 den Plattenkondensator, verbesserte 1781 das Elektroskop, entdeckte 1792 die Berührungselektrizität zwischen verschiedenen Stoffen und untersuchte die Wärmeausdehnung von Gasen und Dämpfen.

Selbst gebaute Batterien

Eine Zitronenbatterie

Du benötigst zwei kleine Metallplättchen, eines aus Zink und eines aus Kupfer. Stecke beide in denselben Abschnitt einer aufgeschnittenen Zitrone, ohne dass sie sich berühren – und fertig ist die Batterie.

Wenn man ein Metallplättchen aus Zink und eines aus Kupfer in eine Zitrone steckt, entsteht Spannung. Dies lässt sich mit der Zunge nachprüfen.

Die erzeugte Spannung ist allerdings so klein, dass du sie nur mit der sensiblen Haut deiner Zunge spüren kannst. Wenn du die beiden Metallstückchen auf die Zunge hältst, spürst du ein leichtes Kribbeln.

Eine Essigbatterie

Tauche das Zink- und das Kupferplättchen diesmal in etwas Essig, den du in ein Glasschälchen geschüttet hast. Schließe die beiden Plättchen an eine kleine Glühlampe an.

Taucht man ein Zink- und ein Kupferplättchen in etwas Essig, bringt die erzeugte Spannung eine kleine Glühlampe zum Leuchten.

Die erzeugte Spannung ist diesmal stark genug, um die kleine Lampe zum Leuchten zu bringen.

Die Autobatterie – ein Akkumulator

Ein Akkumulator ist eine wieder aufladbare Batterie. Ein Beispiel ist die Autobatterie. Sie wird zum Betrieb der gesamten elektrischen Anlage des Autos benötigt. Das sieht man, wenn man vergessen hat, das Autolicht auszuschalten. Es brennt auch noch weiter, wenn die Zündung ausgeschaltet ist.

Flinke Elektronen

Plötzlich springt der Direktor auf: Er hat tatsächlich vergessen, sein Autolicht auszuschalten! Da aber erst eine Stunde vergangen ist, hat er Glück gehabt. Die Batterie ist noch ohne Fremdstarten funktionstüchtig. Guter Dinge kommt er wieder ins Haus und sagt: »Aus der Geschichte mit der Autobatterie kann man übrigens noch mehr lernen. Zum Beispiel, wie schnell sich die Elektronen im elektrischen Strom bewegen.«

»Ich dachte, der elektrische Strom bewegt sich mit Lichtgeschwindigkeit«, sagt der Großvater.

»Stimmt schon, aber die wirkliche Geschwindigkeit der einzelnen Elektronen ist etwas anderes.«

»Das ist dann wohl wie im Wasser der Unterschied zwischen der hohen Geschwindigkeit einer Welle und der um einiges langsameren Geschwindigkeit eines jeden einzelnen Wassermoleküls«, versucht der Großvater seinen Hunger zu vergessen.

»Ja, die durchschnittliche Geschwindigkeit eines jeden einzelnen Elektrons beträgt bei Zimmertemperatur allerdings im Schnitt immer noch einige Millionen Stundenkilometer«, sagt der Direktor. »Die Elektronen bewegen sich mit dieser hohen Geschwindigkeit wie wild in alle möglichen Richtungen hin und her und stoßen ständig auf die Atomkerne des Metallgitters. Deshalb ist ihre durchschnittliche Gesamtgeschwindigkeit sehr gering. Ohne eine anliegende Spannung ist sie natürlich sogar gleich null. Auch mit angelegter Spannung driften die Elektronen mit weniger als einem Bruchteil eines Zentimeters in der Sekunde in Richtung Pluspol. Das ist der Grund dafür, warum die Elektronen letztendlich so lange brauchen, um die paar Meter vom Minuspol zum Pluspol zurückzulegen und warum meine Autobatterie noch so gut aufgeladen war.«

»Die Geschwindigkeit der Elektronen hängt also auch vom Widerstand ab. Denn je größer der Widerstand ist, umso öfter treffen die Elektronen auf die Atomkerne«, denkt der Großvater laut nach.

»Außerdem hängt die Geschwindigkeit der Elektronen auch von der Art des Stroms ab«, sagt der Direktor.

Der Wechselstrom

»Der verbreitetste Strom heutzutage ist der so genannte Wechselstrom. Das heißt, der Strom der Elektronen wechselt ständig seine Richtung. Die Häufigkeit des Wechsels kann von Land zu Land variieren. In Deutschland wechselt der Strom 50-mal in der Sekunde seine Richtung. Deshalb fließt im Schnitt kein einziges Elektron irgendwohin.«

Vögel auf der Stromleitung

Während sie auf ihre Lasagne warten, schaut Jan zum Fenster hinaus. Dort sieht er einen Vogel, der auf einer Stromleitung sitzt und zu schlafen scheint.

»Warum macht das dem Vogel nichts aus?«, will er wissen. »Eigentlich könnte die Hochspannung doch über den einen Fuß des Vogels zum anderen laufen.«

Der Direktor weiß natürlich wieder die Antwort. »Das Ohm'sche Gesetz gilt auch für Wechselstrom: keine Spannung, kein Strom. Insgesamt liegt zwar eine hohe Spannung auf den Leitungen. Diese verteilt sich aber über die ganze riesige Strecke der Leitung. Die Stromleitungen sind extrem gute Leiter.

Gleichstrom und Wechselstrom

Um das Jahr 1880 gab es eine hitzige Auseinandersetzung darüber, welche Sorte Strom zur Verbreitung elektrischer Energie am besten wäre: der Gleichstrom oder der Wechselstrom. Befürworter des Gleichstroms war unter anderem der amerikanische Elektrotechniker Thomas Alva Edison (1847–1931). Der Gleichstrom hat durchgehend die gleiche konstante Spannung und Stromstärke ohne zeitliche Änderung. Edison behauptete, der Gleichstrom wäre von Natur aus sicherer. Die Verwendung von Wechselstrom vertrat der amerikanische Ingenieur und Industrielle George Westinghouse (1846–1914). Beim Wechselstrom handelt es sich um einen schnell wechselnden Strom, der in einer Sekunde 50-mal seine Richtung wechselt.

Es zeigte sich, dass der Wechselstrom technisch leichter zu handhaben und sehr gut auf alle möglichen gewünschten Spannungen transformierbar war. Daher setzte sich der Wechselstrom durch. Insgesamt fließt also kein einziges Elektron durch unsere Steckdosen. Vielmehr werden die Elektronen immer nur hin und her geschüttelt. Ein elektrischer Schlag mit Wechselstrom überträgt somit kein einziges Elektron in unseren Körper. Vielmehr wandert durch den Körper »nur« elektrische Energie, die dann in den Boden abfließt.

Deshalb haben die beiden Stellen, an denen die Füße des Vogels die Leitung berühren, annähernd dasselbe Potenzial und keinen Spannungsunterschied. Außerdem hat der Körper des Vogels einen großen Widerstand. Deshalb fließt kein Strom durch den Vogel. Allerdings gilt das nicht mehr, wenn der Vogel seine Flügel ausbreitet und eine andere Leitung berühren sollte! Stromleitungen sind deshalb so weit auseinander, dass dies nicht passieren kann. Schlecht sieht es für den Vogel auch aus, wenn er den Boden oder einen mit dem Boden in Kontakt stehenden Gegenstand berührt. Dann kann der Strom über den Vogel in Richtung Boden fließen.

Strom ohne Elektronenstrom

Der Wechselstrom ist ein elektrischer Strom, bei dem der Strom der Elektronen ständig seine Richtung wechselt. Er ist daher genau genommen ein Strom ganz ohne Elektronenstrom.

Wer war Edison?

Thomas Alva Edison (1847–1931) war einer der größten Erfinder der Menschheit. Er meldete über 1000 Patente an. 1877 erfand er den Phonografen, 1879 die Kohlefadenlampe, 1881 zeigte er einen unmittelbar mit einer Dampfmaschine gekuppelten elektrischen Generator, und 1882 nahm er in New York das erste öffentliche Elektrizitätswerk in Betrieb.

Das Gleiche gilt natürlich auch für den Kontakt von allen anderen Gegenständen, die Kontakt zum Boden haben – zum Beispiel für einen Drachen. Der lebensgefährliche Strom würde über die Drachenschnur in Richtung Hand und Boden fließen und alles, was mit ihm in Kontakt kommt, in Brand setzen.« Auch im Zimmer riecht es schon ein wenig angebrannt – es wird allmählich Zeit für die Lasagne.

»Mysterium« Magnetismus

Mittlerweile ist das Essen angerichtet. Die drei Freunde haben die Lasagne gerecht in drei Stücke geteilt: zwei Teile für die Katze und der verbleibende Teil für Jan, den Großvater und den Direktor.
Deshalb ist die Katze nach dem Essen auch sehr müde und legt sich erst einmal hin. Sie verpasst deshalb die nächsten Vorführungen des Direktors über den Magnetismus. Dafür sind Jan und der Großvater umso wissbegieriger.
»Der Magnetismus galt lange Zeit als mysteriöse Kraft, die man nicht so recht erklären und spüren konnte. Interessanterweise war wieder der griechische Naturphilosoph Thales von Milet der Erste, der um 550 v. Chr. den Magnetismus beschrieb, was eine erste seltsame Parallele zwischen Elektrizität und Magnetismus ist«, sagt der Direktor.

Petrus Peregrinus

»Und wie ging es weiter mit dem Magnetismus?«, möchte Jan wissen.
»Im Jahre 1269 untersuchte der französische Lehrer Petrus Peregrinus Eigenschaften des Magnetismus. Er zeigte, dass gleichnamige Pole sich abstoßen und ungleichnamige Pole sich anziehen. Die Bezeichnung der Pole stammte von ihm. Er bezeichnete das Ende eines Magneten, das nach Norden zeigt, als Nordpol, und das andere Ende als Südpol. Er beschrieb außerdem als Erster das Prinzip eines Kompasses.«
Damit ist der Direktor bei seinem nächsten Thema angelangt. Er führt ein paar einfache Kompasse vor, die man auch zu Hause nachbauen kann.

Kompasse selbst basteln

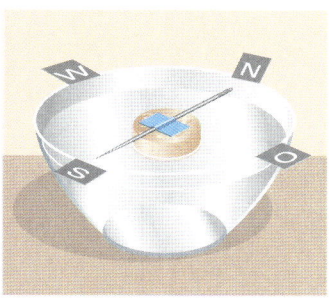

Ein Wasserkompass
Für den Bau dieses einfachen Kompasses benötigst du eine Nadel oder einen kleinen Nagel aus Stahl und einen kleinen Dauermagneten.

1. Schritt
Streiche etwa 15 Sekunden lang mit einem Pol des Magneten immer wieder entlang der Nadel – und zwar in derselben Richtung. Damit ist die Nadel magnetisiert, und du kannst sie als Messgerät für das Magnetfeld der Erde benutzen.

2. Schritt
Klebe die Nadel auf einen flach abgeschnittenen runden Korken, und setze diesen in einen mit Wasser gefüllten Behälter. Der Nordpol der Nadel wird immer in Richtung Norden zeigen.

Ein dreidimensionaler Kompass
Die Magnetlinien der Erde verlaufen nicht nur entlang der Erdoberfläche. Da die Erde eine Kugel ist, heben sie sich vielmehr an verschiedenen Breiten verschieden steil von der Erdoberfläche ab, am Nord- und Südpol sind sie sogar senkrecht zur Oberfläche.

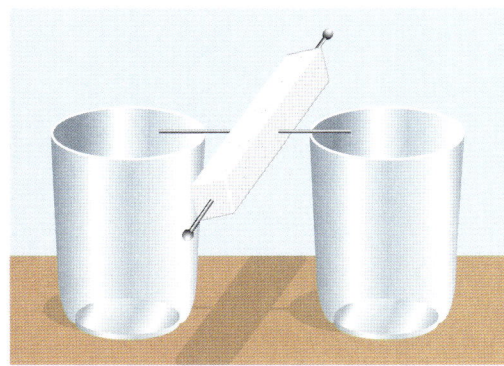

Dagegen sind sie um den Äquator herum parallel zur Erdoberfläche. Wie viel Grad sind es bei uns? Das lässt sich mit einem dreidimensionalen Kompass untersuchen.

1. Schritt
Magnetisiere zunächst zwei Nadeln gegensätzlich, und stecke sie in die Enden eines etwa acht Zentimeter langen Styroporstücks.

2. Schritt
Stecke quer dazu eine Nähnadel durch die Mitte des Styroporstücks, das du horizontal über zwei gleich hohe Bücher oder Gläser legst. Drehe das System in Ost-West-Richtung, und bringe es in ein perfektes Gleichgewicht. Entferne dazu eventuell an der einen oder anderen Seite etwas von dem Styropor, bis beide Seiten horizontal austariert sind.
Damit ist der dreidimensionale Kompass einsatzbereit. Sobald du ihn in Nord-Süd-Richtung bringst, stellt er sich schräg in einem Winkel zum Erdboden. Dieser Winkel ist im Idealfall genau entlang der Magnetfeldlinien der Erde. In unseren Breitengraden sind das 65 Grad.

»Wetten, dass ich einen Magneten herstellen kann, ohne einen anderen Magneten zu besitzen?«, fragt der Direktor. Und schon führt er einen weiteren verblüffenden Trick vor, den du auch zu Hause leicht nachmachen kannst.

Einen Magneten selbst basteln

Diesen Trick kannten angeblich auch schon die alten Chinesen. Sie verwendeten zur Herstellung eines Magneten das Magnetfeld der Erde. Dazu erhitzten sie eine Stahlnadel und ließen sie in Nord-Süd-Ausrichtung abkühlen. Dadurch richteten sich die zuvor ungeordneten magnetischen Elementarmagnete des Stahls in der gleichen Richtung aus – und ein Magnet war entstanden.
Noch einfacher ist der Trick allerdings mit unserem Wissen um die räumliche Orientierung der Magnetlinien: Du benötigst dazu lediglich einen Eisenstab oder einen Nagel und einen Hammer. Und los geht's:
Halte den Stab in Nord-Süd-Richtung in einem Winkel von ca. 65 Grad schräg gegen den Boden, und schlage mehrmals mit dem Hammer darauf! Dadurch wird der Stab magnetisch. Im Eisen befinden sich viele winzige Magnetteilchen, die in alle Richtungen ausgerichtet sind. Durch die Erschütterung entlang der Feldlinien richten sie sich in eine

Die Geschichte des Kompasses

Der Zeitpunkt der Erfindung des Kompasses ist ungeklärt. Wenn man den Überlieferungen trauen kann, haben schon die alten Chinesen um 2500 v. Chr. eine Art Kompass besessen. Sie wussten bereits, dass sich magnetische Nadeln in Richtung Norden drehen, wenn sie sich frei bewegen können. Es heißt, dass ein chinesischer König zu dieser Zeit seine Truppen mit Hilfe einer Magnetnadel durch dicken Nebel geführt hat. Es gibt auch eine Theorie, dass das Wissen der Chinesen über den Magnetismus über die Araber an die Europäer weitergegeben wurde. Vermutlich wurden wohl schon lange vor 1269 – dem Jahr der ersten schriftlichen Erwähnung eines Kompasses durch Peter Peregrinus – in Segelbooten Kompasse benutzt.

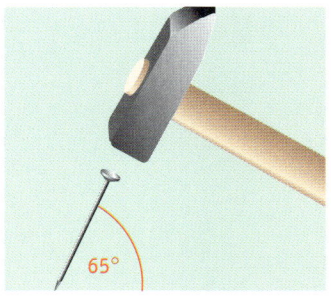

Indem man mit dem Hammer in Nord-Süd-Ausrichtung unter 65 Grad auf den Nagel schlägt, wird dieser magnetisiert.

Magnetisierung loswerden

Die Magnetisierung des Nagels kann man wieder rückgängig machen, indem man genauso lange in entgegengesetzter Ausrichtung auf ihn schlägt.

bevorzugte Orientierung in Richtung Nordpol aus. Manchmal kommt eine solche Magnetisierung auch ganz aus Versehen vor – zum Beispiel beim Heimwerken, wenn zufällig in Nord-Süd-Ausrichtung gehämmert wird. Willst du diese Magnetisierung wieder loswerden, musst du nur in Ost-West-Ausrichtung auf den Stab hämmern.

Magnetische Feldlinien

Jetzt ist der Direktor so richtig in Fahrt gekommen. Immer wieder fallen ihm neue Tricks und Experimente ein, so dass Jan und der Großvater sich schon sehr genau konzentrieren müssen, um seinen Vorführungen folgen zu können.

»Mit einem Magneten kann man sogar magnetische Feldlinien sichtbar machen«, sagt der Direktor.

»Was sind denn magnetische Feldlinien?«, fragt Jan verwundert.

»Das sind die Linien, entlang denen sich ein kleines magnetisches Testteilchen bewegen würde. Diese Linien lassen sich sehr einfach zeigen.«

Magnetische Kraftlinien

Die normalerweise unsichtbare magnetische Kraft lässt sich einfach sichtbar machen. Dafür benötigst du nur einen kleinen Karton, zwei Magneten und einige Eisenspäne, die als Abfall beim Eisenfeilen entstehen.

Die Eisenspäne richten sich wie winzige Magnetnadeln entlang der Feldlinie des Magneten an.

1. Schritt

Breite die Eisenspäne gleichmäßig auf einem Karton aus. Sobald du zwei Magneten einander näherst, richten sich die Eisenspäne – spätestens nach etwas Klopfen – wie winzige Magnetnadeln entlang den Feldlinien in einem schönen bogenförmigen Muster aus. Hinter diesem

Trick steckt folgendes Geheimnis: An jeder Stelle besitzt das Magnetfeld eine unterschiedliche Kraft und Ausrichtung. Dadurch wird jeweils ein Drehmoment auf die Späne bewirkt, das dafür sorgt, dass alle Späne schließlich parallel des Kraftfeldes liegen. Um die Pole herum ist die Kraft am stärksten und die Ausrichtung der Späne deshalb am besten geordnet. Im Mittelbereich ist die Kraft am geringsten; sie kann deshalb nicht mehr alle Eisenspäne perfekt ausrichten. Trotzdem sind die Feldlinien des Magneten immer noch gut zu erkennen: Sie verbinden die beiden Pole des Magneten miteinander.

2. Schritt

Beobachte die Muster verschiedener Magneten und ihrer Anordnungen! Du weißt ja inzwischen, wie man Magneten selbst mit Hilfe eines Hammers herstellen kann.

Je nach Anordnung und Art des Magneten haben die Feldlinien eine verschiedene Form. Es lassen sich sehr hübsche Muster erzeugen. Um ein schönes Muster zu bekommen, kannst du das Papier vorher in flüssiges Kerzenwachs tauchen. Streue nun die Eisenspäne darauf, und klopfe leicht, bis das Muster ausgebildet ist.

3. Schritt

Du kannst das Muster fixieren, indem du ein heißes Bügeleisen vorsichtig dem Papier annäherst. Außer die Anziehung zwischen zwei verschiedenen Polen kannst du auch die Feldlinien der Abstoßung zwischen gleichen Polen sichtbar machen.

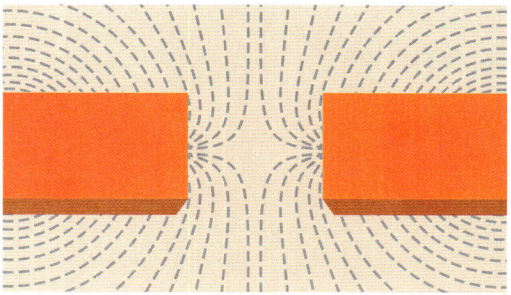

4. Schritt

Lege dazu zwei Magneten mit gleichen Polen gegenüber auf den Karton. Das Feld zwischen den beiden Polen wird dadurch so stark ab-

geschwächt, dass sich in der Mitte sogar ein neutraler Punkt ohne Kraftwirkung ausbildet. Alle anderen Kraftlinien drehen sich von diesem Punkt weg.

Einen Magneten teilen

Aber Jan gibt sich noch nicht zufrieden. Jetzt will er es ganz genau wissen. Er fragt: »Warum ist denn ein Stoff magnetisch?«
»Das kannst du selbst herausfinden, wenn du dir überlegst, was passiert, wenn man einen Magneten in zwei Hälften zerlegt«, sagt der Direktor.
»Dann habe ich wahrscheinlich zwei neue kleine Magneten hintereinander, und zwar mit Nord- und Südpolen«, mischt sich der Großvater ein.
»Stimmt genau! Das kann man immer weiter treiben. Ganz egal, wie oft ich einen Magneten zerlege, ich bekomme bis zu einer Untergrenze auf der Basis der Moleküle immer wieder neue Magneten, die immer noch kleiner sind«, sagt der Direktor. »Deshalb ist es auch leicht, sich vorzustellen, dass jeder Gegenstand aus vielen winzigen Elementarmagneten besteht. Diese winzigen Magneten sind normalerweise völlig ungeordnet und zeigen in alle Richtungen. Deshalb ist normalerweise bei allen Stoffen nach außen auch kein Magnetismus feststellbar. Erst wenn diese Elementarmagneten durch Tricks wie Magnetisieren, Hämmern oder Erhitzen und wieder Abkühlen bevorzugt in eine Richtung eingestellt werden, wird der Stoff magnetisch. Natürlich ist jeder Stoff verschieden. Manche Stoffe lassen sich leichter magnetisieren, manche gar nicht. Manche Stoffe bleiben magnetisiert und manche nicht. Der Grund dafür sind die jeweiligen besonderen Gegebenheiten in den molekularen Strukturen der einzelnen Stoffe.«
»Haben die Elementarmagnete immer zwei magnetische Pole«, fragt der Großvater.
»Bisher wurde kein auch noch so kleines Teilchen entdeckt, das nur aus einem einzigen magnetischen Pol besteht. Dieses Teilchen wäre ein so genannter magnetischer Monopol. Magnetismus tritt also immer in Form von Dipolen auf. Das ist ein großer Unterschied zur elektrischen Ladung.«

Strom erzeugt Magnetismus

Nach einer Kunstpause setzt der Direktor fort: »Es gibt aber noch eine phantastischere, schönere und bessere Erklärung des Magnetismus. Um diese zu illustrieren, möchte ich euch aber zuerst von Hans Christian Ørsted und seiner Entdeckung aus dem Jahre 1819 erzählen: In einer Vorlesung über Elektrizität verband Ørsted ein Kabel mit den Anschlüssen einer großen Batterie. Auf einer Bank lag ein Kompass zufällig gerade in paralleler Ausrichtung zum Leiter. Zu Ørsteds Überraschung schlug die Nadel des Kompasses plötzlich stark senkrecht aus! Sobald Ørsted den Strom wieder ausschaltete, drehte sich die Kompassnadel wieder zurück in Richtung Nord. Damit war bewiesen, dass die elektrischen und die magnetischen Kräfte irgendwie in Zusammenhang stehen mussten! Diesen und ähnliche Versuche kann man auch leicht zu Hause nachmachen.«

Elektrizität und Magnetismus

1. Schritt
Verbinde einen Pol einer Batterie mit einem langen Kabel. Lege das Kabel dabei möglichst nahe an die Nadel eines Kompasses.

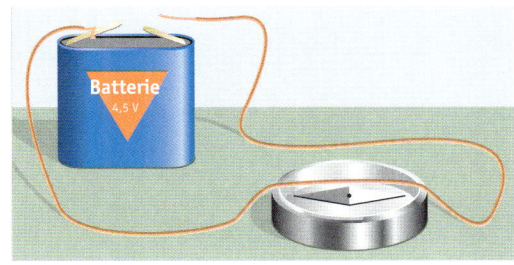

2. Schritt
Richte das Kabel so aus, dass die Nadel des Kompasses parallel zum Kabel steht.

3. Schritt
Verbinde nun das andere Ende des Kabels mit dem zweiten Pol der Batterie, und beobachte beim Anschließen die Kompassnadel! Was passiert? Die Nadel dreht sich schlagartig

Kompassnadel und Strom

Wenn ein Kompass in paralleler Ausrichtung zu einem Leiter liegt und Strom fließt, schlägt die Nadel des Kompasses aus. Sobald man den Strom wieder abstellt, dreht sich die Nadel wieder zurück in ihre Ursprungsstellung.

Die Nadel sollte vor dem Anschließen der Batterie in diesem Versuch parallel zum Kabel stehen.

in einen nahezu rechten Winkel zur Stromrichtung! Sobald du den Strom wieder ausschaltest, dreht sich die Nadel wieder zurück in ihre Ausgangsposition.

Wird der Strom abgeschaltet, geht die Nadel wieder in ihre Ausgangsposition zurück.

4. Schritt
Das Gleiche kannst du mit der umgekehrten Stromrichtung ausprobieren. Drehe dazu die Polung der Batterie um. Diesmal dreht sich die Nadel in genau die andere Richtung.

5. Schritt
Starte eine ganze Versuchsreihe mit der Kompassnadel in den verschiedensten Winkeln und Entfernungen zum Kabel. Das ist genau das, was auch Ørsted nach dem ersten Schrecken tat. Schrecken deshalb, weil er genau diesen Versuch schon mehrmals als Beweis vorgeführt hatte, dass es gerade keine Wechselwirkung zwischen elektrischem Strom und magnetischer Kraft gäbe. Dabei war die Magnetnadel zu Beginn immer schon in senkrechter Richtung zum Kabel gestanden, was keinerlei Auslenkung auf die Nadel ergibt.

Große Erfindung

Der Elektromagnet ist zweifellos eine der größten Erfindungen der Neuzeit. Ein Vorteil von Elektromagneten ist, dass sie durch den Strom an- und ausgeschaltet werden können. Außerdem können sie beliebig stark gemacht werden. Dazu muss nur entweder die Stromstärke in der Spule oder die Zahl der Windungen erhöht werden. Elektromagneten finden sich in Türklingeln, Telefonen, Lautsprechern, elektrischen Uhren, Kühlschränken, Waschmaschinen, Mixern, Stromgeneratoren oder Lastkränen. Ein weiterer Vorteil der Elektromagneten ist, dass sie sehr einfach herzustellen sind.

Ørsteds Entdeckung

Der Wissenschaftler fand heraus, dass die magnetische Kraft des elektrischen Stroms kreisförmig um das Kabel herum wirkt und mit zunehmendem Abstand nachlässt. Das heißt: Die Nadel wird bei größerer Entfernung immer weniger ausgelenkt.

Elektromagneten sind überall

Diese Entdeckung von Ørsted hat eine Wundertüte voller neuer Entdeckungen geöffnet, die während des ganzen 19. Jahrhunderts gemacht wurden.
»Was passiert zum Beispiel mit den Magnetkräften, wenn man den Draht biegt?«, fragt der Direktor.
»Die Magnetlinien biegen sich dann einfach mit und liegen weiterhin irgendwie kreisförmig um den Leiter«, vermutet Jan.
»Genau! Und eine logische Fortentwicklung davon ist der so genannte Elektromagnet. Biegt man einen Draht zu einer Schleife, so wird die Magnetkraft in der Mitte gebündelt. Der magnetische Effekt wird noch größer,

wenn man den Draht in vielen Schleifen wickelt. Die meisten Elektromagneten bestehen deshalb aus einer Drahtspule. Dieses Prinzip wurde im Jahr 1825 unabhängig voneinander von dem englischen Physiker William Sturgeon und vom Amerikaner Joseph Henry gefunden. Ein Eisenbolzen in der Mitte der Spule erhöht die magnetische Kraft noch beträchtlich.«

Einen Elektromagneten basteln

Zum Bau benötigst du einen fingerlangen Eisennagel oder Eisenbolzen.

1. Schritt
Wickle um dieses Eisenstück einen ein bis zwei Meter langen isolierten Kupferdraht. Wickle den Draht möglichst fest um den Bolzen, und versuche, die Wicklung so dicht wie möglich zu halten. Befestige die Wicklungen dabei immer wieder mit etwas Klebeband.

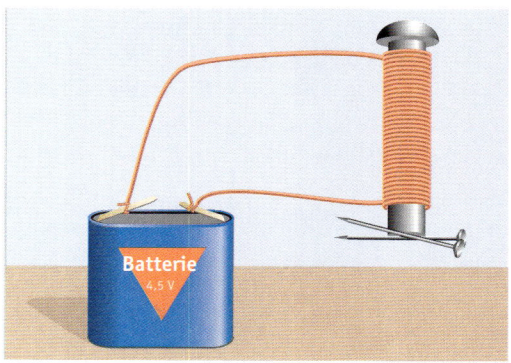

2. Schritt
Reibe mit etwas Schmirgelpapier die Isolation der beiden Drahtenden ab.

3. Schritt
Verbinde die beiden so abisolierten Drahtenden mit einer Batterie. Der entstandene Elektromagnet kann zum Beispiel Büroklammern oder Nägel anziehen. Sobald du den Strom wieder ausschaltest, ist die Magnetkraft verloren – und die Büroklammern fallen zu Boden.

Ähnlich wie bei einem Elektromagneten stellt man sich übrigens auch das Zustandekommen des Magnetfelds der Erde vor. Vermutlich besteht das Erdinnere aus flüssigem Eisen von mindestens 1000 Grad Celsius. Und wahrscheinlich rotieren die Eisenmoleküle um die Erdachse. Durch diesen gigantischen Kreisstrom entsteht ein Magnetfeld wie aus einer elektrischen Spule. Der magnetische Nordpol ist übrigens etwa 1600 Kilometer vom geografischen Nordpol entfernt.

Die Feldlinien dieses Riesenmagneten erstrecken sich weit ins Weltall hinaus. Sie sind unter anderem die Ursache für die wunderbaren Leuchterscheinungen des Nordlichts und bewahren uns vor dem Eindringen vieler gefährlicher geladener kosmischer Strahlungen.

Magnetismus erzeugt Strom

»Das Prinzip des Elektromagneten ist die Eingangstür für eine weitere wichtige Entwicklung«, setzt der Direktor seine Vorführung fort. »Wenn ein Strom ein Magnetfeld erzeugen kann, warum sollte dann nicht auch ein Magnet einen Strom erzeugen können?« Diese Frage stellte sich schon Michael Faraday (siehe Seite 110) vor mehr als 150 Jahren. Deshalb steckte er einen Magneten in eine Spulenwicklung und hoffte, dass so ein Strom im Leiter entstünde. Aber es geschah gar nichts. Deshalb tauschte Faraday in seiner Anordnung den Magneten durch einen Elektromagneten aus. Eingeschaltet wurde wiederum keinerlei Strom in der äußeren Spule erzeugt – außer während des Ein- und Aus-

schaltens! Dort entdeckte Faraday einen kurzen Stromfluss! Das war für ihn der entscheidende Hinweis auf die Lösung. Faraday folgerte, dass anstatt eines magnetischen Feldes die Veränderung dieses Feldes der Auslöser für die elektrischen Ströme war.

Mit diesem Wissen konnte er zu seinem ursprünglichen Versuchsaufbau mit dem Dauermagneten in der Spule zurückkehren. Sobald er diesen innerhalb der Spule hin und her bewegte, wurde tatsächlich ein elektrischer Strom in der Spule erzeugt.

Diese so genannte Induktion (von lat. »inducere« = erzeugen, bewirken) eines elektrischen Stroms durch Veränderung des magnetischen Felds entpuppte sich als sehr allgemeine und wichtige Gesetzmäßigkeit. Außer durch die Bewegung des Magneten lässt sich ein Strom genauso durch die Bewegung der Spule oder sonstiger Kabel über dem magnetischen Feld erzeugen. Die physikalisch genaue Beschreibung der Stärken und Zusammenhänge der beteiligten Kräfte und Felder dieser Entdeckung wird das *Faraday'sche Induktionsgesetz* genannt. Dieses Gesetz ist von unschätzbarer Wichtigkeit für unser heutiges Leben. Das allerdings wusste der damalige englische Premierminister noch nicht, als er Faradays Labor besichtigte. Deshalb fragte er Faraday nach der Vorführung: »Wozu ist Elektrizität gut?« Faraday antwortete ihm, dass er auch nicht wisse, für was sie gut wäre. Aber er wisse ganz genau, dass eines Tages der Premierminister eine Steuer darauf setzen würde. Auf jeden Fall ist diese Entdeckung auch gut für eine nun folgende Vorführung des Zirkusdirektors, die leicht nachvollziehbar ist.

Ein veränderliches Magnetfeld erzeugt Strom

Für diesen Versuch kannst du den Eisennagel von Seite 120 noch mal verwenden. Diesmal ist keine Batterie nötig, denn es soll ja Strom gewonnen werden. Schließe statt der Batterie ein Glühlämpchen an die Kupferdrahtenden. Bewege einen Magneten entlang der Windungen, und beobachte, wie das Lämpchen aufleuchtet!

Die herrliche Leuchterscheinung des Nordlichts ist auf den Erdmagnetismus zurückzuführen.

Was sind Elementarmagneten?

Ein einzelnes Elektron, das eine Kreisbewegung vollzieht, bildet einen Elementarmagneten. Genau genommen ist das nichts anderes als die Erzeugung eines Magnetfeldes in einer Spule. Die Kreisbewegung kann dabei aus der Bahnbewegung des Elektrons um den Atomkern, aber auch aus der Drehbewegung des Elektrons um seine eigene Achse bestehen. Im zweiten Fall spricht man von einem so genannten Spin (von engl. »spin« = schnelle Drehung, Drall).

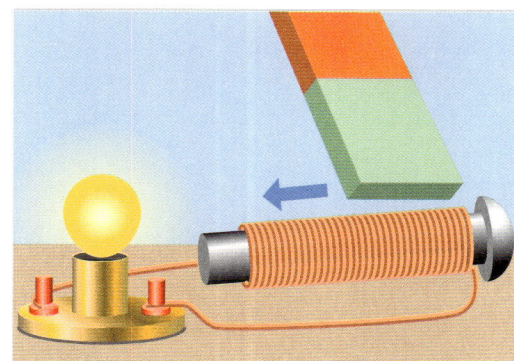

Was ist ein Generator?

Der Zirkusdirektor erklärt: »Die Versuche Faradays waren die Vorstufe zur Entwicklung von Generatoren. Das sind Maschinen, die aus mechanischer Bewegung elektrischen Strom erzeugen. 99 Prozent unserer gesamten Elektrizität werden inzwischen durch Generatoren erzeugt. Meistens funktionieren sie mit Hilfe drehbarer Magneten. Diese drehen sich innerhalb von Kabelspulen um ihre Achse. Angetrieben werden sie durch die verschiedensten Methoden. In Kohle- oder Atomkraftwerken wird zunächst Wasserdampf erzeugt. Diese Dampfkraft treibt dann die Turbinen der Generatoren an. In Wasserkraftwerken wird die Turbine dagegen direkt durch das bewegte Wasser angetrieben. Es zeigte sich, dass die erzeugte Spannung umso größer ist, je stärker der Magnet, je höher die Anzahl der Wicklungen und je schneller die Umdrehung ist. Durch Generatoren wird ein Wechselstrom erzeugt. Denn während seiner Umdrehung passiert der Magnet jeden Punkt des Kabels einmal aufwärts und einmal abwärts. Die Frequenz des erzeugten Wechselstroms ist gleich der Drehfrequenz der Turbine. Aus diesem Strom können durch verschiedene technische Verfahren mit Hilfe von Gleichrichtern oder Transformatoren die verschiedenen Gleich- und Wechselströme gewonnen werden.

Generatoren und Elektromotoren

Generatoren funktionieren mit Hilfe drehbarer Magneten, die sich innerhalb von Kabelspulen um ihre Achse drehen. Beim Elektromotor hingegen wird mechanische Energie aus elektrischem Strom gewonnen.

Elektromotoren sind überall

Das genaue Gegenteil eines Generators ist der Elektromotor. Dabei wird aus elektrischem Strom mechanische Energie gewonnen. In einem Elektromotor dreht sich ein beweglicher Anker zwischen zwei festen Magnetpolen. Durch den Anker wird ein elektrischer Strom geleitet. Sobald der Strom fließt, wird der Anker durch die magnetische Kraft ausgelenkt. Der Trick bei einem Elektromagneten besteht darin, dass der Strom nach der halben Umdrehung seine Richtung ändern muss. Das kann durch eine geschickte Stellung der Kontakte geschehen, die den Stromfluss automatisch umdrehen. Dadurch dreht sich der Anker um eine weitere halbe Umdrehung, bis der Strom wieder umgepolt wird – und so weiter, wobei eine Drehbewegung entsteht. Viel einfacher ist natürlich die Verwendung eines Wechselstroms im Anker. Dadurch fällt die mechanische Umpolung durch die Kontakte weg. Der Motor läuft so mit der gleichen Frequenz wie die Frequenz des Wechselstroms.«

Einen Elektromotor selbst basteln

Für diese Vorführung benötigst du sechs Stecknadeln, ein dünnes Kabel (am besten ein festes Telefonkabel, etwa einen Meter lang), eine Batterie mit mindestens 4,5 Volt, einen Magneten und einen Korken.

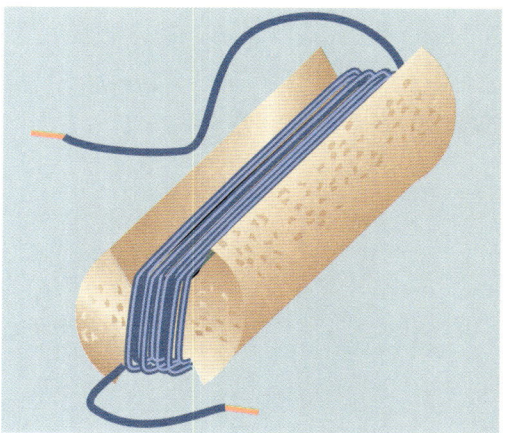

1. Schritt

Kerbe den Flaschenkorken entlang seiner langen Seiten ein, und wickle darüber das Kabel mindestens 20-mal um den Korken herum.

2. Schritt

Fixiere die Wicklung auf dem Korken mit einem Klebeband, und isoliere die beiden Enden etwa vier Zentimeter lang so ab, dass sie auf der gleichen Kopfseite des Korkens enden.

3. Schritt

Biege diese freien Enden jeweils in einem Halbkreis, und biege ihre Enden an einander gegenüberliegenden Seiten des Kopfendes nach außen fest in den Korken. Den Draht kannst du – falls möglich – etwas ausfransen, denn er greift nachher bei der Drehung den Strom ab.

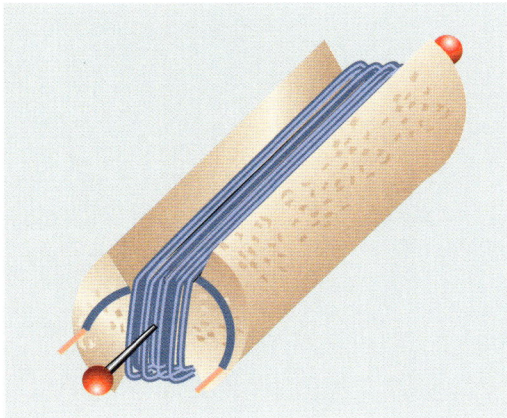

4. Schritt

Stecke zwei Stecknadeln entlang der Längsachse in den Korken, ohne dabei das Kabel zu durchstechen. Sie werden die Drehachse des Ankers. Damit ist der Anker des Elektromotors fertig. Jetzt fehlt noch die Halterung.

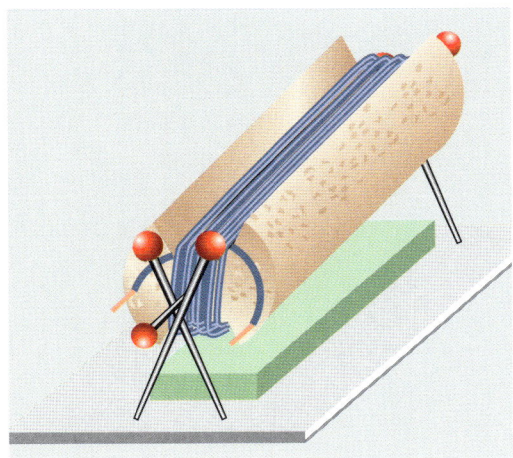

5. Schritt

Stecke jeweils zwei Stecknadeln kreuzförmig in einen festen Karton. Der Abstand der Nadeln muss so groß sein, dass der Anker gerade hineinpasst. Lege seine Drehachse auf die Nadeln, und achte darauf, dass er sich frei und in guter Balance um seine Achse drehen kann.

6. Schritt

Schiebe nun den Magneten längs unter den Korken, ohne dass er ihn berührt. Falls der Magnet zu hoch ist, musst du für den Magneten ein Loch aus dem Karton schneiden und ihn tiefer legen. Wenn du mehr als einen Magneten hast, dann kannst du sie seitlich entlang des Korkens aufstellen.

Damit ist der Motor startklar. Schließe zwei Kabelstückchen an die Batterie an, und berühre damit vorsichtig die freien Enden des Ankers. Der Motor dreht sich – spätestens, nachdem du ihn ein wenig angestoßen hast!

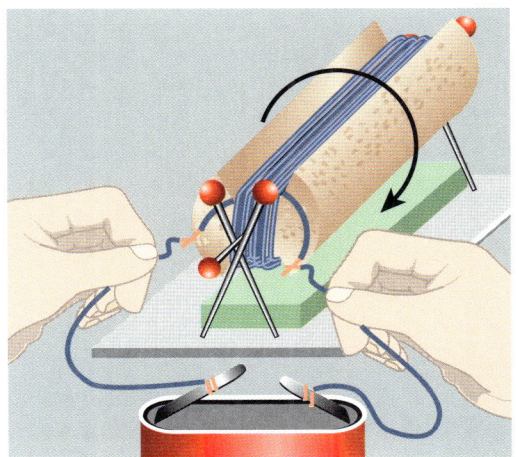

Seine Leistungsfähigkeit ist umso besser, je höher die Zahl der Wicklungen und je stärker der Magnet ist.

»Elektromotoren finden sich überall, zum Beispiel in Lokomotiven, Mixern, Ventilatoren, Bohrmaschinen, Haartrocknern oder Elektroautos«, sagt der Direktor.

»Werden etwa meine Spielzeugautos auch von Elektromotoren angetrieben?«, fragt Jan.

»Ja, klar. Ich habe sogar gerade ein kaputtes Spielzeugauto da, das mache ich einmal auf.« Er schraubt das Gehäuse ab, und tatsächlich befindet sich innen ein kleiner Elektromotor.

Das Prinzip des Telefons

Gerade klingelt das Telefon. Der Direktor freut sich, denn er kann damit einen weiteren verblüffenden Trick vorführen, der erst durch das Zusammenspiel aus Elektrizität und Magnetismus funktioniert.

Der Elektromotor

Neben dem Generator ist der Elektromotor die wichtigste elektrische Maschine; er wird in sehr vielen alltäglichen Gebrauchsgegenständen wie Haartrocknern, Mixern oder Ventilatoren verwendet. Elektromotoren können grundsätzlich mit Gleich-, Dreh- oder Wechselstrom betrieben werden.

Der Motor dreht sich, wenn man die beiden Kabelstückchen an die Batterie anlegt und vorsichtig die freien Enden des Ankers berührt.

Wer war Bell?

Alexander Graham Bell (1847–1922) war Professor für Physiologie an der Universität Edinburgh. Er erfand 1876 das Telefon, dessen Prinzip noch heute verwendet wird.

»Jetzt zeige ich euch den einfachsten Telefon-abhörtrick der Welt.«

Er schließt einen Kopfhörer mit einem Kabel kurz und gibt ihn Jan. Das Kabel legt er entlang eines der Telefonkabel. Nachdem Jan den Kopfhörer aufgesetzt hat, nimmt er den Hörer. »Hallo, hier spricht Mister Magillusion. Ihr habt nur noch ein paar Minuten bis zum Beginn meiner Show, also beeilt euch«, hört Jan aus seinem Kopfhörer. Dieser Trick funktioniert tatsächlich! Man kann natürlich auch diese Vorführung zu Hause nachmachen.

Aus der Schule der Geheimagenten

1. Schritt

Trenne die beiden Drähte der Telefonleitung vorsichtig mit einem Messer voneinander, ohne die Isolation der Kabel zu verletzen, und verbinde die beiden Enden eines Kopf- oder Ohrhörers miteinander durch ein Kabel. Das nennt man auch Kurzschließen.

Wenn das Wanzenkabel direkt neben dem Telefonkabel liegt, dann wirkt dieses Magnetfeld auf die Wanze. Das Magnetfeld erzeugt (»induziert«) einen neuen elektrischen Strom im Wanzenkabel und überträgt die Kodierung der Sprache auf den entstandenen Strom. Dieser kann über den Kopfhörer abgehört werden.

2. Schritt

Lege dieses Kabel möglichst nahe entlang eines der beiden Telefonkabel. Klebe am besten diese beiden Kabel mit Klebeband aneinander.
Damit ist die Wanze fertig, und du kannst alle Telefonate mithören. Der Trick funktioniert, weil jeder Strom ein Magnetfeld erzeugt – so auch der Strom durch das Telefonkabel. Er verändert seine Stärke und Frequenz entsprechend der übermittelten Sprache und überträgt diese Information auf das Magnetfeld.

INFOBOX

Das erste Telefon

Die Erfindung des ersten Telefons im Jahre 1876 wird dem schottischen Wissenschaftler Alexander Graham Bell (1847–1922) zugeschrieben, obwohl andere zur gleichen Zeit an ähnlichen Geräten arbeiteten. Sein Trick bzw. sein Verdienst war die Übertragung der Schwingungen von Stimmen oder Tönen in elektrische Signale. Dieses Signal konnte dann über einen Draht bis zu einem Empfänger übermittelt werden, an dem die umgekehrte Übertragungsweise stattfand.

Bell stellte eine Eisenscheibe auf eine Spule. Sobald jemand sprach, wurde die Eisenscheibe in Schwingungen versetzt, wodurch ein elektrischer Strom in der Spule induziert wurde. Dieser Strom floss in einem Stromkreis bis zu einem Empfänger aus einer weiteren Spule. Darin wurde ein wechselndes Magnetfeld erzeugt, das eine Eisenspule in dieselben Schwingungen versetzte wie die Eisenscheibe am Sender.

Eines Tages im Jahre 1876 arbeitete Bell im Obergeschoss seines Hauses an seiner Erfindung. Plötzlich hörte sein Assistent Bells Stimme aus einem Empfänger im Erdgeschoss. Er hörte die ersten Worte, die jemals durch ein Telefon gesprochen wurden: »Mister Watson, come here, I want you!«

Der Direktor verspricht Mister Magillusion, dass sie sich beeilen werden, um die Vorführung ihres Freundes nicht zu verpassen. Deshalb beendet er das Telefonat so schnell wie möglich.

»Wie funktioniert eigentlich ein Telefon?«, will Jan wissen.

»Das kann ich dir sofort zeigen, ich habe nämlich alle benötigten Teile zum Zusammenbau eines einfachen Telefons hier. Um zu verstehen, was dabei vor sich geht, benötigen wir unser gesamtes Wissen über elektrische und magnetische Kräfte. Ein solches Telefon kann man jederzeit auch zu Hause einfach nachbauen.

Ein Telefon selbst basteln

1. Schritt

Zusammenbau der Spulenhalterung: Schneide aus festem Karton zwei schmale Streifen und ein Doppelkreuz aus (Abb. 1). Biege einen Streifen zu einem Ring mit dem gleichen Durch-

mehrmals stramm um diese Röhre, und klebe ihn am Ende fest, damit er nicht mehr verrutscht. Achte darauf, dass beide Enden des Drahts frei bleiben. Damit ist die Spule fertig. Klebe sie an einem Ende fest in das Innere der im ersten Schritt hergestellten Spulenhalterung.

messer wie die Öffnung des Joghurtbechers, und klebe ihn zusammen. Knicke die Enden des Doppelkreuzes so um, dass sie an diesem Ring enden, und klebe sie von außen daran fest. Wickle den zweiten Streifen von außen um das Gebilde, und klebe ihn fest. Beule das Mittelteil des Doppelkreuzes zu einer flachen Halbkugel aus. Die Spulenhalterung ist fertig.

2. Schritt

Bau der Spule: Miss den Durchmesser des Bolzenmagneten und schneide aus festem Karton zwei Kreise mit dem doppelten Durchmesser der Magneten aus. Stelle den Magneten auf den Mittelpunkt der Kreise, und umfahre ihn mit einem Bleistift in etwas Sicherheitsabstand. Schneide entlang der Bleistiftlinie ein Loch in die Kreise. Schneide dann aus dem festen Karton einen kleinen Streifen etwa in der Höhe des Bolzenmagneten aus. Biege den Karton entlang seiner Längsachse zu einem Röhrchen, so dass der Magnet gerade hineinpasst (er muss etwas Platz haben). Stecke ihn oben und unten durch die beiden zugeschnittenen Kartonkreise. Wickle den Kupferdraht

Schneide ein Loch in der Größe der Spulenöffnung in den Mittelpunkt des Doppelkreuzes.

3. Schritt

Die Membran: Schneide aus Schreibmaschinenpapier einen Kreis mit demselben Durchmesser wie die Spulenhalterung aus. Lasse einige Papierlaschen zum Verkleben überstehen. Klebe den Bolzenmagneten in den Mittelpunkt des Papiers und stecke ihn in die Spule. Achte darauf, dass er die Kartonränder nicht berührt!

4. Schritt

Die Verkabelung: Klebe die Membran an die Halterung. Stich ein Loch durch den Boden des Joghurtbechers, und stecke die beiden langen Kabel durch. Isoliere die beiden Kabelenden ab, und wickle sie jeweils fest um einen der beiden abisolierten Kupferdrähte der Spule. Stecke die ganze Vorrichtung fest in das Gehäuse, und der Hörer ist fertig.

5. Schritt

Das andere Ende: Dazu das Ganze noch einmal basteln – und das Telefon ist fertig.

Telefon ohne Verstärker

Dieses Telefon funktioniert ohne Batterie.
Der elektrische Strom wird allein durch die Lautstärke deiner Stimme erzeugt.
Das Prinzip ist dem von Bell im Jahre 1876 gebauten ersten Telefon sehr ähnlich. Da das Telefon ohne Verstärker arbeitet, musst du etwas lauter als gewohnt sprechen, um einen Strom zu erzeugen, der stark genug ist, um die Membran auf der anderen Seite ausreichend zu bewegen.
Aber Bell und Watson hatten es ja auch nicht besser ...

Zum Zusammenbau benötigst du zwei Joghurtbecher, zwei kleine Bolzenmagnete (jeweils etwa zwei Zentimeter lang), Schreibmaschinenpapier, zwei Kupferdrähte, einen festen Karton, zwei Kabel mit mindestens je fünf Metern Länge, Klebstoff und eine Schere. Für eine komplette Telefonanlage benötigst du zwei Telefonhörer. Bastle deshalb alles in doppelter Ausfertigung.

Erste Fernsprechvermittlung

Alexander Graham Bell weckte die Aufmerksamkeit der breiten Öffentlichkeit dadurch, dass er seine Erfindung dem Kaiser von Brasilien vorführte.
Im Jahre 1878 wurde die erste Fernsprechvermittlung in New Haven (Connecticut/USA) eröffnet, ein Jahr später eine gleichartige Anlage in London für acht Verbindungsleitungen.

Der Elektro-
magnetismus

Die Zeit bis zur Vorführung des Zauberers wird jetzt immer knapper. Trotzdem möchte der Direktor zum Abschluss noch etwas ganz Besonderes vorführen:

»Jetzt kommen wir zum Clou des Ganzen. Die elektrischen und magnetischen Kräfte können nämlich zu einer einzigen elektromagnetischen Wechselwirkung zusammengefasst werden. Das geschah erstmals in geschlossener Form durch James Clerk Maxwell in seinen vier so genannten Maxwell'schen Gleichungen. Diese wunderbaren Gleichungen beinhalten die Möglichkeit der Ausbildung von elektromagnetischen Wellen. Diese von Maxwell vorhergesagte Erscheinung wurde übrigens schon wenig später von dem deutschen Physiker Heinrich Hertz entdeckt.

Wer war Maxwell?

James Clerk Maxwell (1831–1879) war Professor in Aberdeen, London und Cambridge. Seine bedeutendste Leistung war die Entwicklung der Theorie des elektromagnetischen Feldes.

Elektromagnetische Wellen

Elektromagnetische Wellen werden durch einen Sender aus Metall erzeugt, in dem Ladungen mit einer bestimmten Frequenz zwischen seinen Enden hin- und herschwingen. Dabei wird ein wechselndes elektromagnetisches Feld erzeugt, das in der Lage ist, sich von dem Sender abzulösen. Diese entstandene Welle kann sich ganz von selbst sogar im Vakuum aufrechterhalten.
Wichtig ist allein das Wechselspiel zwischen elektrischen und magnetischen Feldern. Ein veränderliches elektrisches Feld erzeugt ein veränderliches magnetisches Feld, welches wieder auf das elektrische Feld zurückkoppelt. So halten sich elektrische und magnetische Kraft gegenseitig ›am Leben‹. Sie schwingen mit der gleichen Frequenz und der entsprechenden Stärke wie die Ladungsverteilung im Sender. Sie breiten sich mit einer Konstante, der Lichtgeschwindigkeit, aus.
Es zeigte sich, dass die elektromagnetischen Wellen transversal schwingen, also senkrecht zu ihrer Ausbreitungsrichtung.«
»Und was kann man mit elektromagnetischen Wellen anfangen?«, will Jan wissen.
»Es gibt die verschiedensten Formen von elektromagnetischen Wellen mit den verschie-

densten Verwendungszwecken und Namen. Die meisten Namen der verschiedenen elektromagnetischen Wellen sind uns aus dem Alltag bekannt: Röntgenstrahlen, Ultraviolettstrahlen, das sichtbare Licht, Infrarotstrahlung, Radiostrahlen oder Mikrowellenstrahlung. Diese Wellen unterscheiden sich durch ihre Frequenz.
Kennt man die Frequenz einer Welle, dann kennt man auch ihre Energie und ihre Wellenlänge. Je höher die Frequenz ist, umso größer ist die Energie – und umso kleiner die Wellenlänge.«

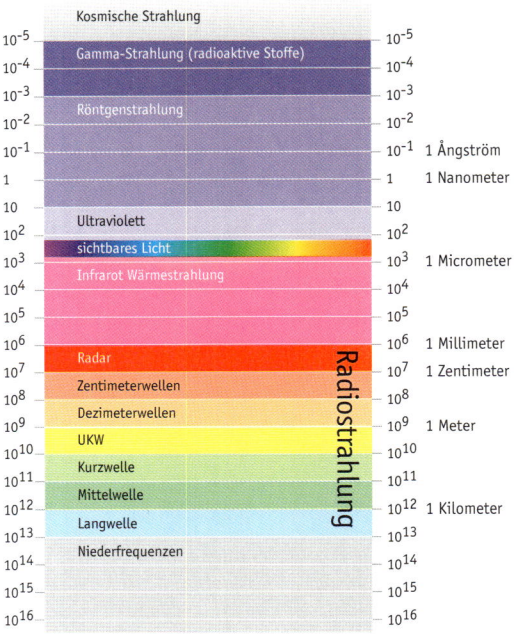

»Wie kann man sich das vorstellen?«, fragt der Großvater.
»Je schneller die Ladung im Sender schwingt, umso höher ist die ausgestrahlte Energie. Und deshalb schwingen auch die ausgesandten elektromagnetischen Wellen mit einer höheren Frequenz. Je schneller eine Welle schwingt, umso mehr und umso kürzere Wellenzüge bringt sie mit sich. Deshalb besitzen diese Wellen eine kürzere Wellenlänge.«
»Und wie schwingen die Wellen im Sender und Empfänger?«, fragt Jan.
»Der Leiter des Senders und Empfängers funktioniert wie ein so genannter Schwingkreis. Ein Schwingkreis besteht aus einem Kondensator und einer elektrischen Spule. Der Kondensator speichert die *elektrische Energie* für

eine Weile, während die Spule die *magnetische Energie* eine Weile speichert. Je nachdem, wie die Spule und der Kondensator in ihren Stärken aufeinander abgestimmt sind, kann die Ladung im Sender und Empfänger mit einer ganz bestimmten Frequenz hin- und herschwingen.«

Die Maxwell'schen Gleichungen

James Clerk Maxwell fasste alle bisher bekannten Gleichungen der elektrischen und magnetischen Kräfte in ein geschlossenes System aus vier so genannten Differenzialgleichungen zusammen.
Differenzialgleichungen sind ein hervorragendes mathematisches Instrument, um physikalische Zusammenhänge und ihre zeitlichen Abfolgen zu beschreiben. In Differenzialgleichungen wird die zeitliche Veränderung einer Größe in Abhängigkeit von anderen Größen und der Größe selbst mathematisch exakt beschrieben. Durch seine vier Gleichungen vereinigte Maxwell auf raffinierte Weise die elektrischen und magnetischen Kräfte zum Elektromagnetismus. Die große Leistung Maxwells bestand darin, die exakte Form dieser Gleichungen zu finden. Denn auch schon davor war der eigentliche physikalische Inhalt aller vier Gleichungen im Prinzip bekannt. Allerdings war das ganze nicht stimmig bezüglich der elektrischen Ladung. Erst durch die geniale Einführung eines Zusatzterms gelang es Maxwell, diese Schwierigkeit zu lösen. Die dadurch entstandenen Maxwell-Gleichungen besitzen eine elegante Schönheit – so schön dass sie einfach richtig sein mussten – und die elektrische und magnetische Feldstärke sind auf eine wunderbare Weise symmetrisch. Sie wurden dadurch eine Art Zwillingspaar: ähnlich aber trotzdem verschieden! Die vier Gleichungen im einzelnen:

1. Gleichung: Sie beschreibt die Entstehung der elektrischen Felder aus elektrischen Ladungen.

2. Gleichung: Sie beschreibt die Entstehung magnetischer Felder. Sie beinhaltet einen Unterschied zu den elektrischen Feldern. Es gibt keinen magnetischen Monopol, deshalb

ist die Gesamtstärke des magnetischen Feldes gleich null.

3. Gleichung: das Faraday'sche Induktionsgesetz. Das heißt: Wechselnde magnetische Felder erzeugen elektrische Felder.

4. Gleichung: das Amperegesetz. Das heißt: Wechselnde elektrische Felder und Ströme erzeugen magnetische Felder.

Der Unterschied in der Symmetrie zwischen elektrischen und magnetischen Feldern besteht darin, dass es zwar einzelne elektrische Ladungen, aber keine einzelnen magnetischen Pole gibt. Aus den Maxwell'schen Gleichungen ließen sich neuartige Versuche und Eigenschaften vorhersagen – zum Beispiel die elektromagnetischen Wellen, die schon 1888 von Hertz nachgewiesen wurden. Maxwell konnte aber nicht nur deren Existenz und Beschaffenheit vorhersagen, sondern auch ihre Geschwindigkeit. Die Größe ergibt sich wie von selbst aus den Maxwell'schen Gleichungen als eine universelle Konstante: nämlich die Lichtgeschwindigkeit. Maxwell hat es auf geniale Weise geschafft, gleich drei Wissenschaften miteinander zu verbinden: Elektrizität, Magnetismus und Optik. »Elektromagnetische Wellen eignen sich wunderbar zur Informationsübermittlung. Sie sind extrem schnell, und die Nachricht kann leicht auf die Trägerfrequenz kodiert werden. Dass man solche Wellen mit ganz einfachen Mitteln empfangen kann, möchte ich in meinem letzten Trick vorführen.« Diese letzte Vorführung ist das Meisterstück des Direktors. Es benötigt tatsächlich nur einige einfache Hilfsmittel. Beim Zusammenbau braucht man allerdings etwas Geduld. »Ich möchte ein ganz besonderes Radio zusammenbauen und vorführen, das so genannte Detektorradio. Es empfängt elektromagnetische Wellen auf der Radiofrequenz – ganz ohne Batterie oder Strom! Es wird allein aus der Energie der ankommenden Radiowellen gespeist. Das Prinzip dieses Radios ist so einfach, dass es oft aus Versehen irgendwo in Aktion ist. So ist es möglich, mit einer Zahnplombe, mit einem alten Bettfederrost oder einem ausgeschalteten Schallplattenspieler Radio zu hören, wenn alles zusammenpasst.«

Wer war Hertz?

Auch Heinrich Hertz (1857–1894) ist in einer Maßeinheit verewigt: Die Frequenz elektromagnetischer Wellen wird in Hertz gemessen. Ein Hertz ist gleichbedeutend mit einer Schwingung pro Sekunde.
In den Jahren zwischen 1885 und 1888 entwickelte der junge Physiker an der Universität Karlsruhe den ersten Apparat, der elektromagnetische Wellen senden und empfangen konnte. Dafür baute er einen Sender, Antennen und einen Empfänger.
Durch seine Versuche wurde erstmals die Existenz elektromagnetischer Wellen nachgewiesen. Trotzdem war Hertz überzeugt, dass sein Experiment lediglich dazu gut sei zu beweisen, dass »Meister Maxwell mit seinen Vorhersagen Recht hatte«. Ansonsten war er der Überzeugung, dass seine Entdeckung von keinerlei Nutzen sei. Während einer Vorführung seines Apparats vor beeindruckten Studenten wurde er gefragt: »Und was nun?«
Darauf sagte der Wissenschaftler: »Nichts, denke ich.«
Er wurde aber schnell eines Besseren belehrt. Kurz bevor er mit nur 37 Jahren an Blutvergiftung starb, erlebte er noch die rasante Verbreitung der elektromagnetischen Wellen mit. Das beweist ein Zitat des englischen Mathematikers und Physikers Oliver Heaviside (1850–1925) aus dem Jahre 1891: »Vor drei Jahren waren die elektromagnetischen Wellen nirgends, heute sind sie überall.«

Ein Radio selbst basteln

Falls manche Abmessungen nicht stimmen, ist das nicht schlimm – es ist genug Spielraum – und der Empfang sollte trotzdem klappen.

1. Schritt

Zeichne mit einem Bleistift einige Markierungspunkte in einer Linie auf die Klopapierrolle.

- Punkt $P\,1$: fünf Millimeter entfernt vom linken Ende der Rolle.
- Punkt $P\,2$: acht Zentimeter entfernt vom linken Ende.
- Punkt $P\,3$: einen Zentimeter entfernt vom rechten Ende.
- Punkt $P\,4$: fünf Millimeter entfernt vom rechten Ende.

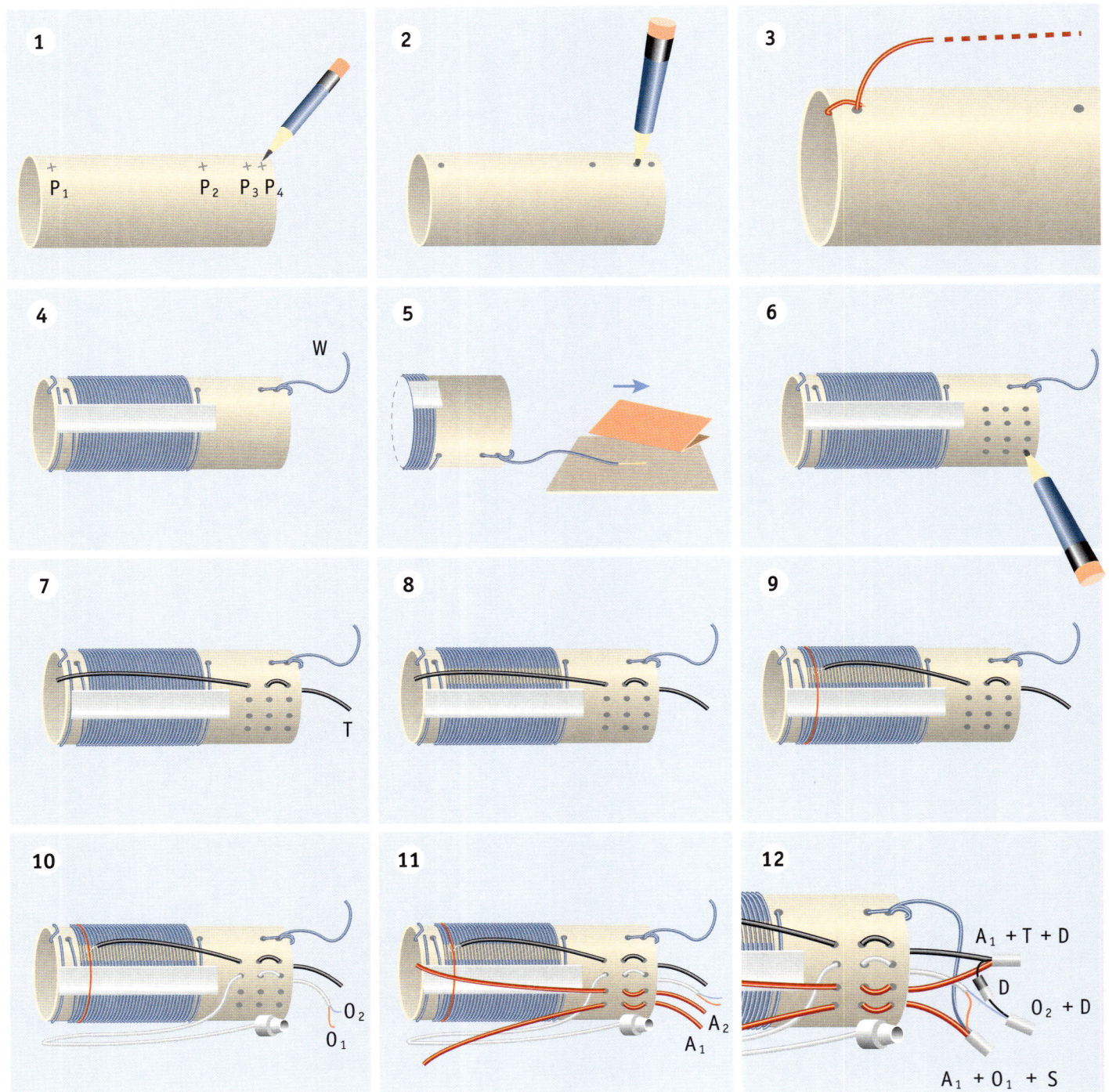

2. Schritt

Stich mit einer Bleistiftspitze vorsichtig ein Loch durch alle diese Punkte. Drücke zur Sicherheit mit den Fingern von innen gegen die Rolle.

3. Schritt

Stecke ein Ende des langen Kupferdrahts durch das Loch P1. Lasse das Ende einige Zentimeter herausschauen, und wickle es zur Befestigung mehrmals durch das Loch um das Rollenende.

4. Schritt

Jetzt beginnt der anstrengendste Teil: das Aufwickeln der Spule um die Klopapierrolle. Dabei musst du sehr sorgfältig vorgehen. Die Wicklungen sollen so nahe wie möglich aneinander und so eng wie möglich auf der Oberfläche liegen, ohne sich zu überlappen. Das schaffst du am besten, wenn du die bereits gewickelten Windungen mit einer Hand festhältst, während du mit der anderen Hand die Röhre drehst. Stelle dich auf eine etwa zehnmünitige Plackerei ein. Falls du das Aufwickeln unterbrechen musst, klebe die Wicklungen mit einem Klebeband fest. Sobald du das mittlere Loch P2 erreicht hast, kommt etwas Neues: Fädle den Draht durch das Loch P2 in die Röhre hinein und durch das Loch P3 wieder heraus. Achte darauf, dass du den Draht festziehst. Sichere den Draht endgültig, indem du ihn ein paar Mal um das Ende der Röhre durch das Loch P4 wickelst. Schneide den Draht mit einer Schere so ab, dass nur noch ein paar Zentimeter des Drahts über die Rolle stehen. Sichere die Wicklung mit einem Klebeband.

5. Schritt

Abisolierung des Drahtendes: Reibe mit dem Schmirgelpapier kräftig von allen Seiten an der Isolation des Kupferdrahts. Halte den Draht mit einem Finger fest, und reibe immer vom Finger weg. Drehe den Draht immer wieder, bis das Kupfer überall auf einer Länge von einem Zentimeter blank liegt.

6. Schritt

Jetzt musst du das Radio mit den verschiedensten Anschlüssen versehen. Stich dazu zunächst vier Reihen von jeweils drei Löchern in die frei liegende Hälfte der Klopapierrolle. Starte dabei mit drei Löchern in einer Reihe mit dem Abstand von je einem Zentimeter voneinander entlang der Rolle. Das erste Loch soll dabei etwa 1,3 Zentimeter vom Ende der letzten Wicklung entfernt sein. Drehe die Rolle um ungefähr 2,5 Zentimeter, und stich wieder drei Löcher auf die gleiche Art in den Karton – so lange, bis du vier Reihen mit je drei Löchern platziert hast.

7. Schritt

Fädle durch eine Reihe von Löchern einen kurzen festen Draht – egal durch welche. Dieser Draht wird später das Tunerkabel. Das Ende des Drahts T (T wie Tuner) sollte über die Wicklung hinausragen. Auf der anderen Seite sollte der Draht ungefähr drei Zentimeter über das Ende der Klopapierrolle hinausstehen.

8. Schritt

Isoliere die Spule entlang des Tunerkabels in einer Breite von etwa einem Zentimeter mit dem Schmirgelpapier ab.

9. Schritt

Befestige das Tunerkabel mit einem Gummi um die Spule. Befestige ihn so, dass das blanke Ende des Tunerkabels direkt auf einem abisolierten Abschnitt der Spule anliegt.

10. Schritt

Fädle durch eine zweite Reihe der Löcher das Anschlusskabel O des Ohrhörers, und trenne die beiden Kabelenden voneinander. Lasse die Kabel etwa drei Zentimeter überstehen.

11. Schritt

Fädle zwei lange Kabel durch die verbleibenden beiden Lochreihen, und lasse die Enden wieder etwa drei Zentimeter überstehen. Diese langen Kabel dienen als Antennenkabel mit der Abkürzung A1 und A2.

12. Schritt

a) Verbinde das Spulenkabel mit einem Antennenkabel und einem Ohrhörerkabel.
b) Verbinde das verbleibende zweite Ohrhörerkabel mit dem weißen Ende der Diode.
c) Verbinde das schwarze Ende der Diode mit dem zweiten Antennen- und dem Tunerkabel.
d) Stecke den ganzen Kabelsalat in die Klopapierrolle – und das Radio ist empfangsbereit.

Verbindung der Kabel

Du verbindest die betreffenden Kabel am besten, indem du sie aneinander hältst und fest umeinander wickelst. Wickle anschließend zur besseren Isolierung ein Stück Klebeband um die blanken Stellen. Behandle die Diode vorsichtig, und knicke den Diodendraht nie direkt am Diodeneingang, um eine Beschädigung zu vermeiden.

So wird das Radio bedient

Halte das Radio nie an der Spule, sondern nur oben und unten an der Klopapierrolle. Dabei gilt: Je länger die Antenne ist, umso besser ist auch der Empfang. Deshalb verbessert sich der Empfang deutlich, sobald du ein Antennenkabel zum Beispiel mit der Fernsehantenne, einem Metallfensterrahmen oder einem Heizkörper verbindest. Das zweite Antennenkabel dient zur Erdung. Es reicht aber normalerweise auch schon aus, wenn du das blanke Kabelende in der Hand hältst. Stecke den Ohrhörer in das Ohr – und es kann losgehen. Die Sendereinstellung geschieht mit dem Tunerkabel. Bewege den Anschluss so lange entlang der abisolierten Spur (entlang der Spule!), bis du einen Sender empfängst. Sobald du zufrieden mit dem Empfang bist, kannst du den Tunerkabelanschluss mit dem Gummi an der blanken Spule befestigen. Falls sich gar nichts tut, wirkt eine Lageänderung des Radios manchmal Wunder.

Funktionsweise

Die Radiowellen bringen den Strom der Spule ins Schwingen, der durch die Diode gleichgerichtet wird und dadurch im Ohrhörer Arbeit verrichtet.

Der phantastische Glanz des Lichts

UMKEHRBILDER,

ILLUSIONEN,

ZAUBERTRICKS.

EIN MAGISCHER

ABEND DER OPTIK

UND DES SEHENS

Jan, der Großvater, der Direktor und die Katze sind gerade noch rechtzeitig gekommen. Sie plumpsen auf ihre Plätze, als Mister Magillusion seine Show ankündigt.
»Meine Damen und Herren, ich heiße Sie alle ganz herzlich willkommen zu meiner absolut einmaligen Show! Meine Tricks sind so beeindruckend, dass ich noch nicht einmal eine beeindruckende Assistentin zur Ablenkung benötige. Mein einziger Helfer ist das Licht – seine ganzen phantastischen Eigenschaften – und Ihr eigenes Wahrnehmungsvermögen.«

Umkehrbilder

»Das trifft sich sehr gut, dass wir heute eine Katze unter uns haben«, kündigt der Zauberer seine erste Nummer an. Er richtet den Scheinwerfer auf die völlig verdutzte Katze, die Rücken und Haare zu Berge stellt, was ihr aber nichts nützt. Mister Magillusion hat sie bereits gepackt und holt sie auf die Bühne. Steif und fest behauptet er:
»Ich kann aus dieser Katze ganz einfach einen Hund machen. Dazu müssen Sie sich nur die Katze auf dem Kopf stehend vorstellen. Es ist allerdings auch für einen guten Zauberer wie mich äußerst schwer, eine Katze dazu zu bringen, einen Kopfstand zu machen. Deshalb drehen Sie alle am besten Ihren Kopf nach unten und beobachten, was mit der Katze passiert! Für die Zuschauer weiter hinten lasse ich ein Bild der Katze durchgehen. Stellen Sie dieses Bild auf den Kopf – und Sie sehen den Hund!«

Seine letzten Worte hört man nur noch undeutlich vor lauter Ahs und Ohs der Leute, die den Hund schon erkannt haben. »Meine Damen und Herren, ich werde mich jetzt an Unglaublichem versuchen und die Katze trotz aller Schwierigkeiten zu einem Kopfstand verführen.« Der Zauberer hält der völlig verwirrten Katze ein Bild einer letzten Pizzaschnitte vor ihre Augen. Verblüffenderweise steht die Katze tatsächlich kurz darauf Kopf!
»Der magische Trick besteht darin, dass die Katze den ganzen großen Rest der Pizza entdeckt hat! Und den kann man nur sehen, wenn man das Bild auf dem Kopf betrachtet. Den Rest können auch Sie erkennen, wenn Sie das Bild auf den Kopf stellen!« –

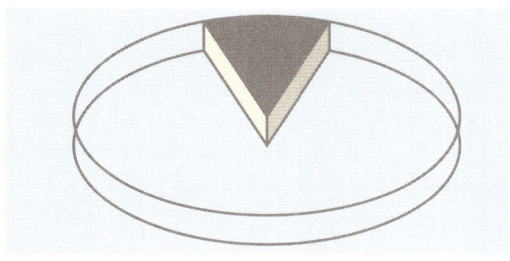

Wenn man dieses Bild auf den Kopf stellt, erscheint der Rest der Pizza als viel größer.

Tatsächlich sieht auch Jan die restliche Pizza und findet es schade, dass er erst gegessen hat. Der Zauberer beendet den »Tierversuch«, liefert die Katze, die immer noch nicht so recht weiß, wie ihr geschieht, unbeschadet wieder auf ihrem Stuhl ab und bedankt sich mit einem wirklichen Stück Pizza bei ihr.

Verkehrte Bildgeschichten

Mister Magillusion fährt mit seiner Vorführung fort: »Betrachten Sie jetzt bitte die Zeichnung

Der Zeichner dieses Umkehrbildes ist der Francokanadier Gustave Verbeek, der um 1900 im »Sunday New York Herald« eine entsprechende Comicserie veröffentlichte und damit Weltruhm erlangte.

Katze oder Hund?

Sobald man das Bild unten in der linken Spalte auf den Kopf dreht, wird man anstatt der Katze ganz plötzlich einen Hund sehen, der beide Ohren spitzt.

131

an der Wand: Es zeigt das Bild eines Riesenvogels, der eine Frau im Schnabel hält. Mit meiner einfachen Zauberschachtel hier werde ich der armen Frau jetzt sofort einen Retter schicken. Passen Sie bitte genau auf!« – Langsam bewegt er eine Kartonschachtel, die an ihrem hinteren Ende durch ein Transparentpapier abgeschlossen ist, auf den Vogel zu. Und tatsächlich: Es erscheint das Bild eines kleinen Mannes in einem Boot! Daneben sieht man einen Fisch und eine Insel.
»Wie ist denn das möglich?«, fragt Jan.
»Ein Zauberer darf seine Tricks normalerweise nie verraten. Da ich aber während der ganzen Show eigentlich nicht selbst der Zauberer bin, sondern vielmehr unser bzw. Ihr Wahrnehmungssystem, werde ich heute eine Ausnahme machen: Der Trick hinter diesem Zauberkasten ist, dass er das einfallende Licht aller Gegenstände auf dem Kopf auf das Transparentpapier abbildet. Sie können sich davon überzeugen, indem Sie das Bild auf den Kopf drehen.« Er dreht das Bild an der Wand um – und tatsächlich ist jetzt auch mit bloßem Auge der Mann in dem Schiff zu sehen.
»Dieses Bild stammt vom Francokanadier Gustave Verbeek und wurde im Rahmen einer ganzen Serie von Umkehrbildgeschichten im Sunday New York Herald um 1900 veröffentlicht.«
»Und wie funktioniert jetzt dieser Kopfstandkasten?«, fragt der Großvater.

Das Prinzip einer Kamera

Bereitwillig öffnet der Zauberer den Kasten.
»Das Ganze funktioniert genauso wie eine Kamera. Der Kasten ist so einfach konstruiert, dass man ihn auch zu Hause nachbauen kann.« Der Zauberer holt einen Schuhkarton hervor und zeigt den Zuschauern in Windeseile, wie man eine Kamera selbst bauen kann.

Eine Kamera selbst basteln

Du benötigst einen Schuhkarton, eine Lupe, Transparentpapier und einen Gummiring.

1. Schritt
Zerschneide den unteren Teil des Kartons in zwei nicht ganz gleiche Hälften.

Verschwommen?

Abhängig von der Entfernung des jeweiligen Bildes kann die Abbildung auf dem Transparentpapier verschwommen sein. Du kannst es einfach scharf stellen, indem du den kleinen Karton mit dem Transparentpapier verschiebst. Damit verändert sich der Abstand zwischen der Linse, der Lupe und dem Papier. Derselbe »Trick« funktioniert übrigens auch ohne Lupe, allerdings wird das Bild dann sehr viel lichtschwächer. Mit einer solchen einfachen Lochblende lässt sich zum Beispiel sehr gut die Sonne bei einer partiellen Sonnenfinsternis beobachten.

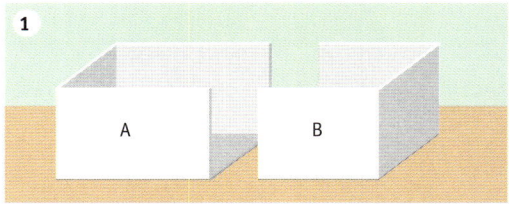

2. Schritt
Bohre in die Stirnseite des längeren Teils ein Loch mit zwei Millimetern Durchmesser, und befestige davor mit etwas Klebeband die Lupe.

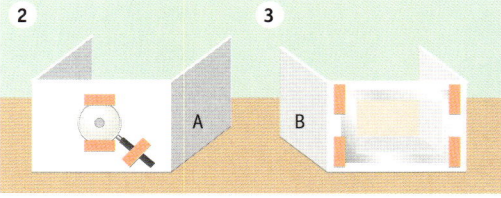

3. Schritt
Schneide aus der Stirnseite des kleineren Teils ein großes Fenster aus, und klebe einen Bogen Transparentpapier darauf.

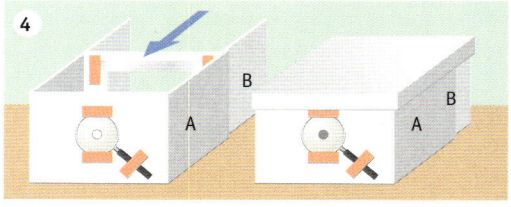

4. Schritt
Stecke diesen Teil des Kartons mit der Stirnseite voraus in den größeren Teil mit der Lupe, und schließe das Ganze von oben mit dem Deckel ab.

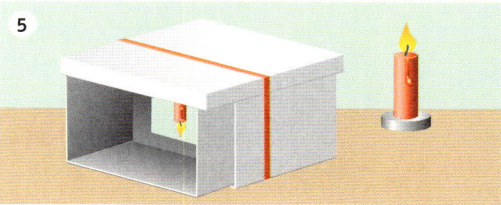

5. Schritt
Befestige zum Abschluss den Deckel mit einem Gummi an dem Unterteil – damit ist die Kamera komplett. Auf dem Transparentpapier ist das Bild zu sehen, das gerade durch die Lupe in die Dunkelkammer fällt. Und zwar auf dem Kopf!

INFOBOX

Die Geschichte der Kamera

Die Projektion von Bildern über eine Lochblende war schon im 16. Jahrhundert bekannt. Diese Vorrichtung nannte man damals »camera obscura« (von lat. »dunkler Raum«). Es gab damals allerdings keine Möglichkeit, diese Abbildung zu speichern. Die erste Fotografie gelang erst dem französischen Erfinder Joseph Niepce im Jahre 1826. Er beschichtete eine Metallplatte mit lichtempfindlichen Chemikalien, die er etwa acht Stunden lang in einer camera obscura belichten musste. Dieses Verfahren wurde vom Franzosen Louis Daguerre 1837 verbessert. Im Jahre 1839 erfand der Engländer William Fox Talbot das Verfahren der Negativfotografie. Im Negativfoto sind Hell und Dunkel genau umgekehrt. Von diesem Negativ ließen sich dann beliebig viele Abzüge machen. Dieses Prinzip ist auch heute noch in Gebrauch.

In einer echten Kamera gibt es nach hinten natürlich kein Fenster. Stattdessen befindet sich ein besonders lichtempfindlicher Film an der Stelle des Transparentpapiers im Inneren der Kamerabox in vollkommener Dunkelheit. Der Film wird entsprechend der Belichtung in seiner chemischen Struktur verändert. Dabei darf nicht zu viel Licht auf den Film fallen, ansonsten ist der Film überbelichtet. Deshalb wird mit einem Verschluss vor der Linse, der sich kurz öffnet und wieder schließt, nur sehr kurze Zeit Licht eingelassen. Durch ein System von Linsen wird das Licht in der Kamera gebündelt und schließlich auf dem lichtempfindlichen Film abgebildet. Dort löst das Licht je nach Helligkeit und Farbe eine unterschiedliche chemische Reaktion aus. Der Film ist damit belichtet. Das so belichtete Negativ wird in einer Dunkelkammer mit chemischen Verfahren entwickelt und fixiert, bis schließlich ein Foto daraus entsteht.

Der Zauberer sagt: »Eine Kamera ist ein großartiger Zaubertrick der Technik und passt deshalb natürlich sehr gut in meine Zaubervorführung.«

Wenn das Licht sich verbiegt ...

Der Zauberer stellt ein großes Glas auf den Tisch und zeigt auf eine Münze, die man deutlich am Boden des Glases liegen sieht. »Meine Damen und Herren, werden Sie Zeuge des Verschwindens eines Zehneurocentstücks. Ich werde vor Ihren Augen dieses Geldstück verschwinden lassen, indem ich ganz normales Leitungswasser in dieses Glas fülle.« Er gießt langsam etwas Wasser ein und verschließt das Glas mit einem Deckel. Und tatsächlich: Die Münze scheint verschwunden zu sein. Der Zauberer lädt Jan ein, auf die Bühne zu kommen und das Glas von allen Seiten zu betrachten. Von der Münze ist wirklich nichts mehr zu sehen! Der Zauberer zeigt gleich noch einen weiteren Trick, indem er einen Strohhalm durch das Wasser abknicken lässt. Beide Tricks kann man gut zu Hause nachmachen.

Die Zauberkraft des Wassers

Die verschwundene Münze

So geht der Trick: Lege die Münze unter das Glas. Von etwas weiter weg ist nicht zu erkennen, ob die Münze im oder unter dem Glas liegt. Wenn du Wasser hinzugibst, ist die Münze von der Seite tatsächlich unsichtbar.

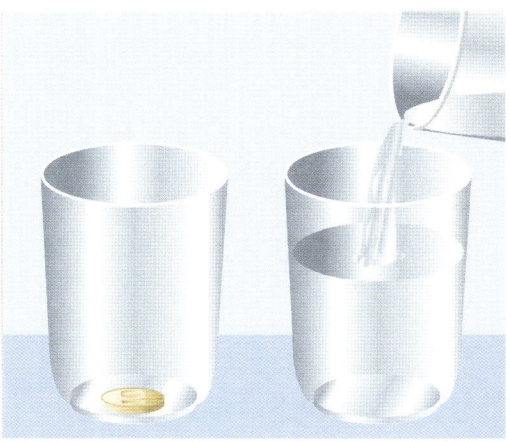

Dagegen ist sie von oben weiterhin sichtbar. Deshalb hat der Zauberer den Deckel des Glases vorher zugemacht, bevor er Jan auf die Bühne gebeten hat.

Das Prinzip der Kamera

Durch ein System von Linsen wird das Licht in der Kamera gebündelt und gebogen und schließlich auf einen lichtempfindlichen Film gelenkt. Dort löst das Licht je nach Helligkeit und Farbe eine unterschiedliche Reaktion aus. Der Film ist damit belichtet. In einer Dunkelkammer wird der Film schließlich entwickelt und fixiert, so dass man das Ergebnis auf der fertigen Fotografie sehen kann.

Schüttet man etwas Wasser in das Glas, wird die darunter liegende Münze für den Betrachter unsichtbar.

Das Wasser scheint den Strohhalm zu brechen – das ist natürlich eine optische Täuschung.

Lichtbrechung

Mit einem Schuhkarton, einer Schere oder einem Taschenmesser, einer Taschenlampe und verschiedenen Gläsern kannst du die Brechung des Lichts wunderbar demonstrieren.

Der abgeknickte Strohhalm

Stelle einen Strohhalm in ein Wasserglas. Sobald du Wasser zugibst, scheint der Halm am Berührungspunkt mit dem Wasser abgebrochen zu sein.

»Das Geheimnis dieses Tricks liegt in der Natur des Lichts. Wie Sie alle sicher wissen, zumindest die Leser dieses Buchs, ist das Licht eine elektromagnetische Welle. Aus den berühmten Maxwell'schen Gleichungen ergab sich schließlich, dass Licht sich mit der so genannten Lichtgeschwindigkeit von 299 792,458 Kilometern in der Sekunde im Raum ausbreitet. Dieser Wert gilt allerdings nur für das Vakuum. Sobald das Licht durch Materie wie Luft, Glas oder Wasser dringt, wird es etwas abgebremst. Zwischen den Lichtwellen und den winzigen Bestandteilen dieser Stoffe kommt es zu einer Wechselwirkung; sie regen sie zu Schwingungen an. Dadurch wird die Welle je nach Stoff unterschiedlich stark aufgehalten. Diese Größe heißt Brechungsindex. Die Lichtgeschwindigkeit wird also durch den Brechungsindex der Stoffe verringert. Und genau das ist das Geheimnis hinter meinen Tricks. Ein Lichtstrahl sucht sich nämlich immer genau den Weg aus, der ihm den geringsten Widerstand entgegensetzt. Er findet ganz von selbst den Weg, der ihn am schnellsten eine Strecke zurücklegen lässt. Das muss natürlich nicht immer der direkte Weg sein. So kann oft ein scheinbarer Umweg der schnellste Lichtweg sein. Wenn nur ein einziger gleichförmiger Stoff zu durchqueren ist, ist die Ausbreitung des Lichts natürlich ebenfalls gleichförmig. Sobald das Licht aber durch verschiedene Stoffe kommt, wird das Licht entsprechend dem Brechungsindex dieser Stoffe abgeknickt.«

Die Lichtbrechung

»Das erinnert mich an meine Zeit als Rettungsschwimmer«, sagt der Großvater.
»Auch als Rettungsschwimmer muss man sich auf dem schnellstmöglichen Weg fortbewegen, wenn man im Meer einen Ertrinkenden sieht. Der Schwimmer will so schnell wie möglich zur Unglücksstelle, genauso wie das Licht. Ist der Rettungsschwimmer schon im Wasser,

so schwimmt er einfach gerade aus in Richtung des Schwimmers. Ist er dagegen am Strand, so ist es besser für ihn, eine größere Strecke am Strand zurückzulegen, um dann auf geraderem Weg durch das Wasser zu schwimmen. Denn an Land kommt er um einiges schneller voran als durch Schwimmen. Deshalb ist seine Bahn abgeknickt, genauso wie die Bahn des Lichts, wenn es durch verschiedene Stoffe strahlt.«
»Vielen Dank für das schöne Beispiel«, sagt der Zauberer.
»Diese Änderung der Richtung der Lichtausbreitung in Stoffen wird als Brechung des Lichts bezeichnet. Wasser hat einen höheren Brechungsindex als Luft, deshalb knickt das Licht im Wasser ab. Und deshalb hat letztendlich auch das Abbild des Strohhalms und der Münze aus meinen Tricks scheinbar einen Knick.«

Der Brechungsindex verschiedener Stoffe

(für gelbes Natriumlicht mit der Wellenlänge von 589 Nanometer)

Vakuum	1
Luft	1,0003
Wasser (bei 20 Grad)	1,333
Eis	1,309
Alkohol (bei 20 Grad)	1,36
Quarz	1,544
Glas	1,5–1,8 (je nach Sorte)
Diamant	2,417

»Meine Damen und Herren, Sie werden gleich sehen, dass ein einfaches rundes Glas Wasser das Licht so ablenken kann, dass es sich sogar überkreuzt. Das hat weit reichende Konsequenzen für unseren Alltag. Das werden Sie gleich bemerken, wenn Sie durch das Glas schauen. Plötzlich wirkt Ihr Nachbar viel größer als zuvor!«
Das Glas wirkt also als Vergrößerungsglas. Diese Eigenschaft ist von großer Bedeutung in der Optik. Jeder Stoff, der für Licht durchlässig ist, wird in der Optik als Linse bezeichnet. Und eine Linse, die sowohl in Richtung des einfallenden als auch des ausfallenden Strahls nach außen gebogen ist, heißt kon-

Die Brechung des Lichts

1. Schritt

Entferne den Deckel eines Schuhkartons – er wird nicht gebraucht.

2. Schritt

Schneide an der Stirnseite am Boden zwei senkrechte Spalte in den Karton. Jeder Spalt sollte möglichst nur einen Millimeter breit sein. Falls das nicht richtig gelingt, kannst du zunächst auch zwei größere Kartonstücke ausschneiden. Schiebe dann einfach von der Seite jeweils einen festen Karton langsam auf die Kanten zu, bis nur noch ein schmaler Spalt frei bleibt.

3. Schritt

Verdunkle nun den Raum, und leuchte mit einer Taschenlampe senkrecht durch die beiden Spalte in den Karton. Verfolge die Spur der Strahlen innerhalb des Kartons. Ziehe sie mit einem Stift bis ans hintere Ende des Kartons nach.

4. Schritt

Bringe ein Glas mit geraden Seiten, zum Beispiel ein Marmeladenglas, in den Strahlengang im Karton. Was geschieht, wenn du das Glas mit Wasser füllst und nach und nach etwas verdrehst? Das Licht versucht – genauso wie der Rettungsschwimmer –, seinen Weg durch das Glas zu verkürzen. Deshalb wird es abgelenkt und kommt an einem anderen Ort an! Das siehst du besonders gut, wenn du den Strahl mit dem eingezeichneten Strahl ohne Hindernis vergleichst.

vexe Linse. Auch unser Wasserglas ist eine konvexe Linse. Genauso wie unser Wasserglas vergrößert auch jede andere konvexe Linse die betrachteten Gegenstände.

Konvexe Linsen aus Glas sind sehr weit verbreitet. Sie finden sich in Lupen und Brillen, in Fotoapparaten, in Ferngläsern und Mikroskopen. Je stärker die Krümmung der Linse ist, umso näher liegt der Brennpunkt bei der Linse und umso stärker ist die Vergrößerung.

Mikroskop

Die Vergrößerungs- und Verkleinerungsstärke einer einzelnen Linse ist begrenzt. Deshalb verwenden viele optische Geräte eine Kombination verschiedener Linsen.

Ein Mikroskop besteht aus zwei verschiedenen konvexen Linsen hintereinander. Zuerst fällt das Licht auf eine starke konvexe Linse mit starker Vergrößerung. Das Ergebnis dieser Vergrößerung wird anschließend durch eine zweite, größere (nicht so starke) Sammellinse ins Auge weitergeleitet. Die zweite Linse befindet sich hinter dem Brennpunkt der ersten Linse. Das Bild wird scharf gestellt, indem der Abstand der Linsen verändert wird. Mit einem normalen Mikroskop lassen sich noch Größen der Länge von 200 Nanometer, das sind 0,0002 Millimeter, auflösen.

Fernrohr

Ein Fernglas ist ähnlich aufgebaut wie ein Mikroskop. Es besteht ebenfalls aus zwei hintereinander angeordneten Sammellinsen, einer starken und einer schwächeren. Trotzdem gibt es einen wichtigen Unterschied:

Brennpunkt und Brennweite

Noch besser wird das Ganze, wenn du ein rundes Glas Wasser verwendest und es in den Schuhkarton stellst. Was passiert jetzt mit den Strahlen? Sie werden durch das Wasser so gebrochen, dass sie sich hinter dem Glas kreuzen! Dieser Punkt wird Brennpunkt der Strahlen genannt. Und der Abstand vom Glasmittelpunkt bis zu diesem Schnittpunkt heißt Brennweite.

Zweite Linse

Die Vergrößerung lässt sich noch um einiges erhöhen, wenn man eine zweite Linse hinzufügt.

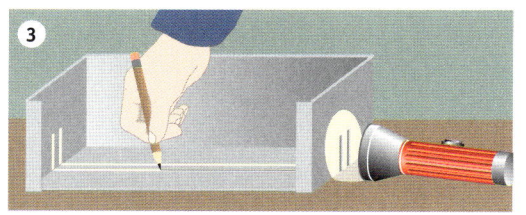

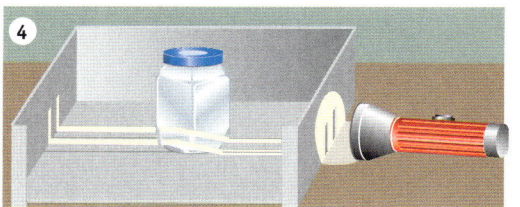

Wenn man das Marmeladenglas mit Wasser füllt und etwas dreht, wird das einfallende Licht abgelenkt.

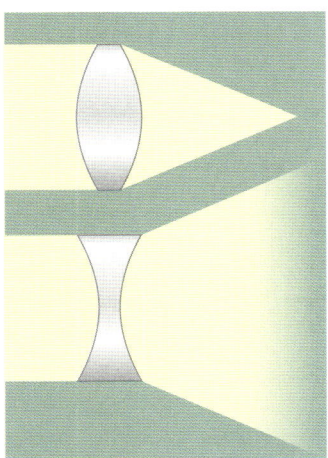

Eine konvexe Linse (oben) vergrößert, eine konkave Linse (unten) verkleinert.

Konvexe Linsen

Linsen bestehen aus Stoffen, die durchlässig für Licht sind und den Strahlengang des Lichts durch ihren unterschiedlichen Brechungsindex verändern.

Konvexe Linsen sind in beiden Richtungen nach außen gebogen. Sie sammeln das Licht idealerweise in einem Punkt: dem Brennpunkt. Deshalb werden sie auch Sammellinsen genannt.

Je stärker die Krümmung der Linse ist, umso näher rückt der Brennpunkt an die Achse der Linse. Konvexe Linsen vergrößern die einfallenden Gegenstände. Die Größe eines Gegenstands schätzen wir durch den Winkel der einfallenden Strahlen vom Rand des Gegenstands ein. Dieser Winkel wird durch die Linse vergrößert, und genau deshalb erscheint der Gegenstand größer.

Konkave Linsen

Konkave Linsen sind sowohl in Richtung des einfallenden als auch des ausfallenden Lichts nach innen gebogen. Sie sind also das genaue Gegenteil einer konvexen Linse. Deshalb streuen sie das Licht, anstatt es zu sammeln. Deshalb nennt man sie auch Zerstreuungslinsen.

Generell gilt: Je stärker die Krümmung der Linse nach innen ist, umso stärker zerstreut sie das Licht. Konkave Linsen verkleinern deshalb den Eindruck eines einfallenden Gegenstands.

Das Auge sieht das Licht

»Der wichtigste Verwendungsort einer Linse ist aber sicherlich im Auge. Dieses Organ ist wahrlich ein ganzer Zauberhut voller Wunder. Keine Kamera der Welt kommt auch nur annähernd an die Vielseitigkeit des menschlichen Auges heran. Dabei ist der Aufbau des Auges sehr einfach: Das Licht fällt genauso wie bei einer Kamera über die Linse in das Augeninnere ein. Die Form der Linse kann mit einem sie ringförmig umgebenden Muskel, dem Ciliarmuskel, verändert werden. Dieser Ciliarmuskel ist einer der aktivsten Muskel unseres Körpers überhaupt. Je mehr die Linse gekrümmt wird, umso mehr wird das Auge auf nahe Entfernungen scharf gestellt. Dabei wird der Ciliarmuskel angespannt. Umgekehrt stellt sich das Auge auf weite Entfernungen ein, indem die Linse abgeflacht wird. Beim Blick in die Ferne ist der Ciliarmuskel entspannt.

Das Licht breitet sich durch den Glaskörper des Auges weiter aus und fällt schließlich auf die Netzhaut. Die Netzhaut ist mit einer Vielzahl von lichtempfindlichen Sehzellen bestückt. Diese können das empfangene Licht in elektrische Nervenimpulse umwandeln. Insgesamt befinden sich etwa 126 Millionen Sehzellen auf der Netzhaut! Weitere phantastische Details der Netzhaut möchte ich Ihnen mit Hilfe meiner nächsten Tricks vorführen. Dabei werde ich ein Kaninchen verschwinden lassen und die Blutgefäße der Augen sichtbar machen. Außerdem zeige ich Ihnen, dass Augen keineswegs perfekt sind.«

Rote Augen

Mit diesem Trick kann man jedem Menschen ganz einfach rote Augen zaubern.

Nimm dazu ein Bild von Personen mit Blitzlicht auf – am schnellsten geht das mit einer Sofortbildkamera. Meistens sind die Augen der fotografierten Personen rot gefärbt. Durch das grelle Blitzlicht gelangt nämlich so viel helles Licht in die Augen, dass die Blutgefäße der Netzhaut sichtbar werden. Diese erzeugen die rote Farbe. Teurere Fotoapparate haben

Konvexe und konkave Linsen

In Brillen kommen sowohl konvexe als auch konkave Linsen zum Einsatz. Bei Kurzsichtigkeit muss eine Brille verkleinernd wirken, deshalb wird hier eine konkave Linse verwendet. Dagegen benutzt man konvexe Linsengläser bei Weitsichtigkeit.

Ein Mikroskop hat die Eigenschaft, sehr kleine und gleichzeitig sehr nahe Dinge zu vergrößern. Dagegen hat ein Fernglas oder Fernrohr die Eigenschaft, große, aber weit entfernte Dinge zu vergrößern. Deshalb treffen alle Lichtstrahlen eines Gegenstands bei einem Fernrohr parallel zueinander auf die erste starke Linse und benötigen eine größere Brennweite, um sie aufzulösen.

Das ist übrigens auch der Grund, weshalb Fernrohre einen größeren Abstand zwischen den beiden Linsen haben und folglich wesentlich länger sind als Mikroskope.

eine Technik eingebaut, die die roten Augen verhindern. Dabei wird vor dem eigentlichen Blitz zunächst ein kurzer Warnblitz gezündet. Dadurch haben die Pupillen Zeit, sich auf den kommenden hellen Lichtstrahl einzustellen. Denn bisher waren sie weit geöffnet, um bei den dunklen Lichtverhältnissen viel Licht in die Augen lassen zu können. Sobald der erste Lichtblitz zündet, beginnen sie sich zusammenzuziehen. Das braucht etwas Zeit. Zündet der zweite Blitz im richtigen Augenblick, ist das Auge optimal auf die neuen Beleuchtungsverhältnisse eingestellt und die Blutgefäße werden unsichtbar.

Das schmutzige Auge

Stich ein kleines Loch in einen Karton. Blicke durch dieses Loch auf eine matt leuchtende Glühlampe. Normalerweise wirst du jetzt einige seltsame Gebilde bemerken. Sie sehen aus wie kleine Würmchen und schweben langsam nach unten – bis zum nächsten Blinzeln, dann startet das Ganze erneut.

Der Grund für diese seltsamen Formen sind winzige Verunreinigungen in der Augenflüssigkeit. Sie sind schwerer als die Flüssigkeit und schweben deshalb immer nach unten.

Das kannst du auch sehen, wenn du die Augen seitlich drehst. Die Teilchen schweben jetzt waagerecht entlang der Augen.

Das Auge

Das Auge empfängt elektromagnetische Strahlung aus dem Wellenlängenbereich zwischen 400 und 800 Nanometer: das Licht. Der Grund für die Spezialisierung auf diesen schmalen Bereich des Spektrums liegt vor allem im Mangel an weiterem Angebot. Denn durch die

---

Das Kaninchen und der Blinde Fleck

Betrachte diese Abbildung in naher Leseentfernung. Schließe dein linkes Auge, und fixiere die Fliege des Zauberers. Wenn du das Bild langsam dem Auge näherst, verschwindet das Kaninchen.

Falls der Trick nicht gleich auf Anhieb klappt, verdrehe das Bild leicht seitlich. Indem du das Bild wieder entfernst, kannst du das Kaninchen wieder hervorzaubern. Sogar die Fliege inklusive dem halben Zauberer kannst du wegzaubern. Schließe dazu das rechte Auge, und blicke mit dem linken Auge auf das Kaninchen. Durch Annäherung des Bildes verschwindet diesmal tatsächlich ein Teil des Zauberers. Abrakadabra!

Atmosphäre werden keine anderen Wellen durchgelassen – mit der Ausnahme eines kleinen Bereichs von Strahlung mit Wellenlängen zwischen einem Millimeter und 18 Metern, dem so genannten Radiofenster. Das sind so hohe Wellenlängen, dass Entfernungen in einem für den Menschen interessanten Umkreis damit nicht ausreichend unterschieden und aufgelöst werden können.

Der Sehprozess

Das Auge deckt also genau den sinnvollen und zur Verfügung stehenden Bereich des Spektrums ab. Der Sehprozess beginnt, wie in

---

Blinder Fleck

Die Erklärung für den Kaninchentrick ist der Blinde Fleck. Die ganzen 126 Millionen Sehzellen auf der Netzhaut sind alle durch den Sehnerv verkabelt. Dieses »Nervenkabel« muss zwangsläufig irgendwo durch die Netzhaut gelangen. An dieser Stelle können natürlich keine Sehzellen sitzen. Und deshalb können an dieser Stelle auch keine Bilder gesehen werden. Das ist der Blinde Fleck der Netzhaut. Wenn das Licht des Kaninchens oder der Fliege genau auf den Blinden Fleck fällt, dann verschwindet dessen Eindruck einfach aus unserer Wahrnehmung.

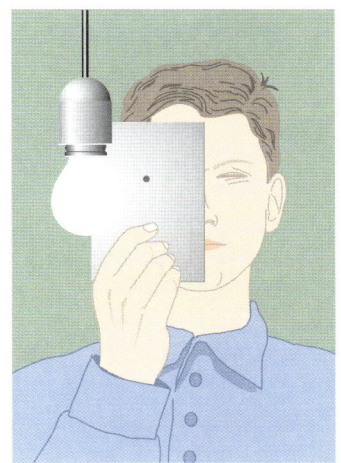

Blickt man mit einem Auge durch das kleine Loch auf eine matt leuchtende Glühlampe, sieht man seltsame Gebilde, die kleinen Würmchen ähneln.

der Schemazeichnung zu sehen ist, beim Eintritt des Lichtstrahls in den optischen Apparat des Auges. Dieser besteht aus der Hornhaut, der vorderen Augenkammer und der Linse. Vor der Linse befindet sich die farbige,

Schematischer Querschnitt durch das menschliche Auge.

kreisförmige Iris. Sie hat ein Loch in ihrer Mitte: die Pupille. Durch dieses Loch gelangt das Licht in die Linse. Die Iris vergrößert sich bei intensivem Lichteinfall und blendet damit Licht aus – und umgekehrt. Die Krümmung der Linse kann durch den sie umgebenden Ciliarmuskel verändert werden. Dadurch wird die Scharfstellung auf beliebige Entfernungen ermöglicht.

Nach der Brechung in der Linse legt das Licht die Strecke durch den Glaskörper des Auges zurück, bis es – auf dem Kopf stehend – auf die Netzhaut (Retina) abgebildet wird. Wie schon erwähnt, ist die Netzhaut mit der gigantischen Zahl von etwa 126 Millionen sehempfindlichen Zellen bestückt. Dabei kann zwischen den Stäbchen und den Zäpfchen unterschieden werden, die aus verschiedenen lichtempfindlichen Stoffen bestehen. Die etwa 120 Millionen Stäbchen sind auf das Erkennen von Helligkeiten spezialisiert und wenig lichtempfindlich. Die etwa sechs Millionen Zäpfchen dagegen sind für das Farbensehen zuständig und sehr lichtempfindlich. Die Sehzellen leiten ihre Sehinformation in Form von elektrischen Impulsen an die Sehneuronen weiter. Diese liegen in verschiedenen Schichten vor der Netzhaut und besorgen die Vorverarbeitung des Seheindrucks. Dadurch wird die ungeheure Zahl von 126 Millionen Informationseinheiten des Auges auf etwa 800 000 Reize zusammengefasst. Diese werden über den Sehstrang an das Sehzentrum des

Die menschliche Netzhaut

Die Netzhaut des Menschen ist mit 126 Millionen sehempfindlichen Zellen bestückt. Die rund 120 Millionen Stäbchen sind auf das Erkennen von Helligkeiten spezialisiert, die rund sechs Millionen Zäpfchen sind für das Farbensehen zuständig.

Gehirns weitergeleitet. Der Sehstrang tritt am uns schon bekannten Blinden Fleck durch die Netzhaut. An dieser Stelle kann keine Sehwahrnehmung stattfinden.

Im Laufe der Jahrmillionen hat das Auge in Zusammenarbeit mit dem Wahrnehmungssystem die verschiedenartigsten Tricks entwickelt, um die ankommenden Sehinformationen bestmöglich zu verarbeiten. Es stellt dabei jeden Zauberkünstler in den Schatten.

Was ist Licht?

Licht ist derjenige Anteil der elektromagnetischen Wellen, die für das Auge sichtbar sind. Das ist der Bereich von Wellenlängen zwischen 400 und 800 Nanometern. Jeder Körper strahlt elektromagnetische Wellen aus. Der Grund ist die thermische, ungeordnete Bewegung seiner Moleküle. Je heißer ein Körper ist, umso schneller werden diese thermischen Bewegungen – und auch die Energie seiner Strahlung.

Es gilt: Je höher die Energie, umso höher die Frequenz – und umso geringer die Wellenlänge. Ab einer bestimmten Temperatur ist ein Körper heiß genug, um sichtbares Licht zu erzeugen. Dazu gehört ein rot glühendes Eisen, eine Kerzenflamme oder unsere Hauptlichtquelle, die Sonne.

Jedes durch thermische Strahlung erzeugte Licht hat eine große Bandbreite von verschiedenen Wellenlängen und Strahlungsrichtungen. Man kann sich diese Lichtwellenzüge wie einen Teller mit Spaghetti vorstellen. Die einzelnen Spaghetti liegen sehr ungeordnet und können ganz verschiedene Längen haben. Andere Strahlungsquellen sind elektrische Entladungen in Gasen wie bei den Neonlampen oder chemische Reaktionen wie die Fluoreszenz.

Der Laser

Eine faszinierende Lichtquelle ist der Laser. Damit wird Licht mit ganz besonderen Eigenschaften erzeugt. Das Licht hat nur eine einzige Wellenlänge, es ist monochromatisch. Das ist so, wie wenn die Spaghetti im Teller jetzt alle die gleiche Länge hätten. Außerdem ist das Laserlicht kohärent. Das heißt, alle einzelnen ausgestrahlten Schwingungen sind aneinander gekoppelt und nicht mehr wild durcheinander. Das ist so, wie wenn alle Spaghetti schön ordentlich in die gleiche Richtung gekämmt wären. Durch diese besonderen Eigenschaften eröffnet das Laserlicht eine Fülle neuer Anwendungen.

Die Lichtgeschwindigkeit

Trifft Licht auf einen Gegenstand, so werden in ihm elektrisch geladene Moleküle zu Bewegungen angeregt. Diese Bewegungen sind für jeden Gegenstand typisch und erzeugen unter anderem seine Farbe und seinen Glanz. Licht – wie auch alle anderen elektromagnetischen Wellen – breitet sich, wie wir gesehen haben, im Vakuum mit der konstanten riesigen Geschwindigkeit von 299 792,458 Kilometern in der Sekunde aus und hat wundersame Eigenschaften: Manchmal verhält es sich wie eine Welle, manchmal aber auch wie ein Teilchen. Dies spiegelt sich auch in einer wundersamen Beschreibung des Lichts in der Physik wider: dem so genannten Welle-Teilchen-Dualismus.

Welle-Teilchen-Dualismus des Lichts

Neben der Wellenbeschreibung durch die Maxwellgleichungen der Elektrodynamik wird gleichberechtigt auch die Beschreibung von Licht als Teilchen verwendet. Man stellt sich das Licht als Teilchen vor, die nur ganz bestimmte abgepackte Mengen von Energie transportieren können.

Diese Teilchen heißen Photonen (von griech. »photein« = leuchten) und ihre Energiepäckchen Quanten (von lat. »quantum« = wie viel). Es hat sich gezeigt, dass die Erzeugung und Aufnahme von Licht am besten durch das Teilchenbild und die Lichtausbreitung am besten durch das Wellenbild beschrieben werden kann.

Dieser vermeintliche Widerspruch wurde durch die ab etwa 1925 neu entstandene Quantentheorie erfolgreich aufgelöst; sie fasste die beiden Beschreibungsarten zusammen.

Das Licht verhält sich dabei genauso wie ein unschlüssiger Kunde beim Hosenkauf. Dieser Kunde hat zwei verschiedene Hosen zur Auswahl, die ihm beide gefallen. Er kauft einfach beide und wechselt zwischen den beiden Hosen ab, wie es ihm gefällt.

Zaubereien mit Spiegeln und Glas

»Meine Damen und Herren, an diesem Punkt der Show werde ich das Licht vor Ihren Augen so stark verbiegen, dass es um die Ecke läuft! Dazu benötige ich lediglich eine mit Wasser gefüllte Gießkanne und eine Taschenlampe. Die Taschenlampe umwickle ich wasserdicht mit einer verschließbaren klaren Plastikhülle. Nun lege ich sie vorsichtig von innen in den Ausfluss der Gießkanne. Dabei achte ich darauf, dass immer noch Wasser an ihr vorbei fließen kann. Für meinen Trick brauche ich absolute Dunkelheit und absolute Ruhe. Achtung: Ich werde jetzt das Wasser ausgießen! Schauen Sie bitte genau, was mit dem Licht der Taschenlampe geschieht!«

Das Wasser und das Licht fließen gemeinsam im Strahl aus der Kanne – das Licht wird durch das Wasser »gebogen«.

Gebogenes Licht

Vorsichtig gießt der Zauberer das Wasser auf den Boden in eine flache Wanne. Der Wasserstrahl ist nur ganz schwach zu sehen. Dafür sieht man dort, wo der Wasserstrahl auf dem Boden aufkommt, einen hellen Lichtfleck. Es sieht ganz so aus, als ob das Wasser und das Licht gemeinsam im Strahl fließen. Das Licht wird also tatsächlich gebogen! »Was ist der Grund für diesen Trick?«, will der Großvater wissen.

»Ganz einfach: Das Licht läuft am Anfang parallel zum Wasserstrahl. Sobald der Wasserstrahl sich durch die Schwerkraft langsam zu knicken beginnt, trifft der Lichtstrahl in einem sehr flachen Winkel auf die Wasseroberfläche. Der Trick ist, dass Wasser einen

Die Quantentheorie

Die Quantentheorie entwickelt und erläutert die allgemeinen physikalischen Gesetze von Festkörpern, Molekülen, Atomen, Atomkernen und Elementarteilchen. Sie berücksichtigt, dass das mikrophysikalische Geschehen nicht stetig, sondern sprunghaft (quantenhaft) ist.

höheren Brechungsindex als die Luft hat. Dadurch ist es für das Licht bei streifendem Einfall fast unmöglich, durch die Wasseroberfläche nach außen zu gelangen. Vielmehr wird es im gleichen flachen Winkel wieder in den Strahl reflektiert. Die Wasseroberfläche ist wie eine Gefängnismauer für das Licht. Bis der Strahl auf dem Boden aufkommt. Nach dem gleichen Prinzip funktionieren übrigens Lichtleiter wie Glasfaserkabel, die auf diese Weise Laserlicht übertragen«, ergänzt der Direktor.

Die Reflexion

»Genau. Und das Ganze beruht auf dem einfachen Grundprinzip der Reflexion: Der Einfallswinkel ist gleich dem Ausfallswinkel. Das Licht fällt unter einem ganz bestimmten Winkel auf die Spiegeloberfläche. Von dieser Oberfläche wird es an deren Lot (das ist die Senkrechte zur Oberfläche) gespiegelt und unter demselben Winkel in die andere Richtung reflektiert. Das Licht ist also wie eine Billardkugel, die vom Tisch zurückprallt. Mit diesem Wissen über die Reflexion lassen sich alle meine nächsten Tricks erklären.«

Der Periskoptrick

»Mit Spiegeln kann man um die Ecke schauen. Sogar U-Boote verwenden solche Spiegeltricks, um unter Wasser den totalen Überblick über die Wasseroberfläche zu behalten. Das geschieht durch ein langes, ausfahrbares Gerät, das aus Stahlröhren besteht, in dem einige Linsen und Spiegel eingebaut sind. Ein solches Gerät heißt Periskop. Ein einfaches Periskop habe ich hier aufgebaut. Damit werde ich Ihnen jetzt ein rotes Auto auf die Bühne zaubern!«
Der Zauberer zeigt auf ein Rohr und bittet einige Zuschauer, durchzuschauen. Tatsächlich ist ein rotes Auto darin zu sehen – es ist der rote Ferrari des Direktors!
»Das Rohr führt durch die Zimmerdecke direkt in das Parkhaus über Ihnen! Wie der Trick genau funktioniert, können Sie am besten nachvollziehen, wenn Sie selbst zu Hause ein einfaches Periskop aus zwei Spiegeln bauen.«

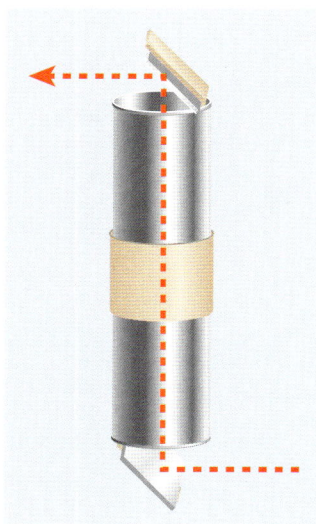

Etwas Seltsames kannst du beobachten, wenn du das Periskop waagerecht hältst. Hältst du das Periskop an dein linkes Auge und hältst du sein anderes Ende nach rechts, dann werden die Seheindrücke der beiden Augen über Kreuz gespiegelt! Das ist jetzt so, als ob dein linkes Auge weiter rechts als das rechte Auge liegen würde. Versuche mit solchen Anordnungen haben ergeben, dass man das Sehen dabei erst wieder neu lernen muss. So fällt in der ersten Woche mit einer solchen »Brille« sogar das Halten des Gleichgewichts schwer.

Ein Periskop selbst basteln
Du benötigst zwei Taschenspiegel, etwas Karton und zwei lange Konservendosen.

1. Schritt
Entferne mit einem Dosenöffner den Deckel und den Boden. Ersatzweise kannst du auch zwei Kartonröhren verwenden.

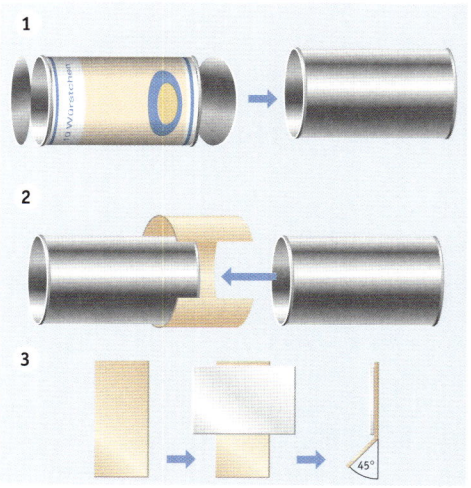

2. Schritt
Winde einen schmalen Kartonstreifen um das Ende der einen Dose, so dass er nach außen etwa fünf Zentimeter übersteht, und klebe ihn fest an die Dose. Die zweite Dose lässt sich darin hineinstecken und drehen.

3. Schritt
Klebe die beiden Taschenspiegel auf zwei kleine Kartons. Biege die überstehenden Kartonstücke nach unten, und klebe sie an den Ausgängen der Dose fest. Achte darauf, dass die Spiegel mit der Rohrachse einen Winkel von möglichst genau 45 Grad haben.
Damit ist das Periskop komplett und sehr vielseitig einsetzbar. Hältst du das Periskop senkrecht, so kannst du aus einem sicheren Versteck beobachten, was sich im ganzen Umkreis um dich herum abspielt. Blicke dazu in den unteren Spiegel, und drehe das obere Rohr nach und nach um seine Achse.

Die Landung des Marsmenschen

»Als Nächstes werde ich Ihnen einen Marsmenschen samt fliegender Untertasse vorführen. In der Dunkelheit unserer Bühne habe ich gerade eine fliegende Untertasse landen lassen. Über der geöffneten Luke sehen Sie ihren Insassen, einen Marsmenschen, schwerelos in der Luft schweben.«

Tatsächlich steht in der Mitte der Bühne inzwischen ein Ufo-ähnliches Gebilde mit einer kleinen Öffnung in der Mitte. Und über dieser Öffnung schwebt – man glaubt es kaum – ein fremdartiges Wesen mit zwei Antennen!

»Dieser Marsmensch hat außerdem ganz besondere Eigenschaften, er ist nämlich ohne Körper.«

Jan glaubt das nicht und wird nach vorne gebeten. Er soll nach dem schwebenden Marsmenschen greifen.

Als er das versucht, greift er ins Leere, obwohl dieser genau vor ihm schwebt!

»Unglaublich! Bitte erkläre uns den Trick, Mister Magillusion!«, sagt der Großvater.

»Der Trick ist sehr raffiniert, gleichzeitig aber auch sehr einfach. Um ihn zu verstehen, öffne ich jetzt vor Ihren Augen das Raumschiff.«

Der Zauberer hebt die obere Hälfte des Raumschiffs ab und hat plötzlich eine Halbschale in der Hand. Sie ist verspiegelt, genauso wie die untere Schale!

»Das ist der ganze Trick. Der Rest ist Physik, meine Damen und Herren.«

Auge in Auge mit der Unendlichkeit

»Nach diesem Kunststück ist es natürlich schwer, noch eine Steigerung herbeizuzaubern. Es gibt aber noch etwas Unglaublicheres als den Besuch eines Marsmenschen! Und zwar werde ich Ihnen die Unendlichkeit hier auf der Bühne vorführen!«

Der Zauberer rollt einen großen Kasten auf die Bühne. An einer Seite hat er eine Tür. Der Zauberer öffnet die Tür und stellt eine rote Lampe in den ansonsten leeren Raum.

»Jeder, der diesen Raum betritt, wird der Unendlichkeit begegnen. Und zwar werden Sie sich selbst unendlich oft und aus den verschiedensten Richtungen sehen. Dazu ist kein Klonen notwendig! Nehmen Sie eine einzige

Der schwebende Marsmensch

1. Schritt

Stelle den einen der beiden Spiegel mit der Spiegelfläche nach oben auf den Boden.

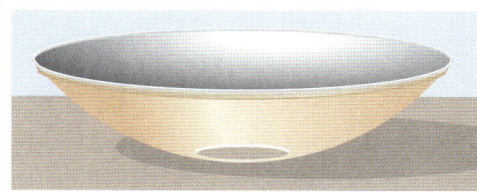

2. Schritt

Lege in seinen Mittelpunkt ein Stückchen Schokolade, die kleine Figur eines Marsmenschen oder eine Münze und schließe das Zauberraumschiff mit dem zweiten Hohlspiegel ab (Spiegelseite nach unten!) – damit ist das Raumschiff fertig.

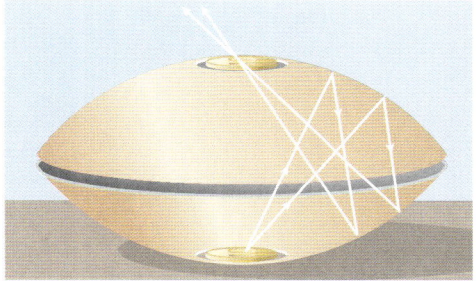

Tatsächlich scheint die Schokolade oder der Marsmensch frei über der Öffnung zu schweben! Versucht man, danach zu greifen, greift man ins Leere. Die Erklärung für diesen Trick sind Reflexionsgesetze. Im Idealfall – wie bei der gekauften Version – liegt der Gegenstand genau im Brennpunkt des unteren Spiegels. Die Lichtstrahlen werden durch den Spiegel dann nach oben gespiegelt. Durch die Krümmung des Spiegels werden alle Lichtstrahlen parallel nach oben gelenkt, bis sie auf den Gegenspiegel treffen. Dort werden sie auf dessen Brennpunkt gelenkt, der wegen der Symmetrie der beiden Spiegel etwas unterhalb der Öffnung liegt. Dort treffen sich alle Lichtstrahlen und setzen ihren Weg durch die Öffnung fort. Das Umkehrbild des Gegenstands erscheint deshalb oberhalb der Öffnung frei schwebend und masselos.

»Mirage«

Dieser beeindruckende Trick ist im Handel unter dem Namen »Mirage« erhältlich, kann aber auch selbst gebaut werden. Dazu benötigst du zwei kleine Hohlspiegel, zum Beispiel zwei Reflektoren aus alten Autoscheinwerfern. Die Reflektoren haben gegenüber anderen Hohlspiegeln den Vorteil, dass sie bereits eine kreisförmige Öffnung in der Mitte besitzen.

Die Krümmung des Spiegels lenkt alle Lichtstrahlen nach oben, bis sie auf den Gegenspiegel treffen.

Münze mit in diesen Raum – und Sie sind im Nu ein reicher Mann!«

Jan versucht den Trick als Erster. Sobald die Lampe leuchtet, existieren scheinbar tatsächlich mehrere Jans. Außerdem scheint es auch überall Lampen zu geben. Er erkennt, dass der Raum aus lauter Spiegeln besteht, und er beschließt, diesen Trick mit der Unendlichkeit zu Hause nachzubauen.

Mehrere Jans

Begibt man sich in einen Raum, der mit lauter Spiegeln ausgestattet ist, scheinen sich sofort alle Personen und Gegenstände zu vervielfältigen. Betritt man einen solchen Raum mit einer Münze, ist man im Nu reich – zumindest innen.

Spiegel und die Unendlichkeit

Zwei Spiegel
Halte zwei Spiegel möglichst parallel zueinander, und stelle dich oder zum Beispiel eine

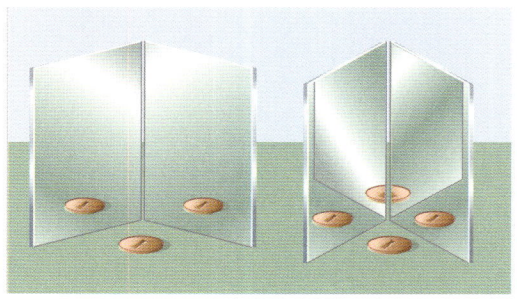

Der Zaubertrick funktioniert deshalb, weil das Licht immer wieder zwischen zwei oder mehr Spiegeln hin- und hergespiegelt wird.

Münze dazwischen. Du wirst eine Abfolge von Spiegelungen deines Gesichts in beiden Spiegeln sehen. Da bei jeder Spiegelung ein kleiner Anteil an Energie an den Spiegel verloren geht, wird die Spiegelung nach und nach schwächer und nach vielen Spiegelungen unsichtbar.

Drei Spiegel
Für diesen wunderbaren Trick benötigst du eine Hochglanz-Postkarte.

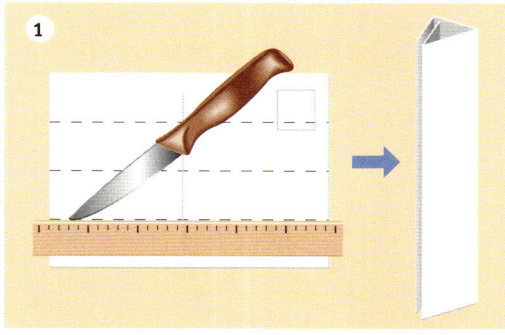

Aus einer Hochglanz-Ansichtskarte lässt sich ein provisorischer Spiegel basteln.

1. Schritt
Knicke die Postkarte der Länge nach zu einem Dreieck (mit der Glanzseite nach innen!). Das

geht am besten, wenn du die Knickkanten mit einem Messer entlang eines Lineals einritzt. Teile die Karte mit einem Bleistift der Länge nach in vier Teile mit einer Breite von je etwa zweieinhalb Zentimetern ein.

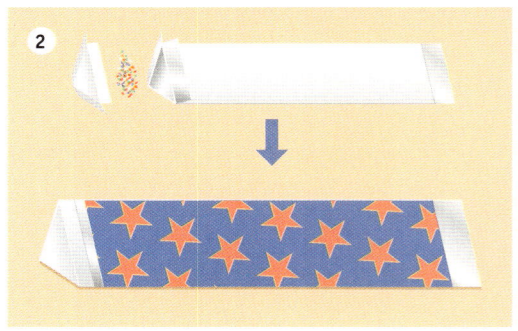

2. Schritt
Verklebe das Dreieck mit der vierten Fläche. Klebe auf das eine Ende zunächst eine Klarsichtfolie, dann dünnes weißes Schreibpapier. Dazwischen legst du kleine Schnipsel aus farbiger Folie oder Buntpapier. Blickst du jetzt in die freie Öffnung, dann siehst du ein sternförmiges buntes Muster. Die drei Glanzflächen der Postkarte wirken wie ein Spiegel und vervielfältigen das Bild der Schnipsel. Durch leichtes Antippen kannst du die Anordnung der Schnipsel verändern und die wunderbarsten Muster erzeugen.

Der Unendlichkeitsraum
Ein Modell des Raums aus der Vorführung von Mr. Magillusion kannst du mit Hilfe von sechs Taschenspiegeln nachbauen.

1. Schritt
Klebe fünf dieser Spiegel mit der Spiegelfläche nach innen zu einer Schachtel zusammen, und klebe sie von außen fest mit einem Klebeband zusammen.

2. Schritt
Befestige den letzten Spiegel wie eine Tür mit einem weiteren Klebeband an der Spiegelbox. Natürlich muss auch seine Spiegelseite wieder nach innen zeigen.

3. Schritt
Bringe verschiedene kleine Gegenstände in den Raum, und schließe die Spiegeltüre bis auf

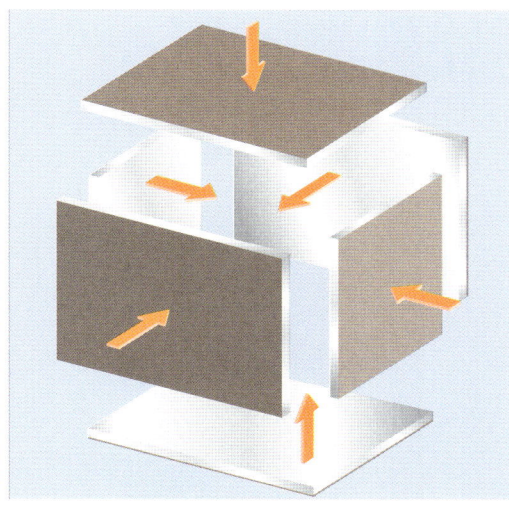

einen kleinen Spalt. Was passiert mit diesen Gegenständen? Du kannst auch eine kleine Glühlampe durch den Spalt stecken. Aus jeder Richtung kommt dir eine Reflexion der Gegenstände oder der Lampe entgegen! Diese

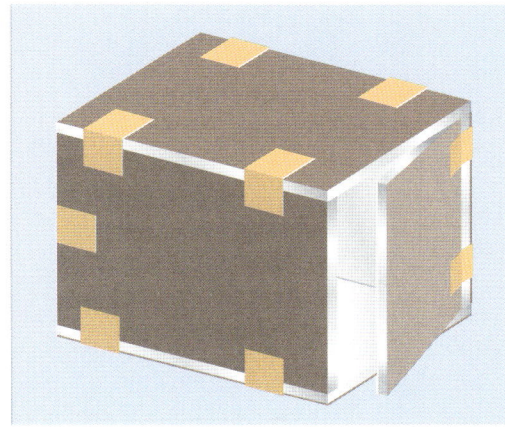

Reflexionen haben die verschiedensten Größen und Helligkeiten – je nachdem, welche und wie viele Reflexionen sie hinter sich haben. Besonders eindrucksvoll wird das Ganze, wenn du das Lämpchen an verschiedenen Seiten mit verschiedenen Farben bemalst.

Eine Fata Morgana

»Das ist ja wie bei einer Fata Morgana! Da wird das Licht doch auch irgendwie gespiegelt. Wie kommt denn eine Fata Morgana zustande? Und überhaupt: Gibt es die wirklich?«, will Jan wissen.

»Eine Fata Morgana gibt es wirklich!

Allerdings ist dafür sehr heiße Luft nötig. Diese entsteht über durch die Sonne erhitztem heißem Straßenpflaster oder Wüstensand. Heiße Luft besitzt einen kleineren Brechungsindex als kalte Luft und erlaubt dem Licht deshalb eine minimal größere Geschwindigkeit. Daher kann das Licht einen Umweg über diese tief liegenden heißen Luftschichten nehmen. Da die wirklich heiße Luftschicht nur schmal ist, nimmt das Licht oberhalb von ihr seinen ganz normalen Weg. Deshalb sieht man bei einer Fata Morgana die Gegenstände doppelt: das ganz normale Licht und das Licht, das durch die heiße Luft von unten kommt. Das sieht dann so aus, als ob eine Wasseroase zwischen dem Beobachter und dem Gegenstand wäre, an der das Licht gespiegelt wird.«

»Achtung, meine Damen und Herren, meine Tricks werden jetzt noch ein wenig raffinierter und beeindruckender. Denn ich verwende jetzt Stoffe, die Licht sowohl spiegeln als auch durchlassen. Das wichtigste Beispiel dafür ist Glas. Wie viel Licht gespiegelt wird und wie viel durchgeht, hängt von dem jeweiligen Brechungsindex des Glases und dem Winkel des Lichteinfalls ab. Durch die Mischung von Brechung und Reflexion können die merkwürdigsten Bilder und Erscheinungen entstehen.«

Fata Morgana

Eine solche Luftspiegelung entsteht durch die Krümmung der Lichtstrahlen bei kontinuierlicher Brechung in Luftschichten wechselnder Dichte und damit wechselnder Brechkraft, zum Beispiel bei stark erhitzen oder gekühlten Ebenen (Wüste, über Wasser).

Fata Morgana in der Wüste: Sind diese Dromedare nur eine Luftspiegelung oder Realität?

Erst nach einiger Zeit findet unser Wahrnehmungssystem die richtige Lösung für dieses Bild: Es handelt sich um den Blick auf eine Autoscheibe, auf der sich Hochhäuser spiegeln.

Der berühmteste Zaubertrick der Welt

»Ich zeige Ihnen jetzt mein Meisterstück: die auftauchende und wieder verschwindende Lasagne!«, ruft Mister Magillusion.
Die Katze ist plötzlich ganz Ohr und besonders auf die auftauchende Lasagne gespannt.
Das Verschwindenlassen einer Lasagne ist kein so großes Zauberkunststück, findet sie.
Das könnte sie sicher genauso gut wie der Zauberer: zum Beispiel in ihren Magen.
Der Zauberer präsentiert jedoch einen Kasten, in dem eine leere Lasagneform zu sehen ist.

Eine Lasagne herzaubern

Mit großer Geste fuchtelt der Zauberer vor dem Kasten herum und ruft schließlich: »Hokus Pokus!« – Und tatsächlich, plötzlich ist eine gebackene Lasagne in der Form!
»Das ist ja unfassbar. Und Sie können die Lasagne genauso auch wieder verschwinden lassen?«, fragt der Direktor, begleitet vom vorwurfsvollen Blick der Katze. Der Zauberer schafft auch dieses Kunststück mit Leichtigkeit. Es sieht alles nach einem ziemlich einfachen Trick aus, aber der Zauberer verrät ihn diesmal nicht. Er sagt: »Den Trick habe ich für viel Geld von einem Trickverkäufer gekauft, deshalb kann ich ihn nicht einfach verraten. Außerdem ist die Unwissenheit die Mutter aller Abenteuer, und deshalb sollte jeder selbst zu Hause einmal ein wenig mit Glasplatten herumspielen. Es lohnt sich. Sogar eine Jungfrau kann damit zum Schweben gebracht werden!«

Glasplattentricks

Mit Hilfe von Glasplatten kann man faszinierende Kunststücke vollbringen: So ist es möglich, eine Lasagne zu zaubern und wieder verschwinden zu lassen, eine Kerze unter Wasser brennen zu lassen, eine Jungfrau schweben zu lassen und so weiter.

Eine Kerze brennt unter Wasser. Die Auflösung des Tricks steht in der Zauberbox.

ZAUBERBOX

Zaubern mit Glasplatten

Für diesen Trick benötigst du zwei gleiche Kerzen, eine Glasplatte, ein Glas Wasser.

1. Schritt
Stelle eine Kerze in das Wasserglas, und befestige sie mit einem Tropfen Wachs am Boden.
Wichtig: Das Glas muss höher sein als die Kerze.

2. Schritt
Stelle die zweite Kerze etwa 20 Zentimeter von der ersten entfernt auf, und zünde sie an.

Glas Wasser mit nicht brennender Kerze

brennende Kerze

Karton

45°   45°

Blickrichtung

Glasscheibe

3. Schritt
Stelle in die Mitte zwischen den beiden Kerzen die Glasplatte hochkant auf. Sie darf nicht kippen.

4. Schritt
Klemme jetzt die Platte zur Befestigung mit festen Büchern, Backsteinen oder sonstigen Gewichten ein. Die Platte muss genau senkrecht zur Verbindungslinie zwischen den beiden Kerzen stehen. Bringe dazu das Spiegelbild der einen Kerze in dem Glas mit der anderen Kerze in Deckung, indem du das Wasserglas verschiebst.
Damit ist der Trick zur Vorführung bereit: Betrachte die Kerze im Glas durch die Glasscheibe unter einem Winkel von 45 Grad. Es sieht aus, als ob sie brennt! Verstecke die brennende Kerze hinter einem Karton, um den Trick nicht gleich auffliegen zu lassen. Gieße nun Wasser in das Glas, und erzähle irgendetwas von einer neuen Entdeckung, dass Feuer jetzt unter Wasser brennen kann.
Und du kannst den Beweis liefern: Die Kerze brennt auch noch, wenn das Glas voll ist!

Die Lasagne und die schwebende Jungfrau

Hier kommt die Auflösung des Tricks der auf-tauchenden Lasagne: Er funktioniert genauso wie die Unterwasserkerze mit Hilfe einer Glas-platte. An der Stelle der beiden Kerzen befin-den sich nun die leere und die volle Lasagne-form. Der Trick ist durch zwei Lichtquellen erweitert. Damit kann der Anteil der beiden Gegenstände am Endbild verändert werden, mit einem Dimmer sogar stufenlos.

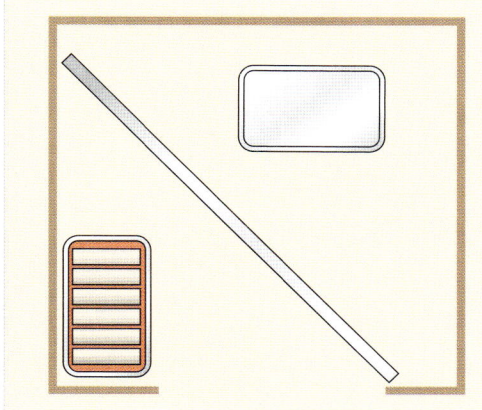

Je heller das Licht über der Lasagne wird, umso mehr ist sie sichtbar, und umgekehrt. Damit kann man die Lasagne nach Belieben hin- und herbeamen!

Ähnlich funktioniert der vielleicht berühmteste Zaubertrick überhaupt: der Trick mit der schwebenden Jungfrau. Auf der einen Seite der Glasplatte liegt eine Person quer auf einer schwarz gestrichenen Kiste, welche bei geeigne-ter Beleuchtung nicht mehr zu sehen ist. Auf der anderen Seite steht der Zauberer und kann

zum Beispiel einen großen Ring um die ganze Person herumfahren, um zu beweisen, dass sie »wirklich« schwebt! Der Ring muss an seiner

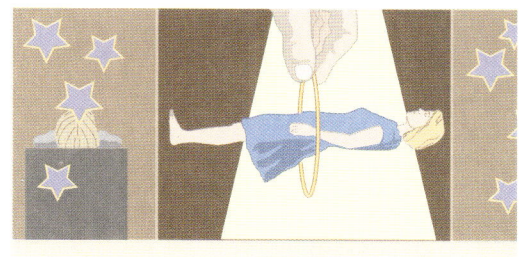

Schwebt die Jungfrau wirklich, oder ist alles nur eine Täuschung?

Innenseite dunkel sein, um keine verräteri-schen Reflexionen von Stellen hinter der schwe-benden Person zu erzeugen.

»Ich zeige Ihnen jetzt auch noch einen aus-nahmsweise sehr nützlichen Trick mit einer Glasscheibe. Damit kann auch der unbegab-teste Künstler gute Bilder malen. Ich setze mich für diese Vorführung an meinen Atelier-tisch, auf dem nur ein Blatt Papier mit Blei-stiften und eine Glasplatte liegt. Ich werde vor Ihren Augen die Katze des Direktors meisterhaft zeichnen, obwohl ich künstlerisch völlig unbegabt bin.«

Magie mit der Glasscheibe

Mit Hilfe des Glasscheibentricks lassen sich ganz exakte Zeichnun-gen von Dingen, Personen und – wie hier – Katzen anfertigen, ohne dass der Maler künstlerisch beson-ders begabt sein muss. Der Grund: Die schräg gehaltene Scheibe wirft ein Spiegelbild als Zeichenvorlage.

Mit dieser Glasplatte kann selbst der untalentierteste Maler innerhalb kürzester Zeit ein exaktes Porträt anfertigen.

Der Zauberer schnappt sich die Katze und setzt sie auf den Tisch. Er hebt die Glasplatte vorne etwas schräg an, so dass er die Katze durch das Glas sieht. Gleichzeitig sieht er das Spiegelbild des weißen Blattes. Er stellt die Scheibe so, dass die Katze sich genau auf dem Bild des Zeichenblatts befindet, und zeichnet.

Farben im grauen Alltag

Alte Weisheit

Auf Maui, der zweitgrößten der Hawaii-Inseln, lautet eine alte Weisheit: »Ohne Regen kein Regenbogen.«

Das Prisma

In der Optik ist das Prisma ein Körper aus lichtdurchlässigem und lichtbrechendem Material, der von mindestens zwei Ebenen begrenzt ist, die sich schneiden. Der Winkel an der brechenden Kante ist der Prismenwinkel. Das eintreffende Lichtbündel wird durch die Brechung spektral zerlegt.

»Als Nächstes möchte ich Ihnen das wundersame Erscheinen aller Farben des Regenbogens vorführen! Das Einzige, was ich dazu brauche, ist ein Spiegel, Sonnenlicht und etwas Wasser.« (siehe Zauberbox)

Der Regenbogen

Die Erklärung des Regenbogens beginnt mit Isaac Newton, der uns schon hinreichend bekannt ist (siehe Seite 27). Er entdeckte im Jahre 1666 auf einem englischen Markt ein besonderes Stück Glas mit drei Seiten: ein Prisma. Er war begeistert davon, wie das Prisma das auf der einen Seite einfallende weiße Sonnenlicht am anderen Ende in alle möglichen Farben zerlegte. Newton hatte die Idee, dass sich das weiße Sonnenlicht aus genau diesen Farben seines Prismas zusammensetzt. Er war der Ansicht, dass es sich dabei »wahrscheinlich um die wunderbarste Entdeckung handelt, die jemals gemacht wurde«. Den Beweis für seine Vermutung lieferte der Umkehrschluss: Mit einem zweiten Prisma konnte er das erhaltene Spektrum an Farben wieder zu weißem Licht zusammenführen. Ursache für die Aufspaltung des Lichts in verschiedene Farben ist die Abhängigkeit der Geschwindigkeit des Lichts in Stoffen und dessen Brechungsindex von der Wellenlänge. Dieses Verhalten wird *Dispersion* genannt.

40 bis 42 Grad

Die Farben des Prismas sind genau identisch mit denen des Unterwasserspiegels aus der Zauberbox. Das Wasser verhält sich also wie ein Prisma. Das zeigt sich auch an der wunderbaren Farberscheinung des Regenbogens. Er entsteht aus dem Zusammenspiel des Sonnenlichts mit in der Luft befindlichen Regentropfen. Das Sonnenlicht trifft dabei aus dem Rücken des Beobachters auf einen Wassertropfen. Es dringt in den Tropfen ein und wird an seiner inneren Oberfläche einmal gespiegelt, um dann wieder aus ihm auszutreten. Auf dem Weg des Lichts durch den

ZAUBERBOX

Ein Regenbogen aus einem Spiegel

1. Schritt

Fülle eine Schüssel mit Wasser, und stelle darin einen Spiegel in schrägem Winkel hinein.

2. Schritt

Halte ein Blatt Papier vor den Spiegel, und bewege ihn so lange hin und her, bis ein Regenbogen von Farben darauf erscheint.

Dazu ist es vermutlich nötig, auch die Neigung des Spiegels zu verstellen. Der Grund für das Entstehen des Regenbogens ist die Brechung des Lichts durch das Wasser. Sonnenlicht besteht aus einem Mix aus Wellen der verschiedensten Wellenlängen. Eine unterschiedliche Wellenlänge ist immer mit einer unterschiedlichen Farbe des Lichts verbunden. Der Brechungsindex von Wasser ist bei verschiedenen Farben unterschiedlich. Deshalb ist die Geschwindigkeit des Lichts im Wasser je nach Wellenlänge verschieden. Und deshalb werden die verschiedenen Farben aufgefächert.

Wassertropfen findet die Dispersion des Lichts statt. Deshalb treten die verschiedenen Farben an etwas verschiedenen Stellen aus dem Tropfenkarussell und erzeugen den Regenbogen am Himmel. Es lässt sich berechnen, dass er unter einem Winkel von 40 bis 42 Grad über dem Horizont auftritt. Dabei erscheint das blaue Licht unter 40 Grad und das rote Licht unter 42 Grad.

50 bis 53 Grad

Bei starkem Licht und starkem Regen kann ein zweiter Regenbogen unter einem Winkel von 50 bis 53 Grad gesehen werden. Er entsteht durch eine weitere Reflexion des Lichtstrahls im Inneren der Wassertropfen. Deshalb ist die Anordnung der Farben im zweiten Regenbogen auch genau umgekehrt. Das Spektrum des Regenbogens erscheint so intensiv, weil er wie kein anderes Gebilde der Natur ausschließlich aus reinen Farben besteht. Das bedeutet, dass das Licht eines jeden Farbtons aus genau einem Wellenlängenbereich besteht. Solche reinen Farben nennt man auch monochromatische Farben.

»Der Trick, Farben aus dem weißen Licht zu erzeugen, ist also, dass die Farben unterschiedlich stark gebrochen werden. Dadurch wird das Licht verschieden schnell.«
»Und was hat das damit zu tun, wie weit es aufgespalten wird?«, fragt Jan erstaunt.
»Vielleicht erinnerst du dich noch an die Geschichte deines Großvaters vom Rettungsschwimmer. Er ist am Strand sehr schnell und im Wasser nicht mehr ganz so schnell. Um möglichst schnell zum Einsatzort zu kommen,

bewegt er sich nicht mehr auf der direkten Strecke. Vielmehr läuft er etwas mehr am Strand. Dadurch wird seine ganze zurückgelegte Strecke von oben gesehen stark abgeknickt. Noch stärker geknickt wird die Bahn bei einem Hund sein, da er an Land noch schneller rennt. Dagegen wäre die Bahn einer Schildkröte deutlich weniger geknickt, da sie am Strand viel langsamer als im Wasser ist. Die Aufspaltung der Bahnen der Schildkröte, des Schwimmers und des Hundes ist vergleichbar mit der Aufspaltung der Farben mit verschiedenen Geschwindigkeiten – zum Beispiel im Regenbogen!«

Die Farben der Natur

»Was ist die Erklärung für alle anderen Farben der Natur? Zum Beispiel: Warum ist der Himmel blau, und warum ist die Sonne rot, wenn sie untergeht?«, möchte Jan wissen. Der Zauberer ist erfreut über das rege Interesse, das seine Vorstellungen hervorrufen: »Danke für diese Frage, sie passt hervorragend in meine Zaubervorführung. Denn die Natur ist der beste Zauberer und versorgt uns mit den schönsten Farbenspielen. Die Erklärung einiger ihrer Farbphänomene beruht auf den uns bereits bekannten Eigenschaften der Brechung, Dispersion und Streuung von Lichtstrahlen.«

Himmel und Sonne

Warum ist der Himmel blau?

Der Grund für die Farbe des Himmels ist vor allem die nach dem englischen Physiker Baron John William Strutt Rayleigh (1842–1919) benannte Rayleigh-Streuung des Sonnenlichts an Luftmolekülen. Sobald ein Sonnenstrahl in die Nähe eines Luftmoleküls kommt, regt er dieses zu Schwingungen an. Das nun schwingende Molekül kann seinerseits wieder einen Lichtstrahl in eine bestimmte Richtung ausstrahlen. Damit ist das Licht in eine bestimmte Richtung abgelenkt worden. Rayleigh konnte im Jahre 1899 zeigen, dass das Ausmaß der Streuung von der jeweiligen Wellenlänge abhängt: Je kleiner die Wellenlänge ist, desto stärker ist die Streuung. Das heißt, blaues Licht wird viel

Unterschiedliche Wellenlängen

Blaues Licht hat die kleinste Wellenlänge mit 400 Nanometern, Rot die größte mit 800 Nanometern. Alle anderen Farben liegen zwischen diesen Extremen.

Wer war Rayleigh?

Baron John William Strutt Rayleigh (1842–1919) war Professor in Cambridge und London und lieferte wichtige Beiträge auf vielen Gebieten der klassischen Physik, vor allem zur Schwingungs- und Wellenlehre und zur Akustik.

Der Himmel erhält seine blaue Färbung infolge der Streuung des Sonnenlichts in der Erdatmosphäre. Die Streuung ist bedingt durch die Bewegung der Luftmoleküle und die damit verbundenen Dichteschwankungen der Luft.

die Atmosphäre wird dadurch viel länger – so viel länger, dass neben dem Blau auch noch die Grüntöne weggestreut werden. Deshalb bleibt der untergehenden Sonne nur noch das rote Licht übrig.

Die Sonne

Die Sonne, der Zentralkörper unseres Planetensystems, ist 149,6 Millionen Kilometer von der Erde entfernt, ihr Radius beträgt 696 000 Kilometer. Die Atmosphäre der Sonne besteht zu etwa 75 Prozent aus Wasserstoff, 23 Prozent Helium und 2 Prozent schweren Elementen.

stärker gestreut als rotes Licht. Diese Erkenntnis ist der Schlüssel für die Erklärung der Himmelsfarbe. Das ganze indirekte Sonnenlicht, das unsere Augen erreicht, ist Streulicht. Da Blau im sichtbaren Spektrum am besten gestreut wird, erscheint uns der Himmel blau! Natürlich ist das kein reines Blau, da auch noch andere Farbkomponenten im Streulicht vorhanden sind – allerdings in geringerem Ausmaß.

Warum ist die Sonne tagsüber gelb?

Das direkte Licht der Sonne beinhaltet nur Licht, das auf seinem Weg durch die Atmosphäre nicht gestreut wurde. Am stärksten wird das blaue Licht weggestreut, so dass die Komplementärfarbe Gelb für die Sonne am Mittagshimmel übrig bleibt.

Der grüne Strahl

Seefahrer berichten immer wieder von der seltenen und prachtvollen Erscheinung des grünen Strahls: Der grüne Strahl tritt genau nach dem eigentlichen Sonnenuntergang in der Form einer kurzen grünen Leuchterscheinung auf.

Voraussetzung dafür ist eine möglichst niedrige Luftfeuchtigkeit in der Luft, was mit einem gelblichen Sonnenuntergang einhergeht. Die Erdatmosphäre wirkt auf das Sonnenlicht wie ein Prisma. Licht mit kürzeren Wellenlängen wird stärker gebrochen als Licht mit längeren Wellenlängen. Deshalb wird das blaue Licht am stärksten nach oben abgelenkt, dann Grün und Gelb – und am wenigsten Rot. Somit müsste nach dem Sonnenuntergang eigentlich ein blauer Strahl aufleuchten. Da das Blau aber durch die Rayleigh-Streuung weggestreut wird, bleibt das Grün für den grünen Strahl. Dieses Grün hat einen eigenartigen Farbton und eine ganz besondere, tiefe Intensität, währt allerdings in unseren Breiten nur wenige Sekunden. Je näher man sich an den Polen befindet, umso länger sind der Sonnenuntergang und der grüne Strahl sichtbar.

So haben Mitglieder von Richard Byrds' (1888–1957) Südpolexpedition den grünen Strahl angeblich 35 Minuten lang gesehen. Dabei bewegte sich die Sonne im Verlauf eines Sonnenuntergangs fast genau unterhalb des Horizonts.

Die Oberflächentemperatur der Sonne beträgt rund 6 000 °C, in ihrem Mittelpunkt herrscht eine Temperatur von 15 bis 20 Millionen °C.

Wer war Byrds?

Der amerikanische Admiral und Forschungsreisende Richard Evelyn Byrds (1888–1957) überflog im Jahre 1929 als Erster den Südpol und organisierte zahlreiche Expeditionen, u. a. in die Antarktis.

Warum ist die Sonne abends rötlich?

Das direkte Sonnenlicht hat in der Dämmerung einen bedeutend weiteren Weg durch die Atmosphäre zurückzulegen. Anstatt wie tagsüber fast senkrecht, also auf kürzestem Weg, durch die Atmosphäre zu gelangen, trifft das Licht abends unter einem extrem schrägen Winkel auf die Atmosphäre. Die Strecke durch

Das Auge sieht die Farben

»Wie kann unser Auge alle diese unterschiedlichen Farben sehen?«, möchte der Großvater wissen.

»Diese Frage stellte sich auch schon der englische Mediziner Thomas Young (1773–1829). Ihm war klar, dass auf der Netzhaut des Auges großer Platzmangel herrscht. Schon zur Erzielung der vorhandenen Sehschärfe sind etwa 100 Millionen Sehzellen mit einer Breite von je zwei Mikrometern nötig. Wie sollen dann auch noch die verschiedenen Farben erkannt werden? Menschen sind nämlich in der Lage, mindestens 150 verschiedene Farbtöne voneinander zu unterscheiden. Die Lösung dieses Problems kann ich im nächsten Trick vorführen. Dazu habe ich drei Diaprojektoren und eine Leinwand aufgebaut. Jeder Projektor wirft nur eine einzige Farbe auf die Leinwand. Trotzdem ist es völlig ausreichend, drei Projektoren zu verwenden, um alle gewünschten Farben, alle Farben des Regenbogens und sogar noch etwas mehr zu erzeugen!«

Die Dreifarbentheorie

Mit drei Farben ist es möglich, alle Farben des Regenbogens und noch etwas mehr darzustellen. Das lässt sich an den drei Grundfarben Rot, Grün und Blau mit drei Projektoren zeigen. Voraussetzung ist, dass sich die Projektoren in ihrer Leuchtkraft und Hellig-

keit stufenlos verstellen lassen. Treffen verschiedene Lichtstrahlen aufeinander, so ist das Ergebnis heller als die einzelnen Anteile:

Die Intensitäten der Strahlen addieren sich. Deshalb spricht man von der additiven Farbenmischung. Rot und Grün gibt Gelb, Grün und Blau gibt einen hellblauen Ton namens Cyan; Blau und Rot gibt einen violetten Ton namens Magenta, und Rot und Grün und Blau zusammen ergibt Weiß. Alle anderen Farbtöne können durch die Veränderung der Lichtstärke der Projektoren erzeugt werden. Drei Grundfarben sind also ausreichend, um alle sichtbaren Farbtöne darzustellen.

Rot, grün, blau

Aus dieser Entdeckung zog Thomas Young 1802 die richtigen Schlüsse: Er ging davon aus, dass die Natur das Optimum sucht und mit möglichst wenigen Farbsehzellen auszukommen versucht. Und diese optimale Zahl lautet drei. Er stellte daher die Behauptung auf, dass an jeder Stelle der Netzhaut drei lichtempfindliche Sehzellen sitzen, die auf Rot, Grün und Blau reagieren. Diese später von Hermann von Helmholtz im Jahre 1852 erweiterte Theorie wird als Young-Helmholtz-Theorie des Farbensehens bezeichnet. Die endgültige Bestätigung dieser Theorie gelang erst im Jahr 1959 mit mikroskopischen Methoden. Es zeigte sich, dass es auf der Netzhaut tatsächlich drei verschiedene Arten von Farbsehzellen gibt – die so genannten Zäpfchen, die im Umkreis der Farben Rot, Grün und Blau am empfindlichsten sind. Insgesamt gibt es etwa sechs Millionen Zäpfchen auf der Netzhaut. Diese geben die Stärke ihres unterschiedlichen Farbempfangs an das Sehzentrum weiter. Das berechnet den gesamten Farbeindruck durch die Addition dieser Werte. Dieses Verfahren erzeugt deshalb außer den Farben des Regenbogens noch weitere, eigentlich unnatürliche Farben. So erzeugt ein rotes und ein blaues Licht die Farben Violett oder Magenta, die in einem Regenbogen nicht vorkommen. Unsere Farbwahrnehmung kann am besten in einem Farbenkreis angeordnet werden. Das ist ein aufgebogener Regenbogen, der um eben diese unnatürlichen Violetttöne ergänzt ist. Die drei Grundfarben stehen sich dabei in einem gleichseitigen Dreieck in einem Winkel von 120 Grad gegenüber. Die

Sieben Millionen Farbstufen

Auf den britischen Naturforscher und Mediziner Thomas Young (1773–1829) geht die Theorie des Dreifarbensehens (Blau, Rot, Grün) zurück.

Additive Farbmischung

Farbiges Licht, z. B. aus verschiedenen Projektoren, vermischt sich, und seine Intensität addiert sich: Rot und Grün = Gelb, Grün und Blau = Cyan, Blau und Rot = Magenta, Rot und Grün und Blau = Weiß (siehe linke Abbildung). Auch alle anderen möglichen Farbtöne können durch die Veränderung der Lichtstärke der Projektoren erzeugt werden.

einer Farbe direkt gegenüberliegende Farbe wird Komplementärfarbe genannt. Die Dreifarbentheorie des Sehens findet auch in Farbfernsehgeräten und Computerbildschirmen ihre Anwendung, die ihre Farben ebenfalls aus winzigen Leuchtpunkten in den Farben Rot, Grün und Blau erzeugen.

Subtraktive Mischung

»Wieso gibt es mit meinen Wasserfarben eine ganz andere Farbenmischung als mit dem Licht?«, möchte Jan wissen. »Wenn ich zum Beispiel gelbe Wasserfarbe mit Blau mische, kommt schließlich Grün heraus – und nicht weiß!«

»Das ist eine sehr gute Frage! Der Unterschied ist der, dass sich hier handfeste Stoffe anstelle von Lichtstrahlen vermischen. Diese Vermischung wird übrigens im Gegensatz zur additiven Farbmischung von Licht die subtraktive Farbmischung genannt. Obwohl die Ergebnisse Grün und Weiß sehr verschieden sind, kann man die subtraktive Farbmischung trotzdem aus der additiven Mischung erklären: Die Farbe eines jeden Gegenstands wird durch die von ihm reflektierte Farbe bestimmt. Die restlichen Farbanteile nimmt der Farbstoff in sich auf, er absorbiert also die Komplementärfarbe. Eine Mischung von zwei Farbstoffen absorbiert somit die Komplementärfarben beider Farbstoffe!«

»Wie ist das dann zum Beispiel bei der Mischung von Blau und Gelb?«, fragt Jan nach.
»Ein blauer Stoff entzieht dem Licht Gelb und Rot vollständig. Und ein gelber Farbstoff entzieht ihm das Blau. Damit bleibt nur noch das

Grün übrig, das von beiden Farbstoffen nur teilweise absorbiert wird. Das verbleibende Grün wird reflektiert. Und deshalb erscheint die Mischung entsprechend der subtraktiven Farbtheorie grün! Die subtraktive Farbmischung entsteht aus der additiven Mischung der absorbierten Farben des Farbstoffs. Das, was übrig bleibt, ist die neue Farbe des subtraktiven Farbgemischs.«

Das Licht ist in Bewegung

Mister Magillusion ist noch lange nicht fertig – im Gegenteil. Er kündigt an: »Nach diesen ruhigen Vorführungen und Erklärungen gibt es jetzt etwas mehr Bewegung. Ich werde Ihnen zunächst zeigen, wie man durch Bewegung ganz beliebige Farben erzeugen und verändern kann. Ich fange mit dem Einfachsten an: Ich werde alle Farben verschwinden lassen, die ich hier auf dieser Scheibe aufgemalt habe.«

Verschwindende Farben

Der Zauberer zeigt eine große Kreisscheibe, auf der sich die Farben des Farbenkreises befinden. Sobald der Zauberer die Scheibe in schnelle Umdrehung versetzt, verschwinden die Farben.
Es ist nur noch ein heller Grauton ohne jeden Farbanteil zu erkennen!
Dieser Versuch kann auch zu Hause nachgebaut werden (siehe Zauberbox Seite 151).

Farben und Komplementärfarben

»Als Nächstes werde ich durch Bewegung die Komplementärfarbe einer Farbe herbeizaubern. Dazu werde ich die Farbe dieser roten Glühlampe in ihre Komplementärfarbe Cyan verwandeln!« – Der Zauberer zeigt eine rot leuchtende Birne herum.
»Dieses Wunder werde ich durch die Drehung einer Zauberscheibe vorführen, die nur aus einer weißen und einer schwarzen Fläche und einer kleinen Aussparung besteht.«

Subtraktive Farbmischung

Die subtraktive Farbmischung lässt sich aus der additiven Farbmischung (siehe Seite 149) erklären. Die Farbe eines jeden Gegenstandes wird durch die von ihm reflektierte Farbe bestimmt.

ZAUBERBOX

Farben, die verschwinden

1. Schritt
Schneide einen Kreis mit dem Durchmesser von etwa zehn Zentimetern aus einem Karton aus.

2. Schritt
Teile ihn in drei gleich große Kreissegmente auf, und bemale sie in den Grundfarben Rot, Grün und Blau.

3. Schritt
Stecke durch den Kreismittelpunkt einen spitzen Bleistift mit der Spitze nach unten, und versetze den entstandenen Kreisel in eine schnelle Drehbewegung!

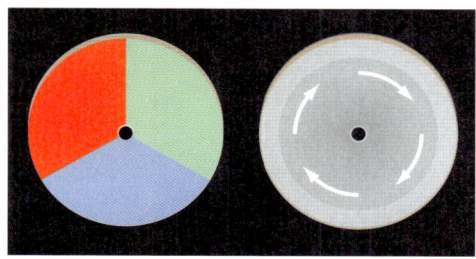

Die Farben werden ausgelöscht, es entsteht ein gräulich weißer Ton. Die Augen sind durch die hohe Drehgeschwindigkeit nicht mehr in der Lage, die Farben einzeln zu erkennen. Deshalb wird das additive Farbgemisch der Farben erkannt.

4. Schritt
Unterteilst du den Kreis in mehrere kleinere Segmente und bemalst sie entsprechend des Farbenkreises, so wird der Effekt noch besser. Es ist allerdings immer schwierig, ein reines Weiß zu bekommen. Der Grund ist, dass es sich bei den Farbstoffen um keine reinen monochromatischen Grundfarben handelt. Natürlich lassen sich auch alle beliebigen anderen Farbmischungen durch diesen Kreiseleffekt erzielen. Es kommt nur darauf an, welche Farbkombination du verwendest.

Der Zauberer stellt die Scheibe vor die Birne und versetzt sie in schnelle Rotation. Tatsächlich erscheint das rote Lämpchen jetzt im bläulichen Cyanton! Diese Vorführung eignet sich wieder gut für einen Versuch zu Hause.

Die Bidwell-Scheibe

1. Schritt
Schneide aus einem Karton einen Kreis mit etwa zehn Zentimetern Durchmesser aus, und beklebe ihn mit weißem Papier.

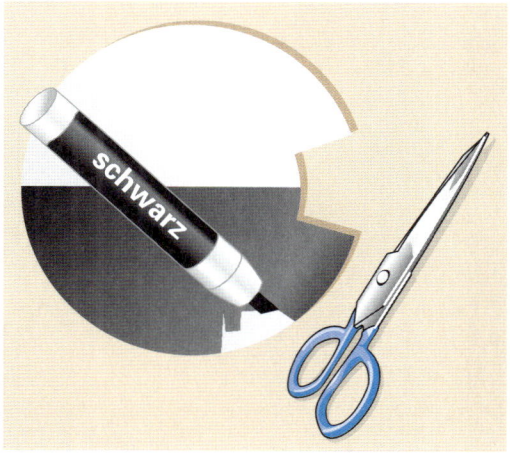

2. Schritt
Schneide auf der rechten Seite ein etwa drei Zentimeter langes und zwei Zentimeter breites Kreissegment als Aussparung aus.

3. Schritt
Ziehe eine Linie von der Mitte der Aussparung durch den Mittelpunkt des Kreises zum anderen Ende, und bemale die ganze Hälfte unterhalb dieser Linie mit einem kräftigen Schwarz.

4. Schritt
Stecke in die Mitte des Kreisels einen spitzen Bleistift mit der Spitze nach unten, und drehe den Kreisel mit hoher Drehzahl (mehrere Umdrehungen pro Sekunde) im Uhrzeigersinn über einem farbigen Untergrund.

5. Schritt
Wenn Drehzahl und Drehrichtung stimmen, siehst du die Komplementärfarbe des Untergrunds! Eine solche Scheibe wird nach ihrem Entdecker Bidwell-Scheibe genannt.
Der Trick klappt am besten, wenn der Untergrund heller beleuchtet ist als die Scheibe. Bei einer Drehung im Gegenuhrzeigersinn erscheint die Scheibe in den Originalfarben des Hintergrunds.

An jeder Stelle der Netzhaut sitzen lichtempfindliche Sehzellen, die auf Rot, Grün und Blau reagieren.

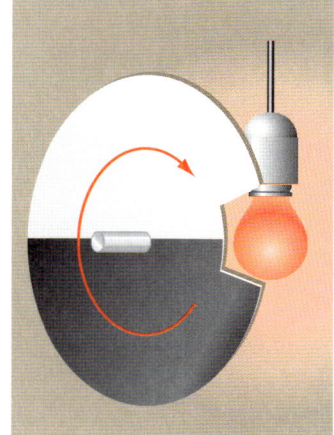

Damit der Versuch gelingt, muss die untere Hälfte mit einem kräftigen Schwarz bemalt sein.

Untergrund hell beleuchten!

Wenn der Untergrund heller beleuchtet ist als die Scheibe, klappt der Trick mit der Bidwell-Scheibe am besten.

Wie funktioniert der Trick?

Der Trick funktioniert aufgrund der Zeitabhängigkeit der Farbwahrnehmung. Angenommen, der Hintergrund wäre Rot: Immer wenn die Aussparung des Kreisels den Blick auf das Rot freigibt, werden die roten Sehzellen an dieser Stelle auf der Netzhaut beansprucht. Sobald sich der Kreisel weiterdreht, ruhen sich die roten Sehzellen aus. Sie benötigen etwas Zeit, um neuen roten Sehfarbstoff aufzubauen. Deshalb erscheint eine weiße Fläche für einige Zeit in der Komplementärfarbe.

Das lässt sich an einer fest stehenden roten Fläche ausprobieren: Betrachte sie etwa 45 Sekunden mit nur einem Auge aus naher Entfernung. Blicke danach abwechselnd mit beiden Augen auf eine weiße Wand im Hintergrund. Der Unterschied ist frappierend: Mit dem vorher aktiven Auge erscheint die Wand in der Komplementärfarbe Cyan! Drehst du den Kreisel im Uhrzeigersinn, so kommt nach dem Rot die weiße Fläche in das Sichtfeld; es erscheint deshalb eine längere Zeit die Farbe Cyan. Anschließend kommt die schwarze Hälfte, bis der Kreislauf von vorn beginnt. Wenn die Drehgeschwindigkeit stimmt, dann erscheint das Cyan stärker als das Rot, das ja nur für einen kurzen Moment sichtbar ist. Bei umgekehrter Drehung im Gegenuhrzeigersinn erscheint nach dem Rot zunächst die schwarze Fläche im Sichtfeld. Damit haben die roten Sehzellen genügend Zeit, sich zu erholen. Bis die weiße Fläche am selben Ort ist, ist eine halbe Umdrehung vergangen – und der rote Sehfarbstoff hat sich wieder aufgefrischt. Deshalb bleibt die Wahrnehmung der Scheibe in dieser Richtung Rot.

Farbige Ringe

Wenn man die in der Zauberbox abgebildete Scheibe in Drehung versetzt, so entstehen aus den Schwarzweißmustern wie von selbst farbige Sektoren oder farbige konzentrische Ringe. Die Farben hängen dabei von der Drehrichtung und der Drehgeschwindigkeit der Scheibe ab. Für die Entwicklung der Farben sind die Drehgeschwindigkeiten eines Plattenspielers normalerweise ausreichend.

Farben aus dem Nichts

»Es kommt noch besser, meine Damen und Herren! Im nächsten Trick werde ich nämlich Farben aus dem Nichts herbeizaubern. Betrachten Sie bitte diese Drehscheibe!«
Der Zauberer versetzt eine Scheibe mit schwarzen Kreisringen in Drehungen. Aus den Schwarzweißmustern entstehen tatsächlich zunächst farbige Sektoren und schließlich geschlossene Kreisringe. Unter dem Beifall der Zuschauer gibt der Zauberer noch einige

Die Benham-Scheibe

1. Schritt
Kopiere und vergrößere die Vorlage, und klebe sie auf einen Karton.

2. Schritt
Schneide sie kreisförmig aus, und stecke in die Mitte einen spitzen Bleistift mit der Spitze nach unten.

3. Schritt
Drehe den Kreisel um seine Achse – es entstehen wundersame Farben, die von Drehgeschwindigkeit und -richtung abhängen.

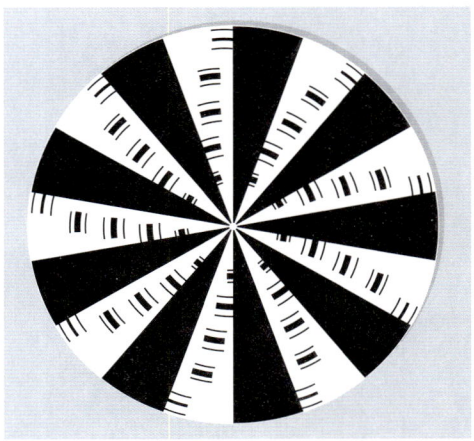

Das einfallende weiße Licht der Scheibe regt zunächst alle Zäpfchen gleichermaßen an. Die Reaktionszeit und die Reizweiterleitungszeit der Zäpfchen sind für Rot, Grün und Blau aber unterschiedlich lang. Dadurch wird das weiße Licht je nach einfallendem Blinkreiz zeitlich in verschiedene Farbbestandteile zerlegt. So lässt sich das prinzipielle Entstehen solcher Farben erklären.

Tipps zum Selbstbau (siehe Zauberbox).
»Auf was kann man sich eigentlich überhaupt noch verlassen?«, fragt der Direktor.
»Farben entstehen aus dem Nichts und verschwinden wieder. Einfach so, man braucht sie nur ein wenig zu bewegen. Fehlt nur noch, dass sie sich von selbst bewegen.«
»Nichts leichter als das!«, nimmt der Zauberer den Vorschlag auf. Seine Show läuft auf Hochtouren, und das Publikum ist hingerissen.

Der Tanz der Farben

»Ich zeige Ihnen jetzt einen wundervollen Trick, bei dem ein Hund auf einem fest stehenden Bild ganz von alleine mit seinem farbigen Schwanz wedelt.«

Sofort stellt die Katze ihre Haare hoch, ist aber durch die ganzen Vorkommnisse so verunsichert, dass sie nichts weiter dagegen unternimmt, dass ihr ein Hund die Schau stehlen soll. Der Zauberer hält ein großes Bild von einem Hund mit einem großen Schwanz hoch. Er nimmt die Beleuchtung etwas zurück und versetzt das Bild in vorsichtige, waagerechte Schwingungen. Tatsächlich wedelt der Hund nun deutlich sichtbar seinen Schwanz hin und her! Sobald der Zauberer mit seinen Bewegungen aufhört, ist der Spuk vorbei. »Mit meinem Trick kann ich sogar Buchstaben tanzen lassen«, sagt er.

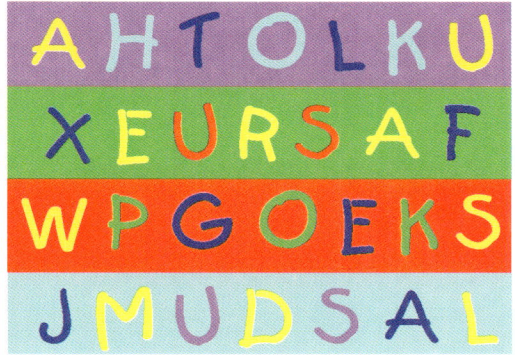

»Sicherlich erkennen Sie in diesem Bild einige wahllos angeordnete farbige Buchstaben. Erst wenn ich das Bild schüttle, erscheint ein Sinn in diesem Wirrwarr!«
Der Zauberer hält das Bild für alle gut sichtbar hoch und beginnt es hin und her zu bewegen. Tatsächlich fangen einige Buchstaben plötzlich an zu tanzen.
»Hokuspokus«, liest Jan, und alle klatschen dieser neuen Geheimschrift Beifall.

Flackernde Herzen

Die Entdeckung der phantastischen scheinbaren Beweglichkeit verschieden farbiger Flächen wird dem französischen Physiker und Erfinder Charles Wheatstone (1802–1875) zugeschrie-

Der Hund wedelt mit dem Schwanz

Bewege das Bild in leichten schwingenden Bewegungen vor dir hin und her.
Der Trick klappt am besten bei verdunkeltem Licht: Kerzenlicht oder das Zwielicht der Dämmerung ist am besten. Alternativ kannst du es auch mit dem Aufsetzen einer Sonnenbrille versuchen.

Bewege das Bild nicht zu schnell und nicht zu langsam. Sobald du den Trick einmal heraushast, gelingt es dir für alle ähnlichen Bilder immer wieder – je größer das Bild, desto besser. Und je leichter das Bild ist, desto leichter funktioniert die Bewegung. Deshalb ist es am besten, die Bilder aus dem Buch vergrößert zu kopieren oder abzumalen. Achtung: Der Trick funktioniert nur mit genau den abgebildeten Farben.

ben. Er beobachtete 1844 die scheinbare Bewegung eines rotgrün gemusterten Wandteppichs, der von einem flackernden Gaslicht beleuchtet wurde. Seit Helmholtz heißt dieser Effekt »flackernde Herzen«. Es zeigt sich, dass bei konstanter Lichtstärke eine Farbe nur in der Kombination mit einer genau bestimmten Hintergrundfarbe beweglich ist: Rot schwingt mit Grün, und Magenta schwingt mit Cyan. Eine Ausnahme stellen die Farben Blau und Gelb dar, denn sie haben keinen farbigen Schwingungspartner und bleiben deshalb immer fest.
Seit mehr als einem Jahrhundert ist dieser faszinierende Trick der beweglichen Farben in einen tiefen Dornröschenschlaf verfallen.

Ein Schüttelbild für schwache Beleuchtung.
Achtung: Der Hund wedelt mit seinem Schwanz, wenn man ihn schüttelt.

Blau und Gelb schwingen nicht

Während Rot mit Grün und Magenta mit Cyan schwingt, haben die Farben Blau und Gelb keinen farbigen Schwingungspartner.

Bewegliche Farben

Die Erklärung des Effekts hat mit den Unterschieden in der Bearbeitungsgeschwindigkeit der einzelnen Farbkanäle zu tun. Durch die Verdunklung wird dieser Unterschied verstärkt. Dadurch kann unsere Wahrnehmung mit der Schüttelbewegung nicht mehr mithalten. Plötzlich wird das Bild beweglich, und mehrere Farben beginnen gegeneinander zu schwingen. Es ist bekannt, dass Blau im menschlichen Wahrnehmungsapparat deutlich langsamer verarbeitet wird als das Grün oder das Rot. Vermutlich ist die Evolution die Ursache dafür. Aus Untersuchungen des menschlichen Erbguts erhält man Hinweise darauf, dass sich das Blausehen einige Zeit früher entwickelt haben muss als das Sehen von Rot und Grün. Dadurch entsteht eine starke Verschiebung der Symmetrie des Farbenkreises in Bezug auf die Verarbeitungszeit der Farben.

Blausehen

Die Farbe Blau wird vom Gehirn langsamer verarbeitet als Grün oder Rot. Untersuchungen des menschlichen Erbgutes haben gezeigt, dass sich das Blausehen in der Evolution früher entwickelt haben muss als das Sehen von Rot und Grün.

Schwingende Farbpaare

Diese Asymmetrie liefert die Erklärung für die wundersame Beweglichkeit der Farben. Denn es schwingen vermutlich genau solche Farbpaare miteinander, die eine vergleichbare Verarbeitungszeit haben. Sobald Farben unterschiedliche Bearbeitungszeiten besitzen, stoßen ihre Gestalten in unserer Wahrnehmung aneinander an und werden dadurch auf ihren Plätzen gehalten. Bei identischer Bearbeitungszeit gibt es keine solchen Zusammenstöße mehr, und die Farbflächen werden in unserer Wahrnehmung beweglich.

Die Bearbeitungszeit

Die Farbpaare lassen sich einfach auffinden, indem der Farbkreis entsprechend der Farbbearbeitungszeiten dargestellt wird. Blau mit der langsamsten Bearbeitungszeit steht oben und Gelb mit der schnellsten Zeit unten. Alle Farben in der gleichen Höhe besitzen nun die gleichen Verarbeitungszeiten. Die beweglichen Farbpaare erhält man also durch die Schnittpunkte einer horizontalen Linie mit dem Kreis. Dadurch wird Magenta Cyan und Rot Grün zugeordnet. Und genauso sieht man damit, dass Gelb und Blau ohne farbigen Partner bleiben.

Die Begradigung des schiefen Turms von Pisa

»Meine Damen und Herren, ich möchte Ihnen nun eine Welturaufführung ankündigen. Dieser Trick wurde noch nie in der Öffentlichkeit vorgeführt! Ich werde durch eine einfache Bewegung den schiefen Turm von Pisa

reparieren. Denken Sie nur an die Unsummen von Geldern, die bisher zumeist vergeblich in die Reparaturen des Turms gesteckt wurden. Ich kann dagegen ohne weitere Kosten den Turm begradigen!«
Der Zauberer zeigt dem staunenden Publikum das Bild des schiefen Turms von Pisa. Es befindet sich auf einer Kreisscheibe, die er jetzt sehr gemächlich zu drehen beginnt. Und tatsächlich, der Turm bewegt sich und dreht sich – wie von Geisterhand bewegt – ohne Kraftaufwand in die Senkrechte!

»Wie kann es so etwas geben? Das ist ja unglaublich«, staunt der Großvater. So etwas hat er noch nie gesehen, und er ist schwer beeindruckt.

Die Begradigung des schiefen Turms von Pisa

Durch Drehung lässt sich die Orientierung von Gegenständen verändern.
Dieser Trick lässt sich am besten mit Hilfe eines alten Plattenspielers zeigen, der zweckentfremdet wird.

1. Schritt

Kopiere oder male dafür das abgebildete Farbmuster auf ein Blatt in der Größe einer alten Langspielplatte, und lege es auf den Plattenteller.

2. Schritt

Versetzt du nun den Plattenspieler in Rotation (am besten mit 45 Umdrehungen/Minute), dann stellt sich der schiefe Turm senkrecht.

Noch klarer wird der Effekt bei dem Strichmuster auf Seite 154 unten. Die grüne Linie orientiert sich parallel zu den blauen Linien, sobald der Plattenspieler läuft. Dagegen dreht sich die gelbe Linie überhaupt nicht und erscheint in derselben Schräglage wie zuvor.
Das ist auch die Erklärung für die scheinbare Verschiebung des schiefen Turms.
Es zeigt sich, dass die gleichen Farbkombinationen wie beim Effekt der »flackernden Herzen« drehbar sind.
Die Farben mit gleicher Verarbeitungszeit haben wieder die Möglichkeit, sich in unserer Wahrnehmung frei zu bewegen. Daher ist die Verzögerung ihrer Verarbeitungszeit sichtbar. Die farbigen Flächen verhalten sich in unserer Wahrnehmung wie eine Flüssigkeit mit einer großen Trägheit.
Das Phänomen der scheinbaren Verdrehung ist viel unabhängiger von den Lichtverhältnissen und funktioniert sogar bei normalem Sonnenlicht.
Ursache dafür ist vermutlich die konstante Drehbewegung, die einen genauen Vergleich der Winkel ermöglicht. Dieser wunderbare Effekt wurde erst kürzlich von einer Gruppe um den Autor entdeckt.

Ein Bleistift wird zu Gummi

Der Zauberer kündigt inzwischen schon seinen nächsten Trick an: den beweglichen Bleistift.
»Ich werde diesen Bleistift vor Ihren Augen in Gummi verwandeln. Zumindest wird es so aussehen!«
Er nimmt den Bleistift zwischen seine Finger und beginnt ihn sanft zu bewegen. Und urplötzlich sieht er in der Tat so aus, als ob er aus Gummi wäre!«
»Das sieht so einfach aus, das möchte ich auch gerne können«, jubelt Jan.
Der Zauberer bittet Jan auf die Bühne und erklärt ihm den Trick.

Der Bleistifttrick

1. Schritt

Halte den Bleistift nahe an einem Ende zwischen deinem Daumen und Zeigefinger, und bewege die Hand senkrecht in kurzen schnellen Bewegungen auf und ab! Der Bleistift sollte dabei um nicht mehr als fünf Zentimeter ausgelenkt werden.

2. Schritt

Wackle mit Daumen oder Zeigefinger nicht an dem Bleistift herum! Halte den Bleistift vielmehr in einem lockeren Griff, so dass er leicht schwankt, wenn deine Hand auf- und abschwingt. Wenn du den Bogen heraushast, dann merkst du es sofort. Es sieht dann aus, als wäre der Bleistift aus Gummi, der wie Wasser in Wellen schwingt.

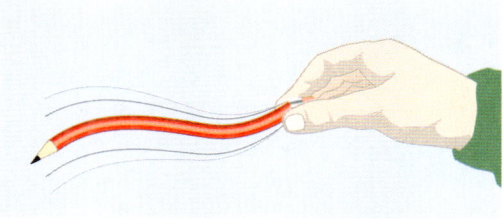

Beweglicher Bleistift

Wetten, dass sich ein normaler Bleistift in einen beweglichen Gummistift verwandeln kann? Der Trick ist ganz simpel: Man fasst den Stift locker an einem Ende an und lässt ihn schwingen. Schon scheint sich der Stift zu biegen.

Der Bleistift sollte einige Zentimeter nach oben und nach unten ausgelenkt werden.

Je lockerer man den Stift in der Hand hält und auf- und abschwingt, desto eher erliegt man der Illusion, dass der Stift biegsam sei.

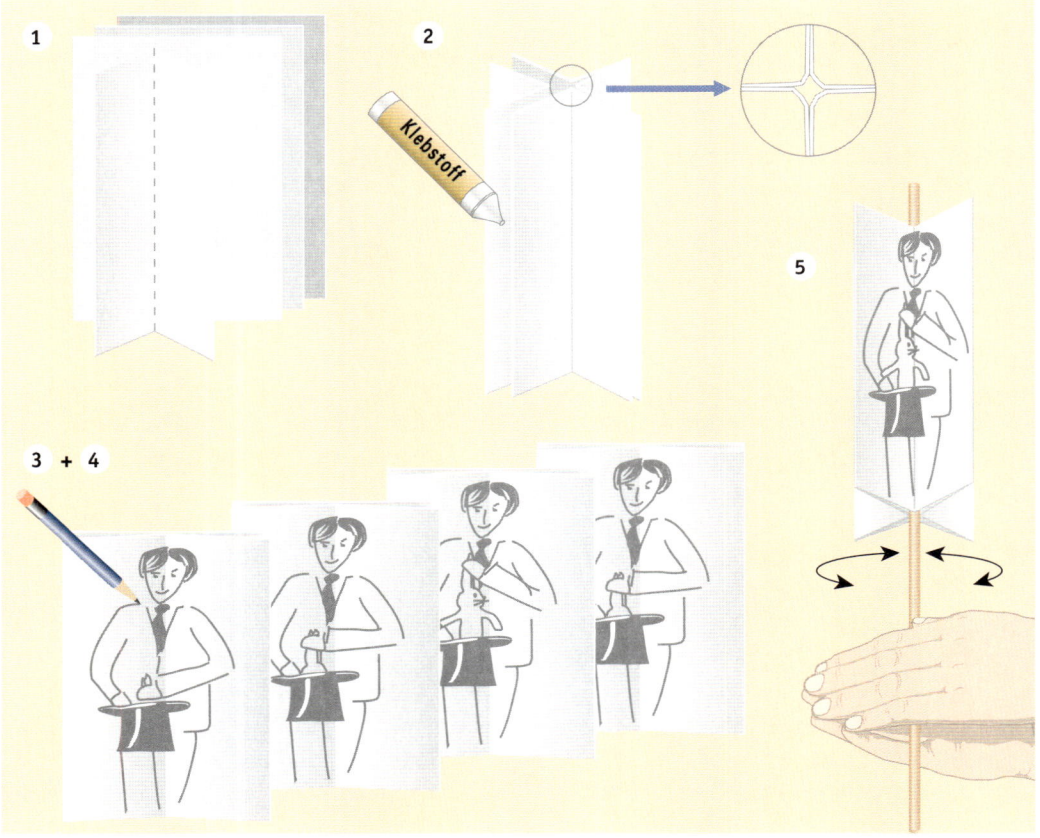

Der Zauberer zeigt seinen Gästen vier Bilder. Er setzt diese in einen kleinen Handapparat und bringt sie zur Drehung. Nach kurzer Zeit sieht man nicht mehr die einzelnen Bilder, sondern eine Bewegung. Es entsteht der Eindruck, als ob der Zauberer ständig ein Kaninchen in seinen Hut legt und wieder heraus holt. Die Einzelbilder werden bei diesem Trick nacheinander in rascher Folge vorgeführt. Weil das Auge die einzelnen Bilder nicht mehr unterscheiden kann, werden sie in unserer Wahrnehmung miteinander verbunden.

Das Heimkino

Für dieses einfache Kino benötigst du ein dünnes Holzstäbchen und vier gleich große weiße Karten im Format einer Postkarte.

1. Schritt
Falte alle Karten in der Mitte der Länge nach.

2. Schritt
Lege sie aufeinander, und klebe sie so zusammen, dass ein vierzackiger Stern entsteht.

3. Schritt
Zeichne auf die erste Karte den Zauberer mit dem Kaninchen oder was auch immer. Drücke dabei stark auf, dass der Abdruck auf den anderen Karten noch sichtbar ist. So gelingt es, alle vier Zeichnungen gleich groß zu machen.

4. Schritt
Zeichne den Zauberer oder sonstige Figuren auf den anderen Karten in verschiedenen Positionen. Die Stellungen sollen sich ähnlich sein, damit die Bewegungen des fertigen Films gleichmäßig und natürlich ablaufen.

5. Schritt
Sobald du auf allen vier Karten fertig gezeichnet und radiert hast, kannst du das Holzstäbchen in die Mitte des Kartonsterns stecken. Drehe das Stäbchen schnell zwischen den Handflächen hin und her. Damit lernen die Bilder laufen oder wenigstens springen.

Zugabe

Da der Schlussbeifall einfach nicht nachlassen will, kommt der Zauberer noch einmal auf die Bühne und verneigt sich vor seinem Publikum. »Vielen Dank, als Zugabe habe ich Ihnen noch ein letztes Bild mitgebracht. Versuchen Sie, den Text in der Randspalte zu lesen! Vermutlich fällt es Ihnen einigermaßen schwer, diesen zu entziffern! Das Lesen erleichtert sich aber deutlich, wenn Sie das Blatt sehr flach von vorne betrachten!« Plötzlich erscheint das Ganze deutlich lesbar. Der Zauberer verneigt sich lächelnd und überreicht der Katze zum Abschied die Lasagne, die nun ebenfalls lächelt und sich sofort über das Fressen hermacht.

Schlusswort

Damit ist die Vorstellung und auch unsere ganze Reise durch die Wunderwelt der Physik vorläufig vorbei. Vorläufig aus mehreren Gründen: zum einen deshalb, weil unsere Reise bei weitem nicht vollständig ist und große Teile der neueren Physik nicht behandelt wurden. So wurden die neuen und wichtigen Erkenntnisse der Relativitätstheorie, Quantenmechanik, Selbstorganisation, Chaostheorie, Astronomie und der Elementarteilchentheorie – vorläufig – nicht dargestellt. Ein Grund dafür ist, dass die Themenauswahl dieses Buches in sich abgeschlossen ist. Es sind die gleichen Themen, die zum Wechsel des letzten Jahrhunderts als in sich abgeschlossen galten. Zu dieser Zeit herrschte die Auffassung, dass die Welt durch die Physik inzwischen vollständig erklärt wäre. Über diese Schwelle führte uns Albert Einstein, der einflussreichste und größte Physiker der Neuzeit. Er brachte jede Menge frischen Wind in die Naturwissenschaften. Seine wunderbare Relativitätstheorie gilt gemeinhin als die Krone des bisherigen menschlichen Denkens und hat Generationen von Menschen neue Einsichten und Ansichten über die Erde, die Zeit und das Universum gegeben.

Jan und der Großvater haben sich vom Direktor nach Hause fahren lassen.
Beim Aussteigen fragt Jan: »Wie sieht die Zukunft der Physik aus?«
»Darauf weiß ich im Augenblick auch keine Antwort. Es sieht so aus, als ob die Physik im Augenblick wieder an einer neuen Schwelle steht. Die Fortentwicklung der Physik fand bisher immer in Sprüngen statt. Sobald eine neue Theorie und Denkweise auftauchte, bewegte sich die Physik in atemberaubendem Tempo. Und so etwas liegt gerade in der Luft, zumindest ist das meine Prognose.«
»Ich möchte den Lesern dieses Buches zum Abschluss auch noch etwas auf den Weg geben«, sagt der Großvater, als er vor der Haustür steht. »Meiner Meinung nach ist die Physik und der ganze naturwissenschaftliche Ansatz so mächtig, dass der Mensch mehr und mehr überfordert wird. Es sieht für mich

so aus, als ob das menschliche Gefühl hinter der Kraft der Logik mehr und mehr zurückbleibt. Erst wenn sich die Menschen auch im Unterbewusstsein den neuen durch die Physik entstandenen Gegebenheiten anpassen können, halte ich ein ausgewogenes Leben im Gleichgewicht mit der Technik für möglich. Denn die Technik versetzt uns leider in die gefährliche Lage, dass ein menschlicher Fehler ganze Landstriche durch das einfache Drücken eines Knopfes ausradieren kann. Oder dass der Fortschritt für unberechenbare Schäden in unserer Umwelt verantwortlich sein kann. Durch das zunehmende Ungleichgewicht im Bewusstsein der Menschen wird das Leben auf unserer Erde mehr und mehr instabil!«
»Und was könnte man dagegen unternehmen?«, möchte der Direktor wissen.
»Man könnte sich – wie zum Beispiel durch dieses Buch – immer wieder die Wunderkraft der Physik und der Natur bewusst machen und versuchen, mit der Technologie in einem vorsichtigen Gleichgewicht zu leben. Noch besser wäre ein radikalerer Einschnitt. Man könnte alle Forschung für ein paar Jahre einfrieren und alle Wissenschaftler als Lehrer in die Schulen schicken. Das würde ihnen und der Menschheit Zeit geben, einen bewussteren Umgang mit der Natur wiederzufinden.«
»Das ist eine gute Idee«, sagt Jan. »Und was sind schon ein paar Jahre gegen die Jahrmilliarden der bisherigen Erdentwicklung!«

»STIMMT!«, sagt eine vertraut erscheinende beruhigende Stimme von ganz oben. Irgendwie klingt die Stimme zuversichtlicher als in der Einleitung des Buches!

Die Freunde verabschieden sich endgültig und hoffen, dass das Lesen, selbstständige Nachbauen und Nachzaubern der Wunder der Physik Freude gemacht hat.
Sie bedanken sich bei allen mitwirkenden Physikern von Archimedes bis Einstein – und außerdem bei: *Jochen Holtz, Rainer Lutz, Armin Kuhn, Irene und Robert Ditzinger, Patrick Foo, Sibylle Thierer, Wolfgang Holtzwarth, Christoph Pany, Marion Schreiner, Martina Grupp, Bill McLean, Scott Kelso, Armin Fuchs und beim Blarney Stone Pub – und bei Mathis, Floris, Leonie, Yannic und Jeannette.*

Vorläufige Wissenschaft

Die Physik selbst ist immer vorläufig. Genau genommen ist dieses Vorläufige sogar ihre große Stärke. Denn so bleibt die Physik anpassungsfähig, offen und erweiterungsfähig gegenüber allen Neuerungen. Eine Erweiterung des bisherigen Theoriegebäudes muss lediglich zwei Bedingungen erfüllen: Zum einen muss die Erweiterung durch Beobachtungen überprüfbar sein. Und zum zweiten muss sie die alten, als richtig bewiesenen Eigenschaften als Spezialfall der neuen allgemeineren Theorie mit einschließen. So ist die klassische Mechanik Newtons ein Spezialfall der Relativitätstheorie Einsteins. Diese Vorläufigkeit der Physik ist der andere Grund, warum ein Buch über Physik immer vorläufig ist – und deshalb natürlich auch das vorliegende.

Vase oder Gesichter?

Register

Weiterführende Literatur

Becker, Jürgen/Ucke, Christian (Hg.): Physik-Boutique. Unterrichtsanregungen für Lehrkräfte. Loseblatt-sammlung, Stark Verlag, Freising 1997–1999 (ausführliche Beschreibungen interessanter neuer Experimente mit vielen physikalischen Hintergrundinformationen).

Gressmann, Michael/Mathea, Wolfgang: Die Fundgrube für den Physikunterricht. Das Nachschlagewerk für jeden Tag, Cornelsen-Scriptor, Berlin 1996 (übersichtliche Darstellung interessanter Spiele für Schule und Zuhause).

Press, Hans-Jürgen: Spiel, das Wissen schafft, Otto Maier Verlag, Ravensburg 1989 (klare, übersichtliche Zusammenfassung alter und neuer physikalischer Versuche).

Treitz, Norbert: Spiele mit Physik. Ein Buch zum Basteln, Probieren und Verstehen, Verlag Harri Deutsch, Thun/Frankfurt am Main 1996 (interessante Versuche zum Selbstbauen und Nachdenken in anschaulicher Darstellung).

Walker, Jearl: Der fliegende Zirkus der Physik, R. Oldenbourg Verlag, München/Wien 1996 (Sammlung physikalischer Aufgaben mit der richtigen Mischung aus Ernst und Spaß).

Wittmann, Josef: Trickkiste 1. Experimente, wie sie nicht im Physikbuch stehen. Bayerischer Schulbuch Verlag, München 1992.

Wittmann, Josef: Trickkiste 2. Verblüffende Experimente zum Selbermachen, Bayerischer Schulbuch Verlag, München 1993 (faszinierende physikalische Experimente zum Staunen und Nachbauen in liebevoller und gleichzeitig sachlicher Darstellung).

Bildnachweis

AKG, Berlin: 58, 60, 88; Bavaria, München: 74 (TCL), 80 li. (Dr. Sauer), 94 (H. Schmied); Archiv Ditzinger: 63; Archiv Falken Verlag: U1 Hintergrund (G. Jankovics), Freisteller (J. Prchal); Image Bank, München: 10 (D. Gilbert), 50 (J. Yulsman), 57 (E. Lewin), 68 (A. Becker), 76 (D. King), 98, 99 (Inner Light), 100 (A. T. Willet), 130 (GK & V. Hart), 148 li.o. (J. Banagan); Okapia, Frankfurt: 49 (H. Chaumeton), 65 (Photri Inc.), 80 re. (M. Uselmann), 86 li. (M.W. Richards / OFS), 86 re. (J. Fröhlich), 147 (I. Gerlach), 148 re. (M. Danegger); Tony Stone, München: 137 (Ch. Bissell); Transglobe, Hamburg: 52 (N. Rzepka), 115 (P. Kanicki), 121 (Ehlers / Chad), 143 (I. Hanak), 148 li.u. (J. D. Luke); Visum, Hamburg: 2, 110 (J. Modrow), 15 (S. Borgius), 62 (W. Steche)

Alle Illustrationen stammen von Detlef Seidensticker, München

Impressum

Vollständige und aktualisierte Ausgabe

© 2005 Bassermann Verlag, ein Unternehmen der Verlagsgruppe Random House GmbH, München

© 1999 by Südwest Verlag, einem Unternehmen der Verlagsgruppe Random House GmbH, München

Redaktion: *Dr. Hermann Ehmann*

Projektleitung: *Ernst Dahlke*

Bildredaktion: *Sabine Kestler*

Layout: *Iris Steiner, München*

Projektleitung für diese Ausgabe: *Carina Janßen*

Umschlaggestaltung: *Epsilon 2, Augsburg*

Druck: *Neografia, Martin*

Printed in Slovakia

ISBN 3-8094-1805-6

77100199X817 2635 4453 6271